教育部人文社会科学研究青年基金项目"'一带一路'沿线中东商人在华文化适应研究"（项目批准号：20YJC740084）成果

本书获得浙江师范大学出版基金
（Publishing Foundation of Zhejiang Normal University）资助

本书获得国家社会科学基金重大项目"13—14世纪丝路纪行文学文献整理与研究"
（17ZDA256）资助

外国语言学及应用语言学研究丛书

The Acculturation of Businessmen in China
from the Belt and Road Partner Countries

共建"一带一路"国家商人在华文化适应研究

印晓红　胡伟杰　著

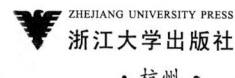
浙江大学出版社
·杭州·

图书在版编目（CIP）数据

共建"一带一路"国家商人在华文化适应研究 / 印晓红，胡伟杰著. -- 杭州：浙江大学出版社，2024.9.
ISBN 978-7-308-25086-3

Ⅰ.F752.7

中国国家版本馆CIP数据核字第202498C7D0号

共建"一带一路"国家商人在华文化适应研究

The Acculturation of Businessmen in China from the Belt and Road Partner Countries

印晓红　胡伟杰　著

责任编辑	黄静芬
责任校对	杨诗怡
封面设计	项梦怡
出版发行	浙江大学出版社
	（杭州市天目山路148号　邮政编码 310007）
	（网址：http://www.zjupress.com）
排　　版	杭州林智广告有限公司
印　　刷	广东虎彩云印刷有限公司绍兴分公司
开　　本	710mm×1000mm　1/16
印　　张	13.25
字　　数	238千
版 印 次	2024年9月第1版　2024年9月第1次印刷
书　　号	ISBN 978-7-308-25086-3
定　　价	65.00元

版权所有　侵权必究　印装差错　负责调换

浙江大学出版社市场运营中心联系方式：0571-88925591；http://zjdxcbs.tmall.com

前　言

两千多年前，张骞从长安出发，打通了东方通往西方的道路，完成了"凿空之旅"。绵亘万里的丝绸之路不仅是东西方文明交流互鉴的重要通道，也是多民族融合的大通道，它改变了人类文明的进程，促进了贸易往来和民族交融。千百年来，丝绸之路既有陆上"使者相望于道，商旅不绝于途"的盛况，也有海上"舶交海中，不知其数"的繁华，丝绸之路沿线的贸易往来和文明互鉴从未停止。

在共建"一带一路"的今天，全世界人民携手共进，续写丝绸之路的华美篇章。中国已经与五大洲的150多个国家、30多个国际组织签署了200余份共建"一带一路"合作文件。正如《共建"一带一路"：构建人类命运共同体的重大实践》白皮书所言："共建'一带一路'既是为了中国的发展，也是为了世界的发展。中国提出这一倡议的初心，是借鉴古丝绸之路，以互联互通为主线，同各国加强政策沟通、设施联通、贸易畅通、资金融通、民心相通，为世界经济增长注入新动能，为全球发展开辟新空间，为国际经济合作打造新平台。"可以说，"一带一路"倡议已成为最受欢迎的国际合作平台之一，成为推动人类命运共同体构建的重要实践平台，它开拓出一条造福共建国家、通向共同繁荣的机遇之路。

随着"一带一路"倡议的深入，中国与其他国家在贸易投资、人文交流等领域的合作日益密切，越来越多的海外商人来华投资，且数量、规模和层次逐年提升，为我国的经济发展和城市文化建设增添了独特的力量和元素。然而，长期以来，人们对这一特殊群体在华适应的研究缺乏足够关注，既缺少对其现状的深入认识，也对这一问题的严重性缺乏准确认知。

为了填补这一空白，本研究选取来自中亚、西亚和北非的108位在华商人进行调查，他们主要在广州、义乌、上海、泉州等城市经商和工作。这108位商人来自19个共建"一带一路"国家，分别为阿拉伯联合酋长国、阿曼、埃及、巴林、哈萨克斯坦、吉尔吉斯斯坦、科威特、黎巴嫩、沙特阿拉伯、塔吉克斯坦、土耳其、土库曼斯坦、乌兹别克斯坦、叙利亚、也门、伊拉克、伊朗、以色列和约旦。本研究以认知心理学的相关理论为基础，通过调查问卷的形式，探讨共建"一带一路"国家在华商人的跨文化适应问题。

  从课题的立项到本书的出版，共历时4年。在此期间，本团队得到了许多关心和帮助，在此致以最诚挚的感谢！感谢课题参与人员王赛妮、方亿佼、龚瑶和林湘等人的艰辛努力和巨大贡献。王赛妮参与了数据整理、文稿撰写等工作，方亿佼、龚瑶和林湘参与了文献收集、文稿撰写和校对的工作。没有她们的参与，本书难以顺利出版。同时，感谢浙江大学出版社编辑黄静芬的专业建议和热心帮助，感谢浙江师范大学科学研究院、外国语学院、丝路文化与国际汉学研究院，国家语委"一带一路"语言生态研究中心对本书的资助，也感谢各位领导和同事对本书的支持。本书的引用资料和主要参考文献均有说明，在此一并对这些作者致以感谢。本书虽经多次审校，但难免有疏漏错误之处，敬请各位专家和读者批评指正！

目 录

第一章　中国与共建"一带一路"国家的商贸往来 ………………………… 1

　　第一节　中国与共建"一带一路"中亚国家的商贸往来 ………………… 3
　　第二节　中国与共建"一带一路"西亚国家的商贸往来 ………………… 17
　　第三节　中国与共建"一带一路"北非国家的商贸往来 ………………… 27

第二章　跨文化适应研究 ……………………………………………………… 39

　　第一节　跨文化适应的概念 ……………………………………………… 39
　　第二节　跨文化适应的理论研究 ………………………………………… 41
　　第三节　跨文化适应的应用研究 ………………………………………… 44
　　第四节　本章小结 ………………………………………………………… 49

第三章　共建"一带一路"国家在华商人文化适应研究设计 ……………… 51

　　第一节　调查问卷的设计与实施 ………………………………………… 51
　　第二节　调查问卷的质量分析 …………………………………………… 55
　　第三节　调查对象分析 …………………………………………………… 82
　　第四节　本章小结 ………………………………………………………… 108

第四章　共建"一带一路"国家在华商人心理适应 ………………………… 111

　　第一节　心理适应现状 …………………………………………………… 111
　　第二节　心理适应差异分析 ……………………………………………… 115
　　第三节　心理适应相关因素分析 ………………………………………… 143
　　第四节　本章小结 ………………………………………………………… 149

第五章　共建"一带一路"国家在华商人社会文化适应 …… 152
　第一节　社会文化适应现状 …… 152
　第二节　社会文化适应差异分析 …… 156
　第三节　社会文化适应相关因素分析 …… 172
　第四节　本章小结 …… 182

第六章　结　语 …… 185

参考文献 …… 189

图目录

图 1-1　以"中国与中亚"为主题的论文数量 …………………… 4
图 1-2　"中国与中亚"的论文主题分项统计 …………………… 5
图 1-3　以"中国与西亚"为主题的论文数量 …………………… 19
图 1-4　"中国与西亚"的论文主题分项统计 …………………… 19
图 1-5　以"中国与北非"为主题的论文数量 …………………… 29
图 1-6　"中国与北非"的论文主题分项统计 …………………… 30
图 3-1　心理适应量表（20题项）碎石图 ……………………… 59
图 3-2　心理适应量表（13题项）碎石图 ……………………… 62
图 3-3　感知文化距离量表（12题项）碎石图 ………………… 69
图 3-4　社会文化适应量表（18题项）碎石图 ………………… 75
图 3-5　社会文化适应量表（14题项）碎石图 ………………… 78
图 3-6　调查对象地区分布情况 ………………………………… 83
图 3-7　调查对象年龄分布情况 ………………………………… 84
图 3-8　调查对象在华时间情况 ………………………………… 86
图 3-9　调查对象跨文化经历情况 ……………………………… 86
图 3-10　调查对象现在对中国的了解情况 …………………… 88
图 3-11　调查对象是否有家人陪伴的情况 …………………… 88
图 3-12　感知文化距离总分分布 ……………………………… 89
图 4-1　调查对象抑郁指数分布 ………………………………… 112
图 4-2　调查对象抑郁程度人数分布 …………………………… 113
图 4-3　调查对象抑郁程度人数百分比 ………………………… 113
图 4-4　不同年龄组心理适应维度平均值 ……………………… 122
图 4-5　不同在华时间组心理适应总分平均值 ………………… 134

1

图 4-6　不同在华时间组心理适应维度平均值 …………………… 134
图 4-7　来华前对中国不同了解程度组心理适应总分平均值………… 139
图 5-1　社会文化适应总分分布 ………………………………… 153
图 5-2　社会文化适应难度人数分布 …………………………… 154
图 5-3　不同在华时间组社会文化适应总分平均值 ……………… 166
图 5-4　对中国不同了解程度组社会文化适应总分 ……………… 170

表目录

表 3-1	Zung 氏抑郁自评量表题项	52
表 3-2	感知文化距离量表题项	53
表 3-3	社会文化适应量表题项	54
表 3-4	问卷发放和回收情况	55
表 3-5	问卷整体信度	56
表 3-6	心理适应量表信度	56
表 3-7	心理适应量表删除单项后的信度	57
表 3-8	心理适应量表折半信度	57
表 3-9	心理适应量表 KMO 和巴特利特球形检验	58
表 3-10	心理适应量表（20 题项）累计方差贡献率	59
表 3-11	心理适应量表（20 题项）旋转后的因子矩阵	60
表 3-12	心理适应量表（13 题项）KMO 和巴特利特球形检验	61
表 3-13	心理适应量表（13 题项）累计方差贡献率	62
表 3-14	心理适应量表（13 题项）探索性因子分析结果	63
表 3-15	心理适应量表各因子之间的相关系数	63
表 3-16	心理适应因子与总量表之间的相关系数	64
表 3-17	心理适应量表的维度和内容	65
表 3-18	感知文化距离量表的整体信度	66
表 3-19	感知文化距离量表删除单项后的信度	66
表 3-20	感知文化距离量表折半信度	67
表 3-21	感知文化距离量表 KMO 和巴特利特球形检验	67
表 3-22	感知文化距离量表（12 题项）KMO 和巴特利特球形检验	68
表 3-23	感知文化距离量表（12 题项）总方差解释率	68

表 3-24	感知文化距离量表（12题项）旋转后的因子矩阵 ·········	69
表 3-25	感知文化距离量表各因子之间的相关系数 ·············	70
表 3-26	感知文化距离量因子与总量表之间的相关系数 ·········	71
表 3-27	感知文化距离量表的维度和内容 ·····················	71
表 3-28	感知文化距离各题项与因子间的相关系数 ·············	72
表 3-29	社会文化适应量表整体信度 ·························	73
表 3-30	社会文化适应量表删除单项后的信度 ·················	74
表 3-31	社会文化适应量表的折半信度 ·······················	74
表 3-32	社会文化适应量表KMO和巴特利特球形检验 ············	75
表 3-33	社会文化适应量表（18题项）总方差解释率 ············	76
表 3-34	社会文化适应量表（18题项）旋转后的因子矩阵 ········	76
表 3-35	社会文化适应量表（14题项）KMO和巴特利特球形检验 ···	77
表 3-36	社会文化适应量表（14题项）总方差解释率 ············	78
表 3-37	社会文化适应量表（14题项）旋转后的因子矩阵 ········	79
表 3-38	社会文化适应各因子之间的相关系数 ·················	80
表 3-39	社会文化适应各因子与总分的相关系数 ···············	80
表 3-40	社会文化适应量表的维度和内容 ·····················	81
表 3-41	调查对象国别情况 ·································	82
表 3-42	调查对象性别情况 ·································	83
表 3-43	调查对象年龄情况 ·································	84
表 3-44	调查对象性格情况 ·································	84
表 3-45	调查对象来华前后汉语水平情况 ·····················	85
表 3-46	调查对象来华前对中国的了解情况 ···················	87
表 3-47	调查对象来华前后对中国的了解情况 ·················	87
表 3-48	感知文化距离总分情况 ·····························	90
表 3-49	感知文化距离单项描述统计 ·························	90
表 3-50	感知文化距离因子描述统计 ·························	91
表 3-51	不同地区群体语言水平情况 ·························	91
表 3-52	不同性别群体语言水平情况 ·························	92
表 3-53	不同年龄群体语言水平情况 ·························	93
表 3-54	不同性格群体语言水平情况 ·························	93
表 3-55	不同在华时间群体语言水平情况 ·····················	94
表 3-56	不同社会支持语言水平情况 ·························	95

表 3-57	不同地区对中国了解程度情况	96
表 3-58	不同性别对中国的了解情况	96
表 3-59	不同年龄对中国的了解情况	97
表 3-60	不同性格对中国的了解情况	98
表 3-61	不同在华时间对中国的了解情况	99
表 3-62	不同社会支持对中国的了解情况	100
表 3-63	不同语言水平（来华前）对中国的了解情况	101
表 3-64	不同语言水平（现在）对中国的了解情况	101
表 3-65	不同地区感知文化距离	102
表 3-66	不同性别感知文化距离	103
表 3-67	不同年龄感知文化距离	104
表 3-68	不同性格感知文化距离	105
表 3-69	不同在华时间感知文化距离	105
表 3-70	不同社会支持感知文化距离	107
表 3-71	不同跨文化经历感知文化距离	107
表 4-1	整体心理适应水平描述性统计	111
表 4-2	心理适应单项描述性统计	114
表 4-3	心理适应维度描述性统计	115
表 4-4	不同地区组心理适应总分描述性统计	116
表 4-5	不同地区组心理适应维度描述性统计	116
表 4-6	不同地区组心理适应莱文方差齐性分析	117
表 4-7	不同地区组心理适应单因素方差分析	118
表 4-8	不同性别组心理适应总分描述性统计	118
表 4-9	不同性别组心理适应维度描述性统计	119
表 4-10	不同性别组心理适应莱文方差齐性分析	119
表 4-11	不同性别组心理适应独立样本 t 检验	120
表 4-12	不同年龄组心理适应总分描述性统计	120
表 4-13	不同年龄组心理适应维度描述性统计	121
表 4-14	不同年龄组心理适应莱文方差齐性分析	122
表 4-15	不同年龄组心理适应单因素方差分析	123
表 4-16	心理适应维度 1 不同年龄组多重比较	123
表 4-17	不同性格组心理适应总分描述性统计	124
表 4-18	不同性格组心理适应维度描述性统计	124

表4-19	不同性格组心理适应莱文方差齐性分析	125
表4-20	不同性格组心理适应单因素方差分析	126
表4-21	心理适应维度1"兴趣习惯"不同性格组多重比较	126
表4-22	心理适应维度2"生理症状"不同性格组多重比较	127
表4-23	心理适应维度3"情感态度"不同性格组多重比较	127
表4-24	心理适应总分不同性格组多重比较	128
表4-25	来华前不同汉语水平组心理适应总分描述性统计	129
表4-26	来华前不同汉语水平组心理适应维度描述性统计	129
表4-27	来华前不同汉语水平组心理适应莱文方差齐性分析	130
表4-28	来华前不同汉语水平组心理适应单因素方差分析	130
表4-29	现在不同汉语水平组心理适应总分描述性统计	131
表4-30	现在不同汉语水平组心理适应维度描述性统计	131
表4-31	现在不同汉语水平组心理适应莱文方差齐性分析	132
表4-32	现在不同汉语水平组心理适应单因素方差分析	133
表4-33	不同在华时间组心理适应总分描述性统计	133
表4-34	不同在华时间组心理适应莱文方差齐性分析	135
表4-35	不同在华时间组心理适应单因素方差分析	136
表4-36	不同跨文化经历组心理适应总分描述性统计	136
表4-37	不同跨文化经历组心理适应维度描述性统计	137
表4-38	不同跨文化经历组心理适应莱文方差齐性分析	138
表4-39	不同跨文化经历组心理适应单因素方差分析	138
表4-40	来华前对中国不同了解程度组心理适应总分描述性统计	138
表4-41	来华前对中国不同了解程度组心理适应维度描述性统计	140
表4-42	来华前对中国不同了解程度组心理适应莱文方差齐性分析	140
表4-43	来华前对中国不同了解程度组心理适应单因素方差分析	141
表4-44	是否有家人陪伴组心理适应总分描述性统计	141
表4-45	是否有家人陪伴组心理适应维度描述性统计	142
表4-46	是否有家人陪伴组心理适应莱文方差齐性分析	142
表4-47	是否有家人陪伴组心理适应独立样本t检验	143
表4-48	地区变量与心理适应相关性	144
表4-49	性别变量与心理适应相关性	144
表4-50	是否与家人一起来中国与心理适应相关性	144
表4-51	性格变量与心理适应相关性	145

表 4-52	年龄变量与心理适应相关性	145
表 4-53	在华时间与心理适应相关性	146
表 4-54	汉语水平与心理适应相关性	146
表 4-55	跨文化经历与心理适应相关性	147
表 4-56	对中国了解情况与心理适应相关性	147
表 4-57	感知文化距离与心理适应总分相关性	148
表 4-58	感知文化距离维度 1 与心理适应维度相关性	148
表 4-59	感知文化距离维度 2 与心理适应维度相关性	149
表 4-60	感知文化距离维度 3 与心理适应维度相关性	149
表 5-1	整体社会文化适应水平描述性统计	152
表 5-2	社会文化适应单项描述性统计	155
表 5-3	社会文化适应维度描述性统计	156
表 5-4	不同地区组社会文化适应总分差异描述性统计	156
表 5-5	不同地区组社会文化适应维度描述性统计	157
表 5-6	不同性别组社会文化适应总分描述性统计	158
表 5-7	不同性别组社会文化适应维度描述性统计	158
表 5-8	不同年龄段组社会文化适应总分描述性统计	159
表 5-9	不同年龄段组社会文化适应维度描述性统计	160
表 5-10	不同性格组社会文化适应总分描述性统计	160
表 5-11	不同性格组社会文化适应维度描述性统计	161
表 5-12	不同性格组社会文化适应单因素方差分析	162
表 5-13	来华前不同汉语水平组社会文化适应总分描述性统计	162
表 5-14	来华前不同汉语水平组社会文化适应维度描述性统计	163
表 5-15	现在不同汉语水平组社会文化适应总分描述性统计	164
表 5-16	现在不同汉语水平组社会文化适应维度描述性统计	164
表 5-17	现在不同汉语水平组社会文化适应单因素方差分析	165
表 5-18	不同在华时间组社会文化适应维度描述性统计	167
表 5-19	不同在华时间组社会文化适应单因素方差分析	168
表 5-20	不同跨文化经历组社会文化适应总分描述性统计	168
表 5-21	不同跨文化经历组社会文化适应维度描述性统计	169
表 5-22	对中国不同了解程度组社会文化适应维度描述性统计	170
表 5-23	是否有家人陪伴组社会文化适应总分描述性统计	171
表 5-24	是否有家人陪伴组社会文化适应维度描述性统计	172

表 5-25	地区变量与社会文化适应相关性	173
表 5-26	性别变量与社会文化适应相关性	173
表 5-27	是否与家人一起来中国与社会文化适应相关性	173
表 5-28	性格变量与社会文化适应相关性	174
表 5-29	年龄变量与社会文化适应相关性	174
表 5-30	在华时间与社会文化适应相关性	175
表 5-31	汉语水平与社会文化适应相关性	175
表 5-32	跨文化经历与社会文化适应相关性	176
表 5-33	对中国了解情况与社会文化适应相关性	176
表 5-34	感知文化距离与社会文化适应总分相关性	177
表 5-35	感知文化距离维度1与社会文化适应维度相关性	178
表 5-36	感知文化距离维度2与社会文化适应维度相关性	178
表 5-37	感知文化距离维度3与社会文化适应维度相关性	179
表 5-38	社会文化适应与心理适应总分相关性	180
表 5-39	社会文化适应维度1与心理适应维度相关性	180
表 5-40	社会文化适应维度2与心理适应维度相关性	181
表 5-41	社会文化适应维度3与心理适应维度相关性	181
表 5-42	社会文化适应维度4与心理适应维度相关性	181

第一章　中国与共建"一带一路"国家的商贸往来

"一带一路"（The Belt and Road，简称B&R）是"丝绸之路经济带"和"21世纪海上丝绸之路"的简称。习近平主席于2013年9月和10月分别提出建设"丝绸之路经济带"和"21世纪海上丝绸之路"，旨在借用古代丝绸之路的历史符号，积极发展与共建"一带一路"国家的经济合作伙伴关系。"一带一路"倡议不仅顺应和平、发展、合作、共赢的时代潮流，还赋予古老的丝绸之路以新的时代内涵，在共建"一带一路"国家引起了强烈反响。

丝绸之路是古代中国通往西方的道路，因运载丝绸和丝织品而得名。它不仅是贸易之路，而且是中国与其他国家进行政治、经济和文化交流的重要通道，大大丰富了沿线人民的生活。但这条路究竟是怎样开辟出来的，是什么时候开辟出来的，都已不可考。几千年来，一支支商队在这条纵横几千公里的商路上进行贸易往来，商人们跋山涉水，将中国的茶叶、丝绸、瓷器运往沿途各国，并把西方国家的宝石、香料、挂毯、葡萄等特产传入中国，中西文明也在这样的交流融合中不断发展和繁荣。

丝绸之路主要可分为陆上丝绸之路和海上丝绸之路。陆上丝绸之路一般是指始于中国长安（今陕西西安），经过陇西高原、河西走廊和新疆，连接中亚、南亚、西亚、非洲和欧洲，途经沙漠和绿洲的陆地交通路线。有研究（刘进宝，2018；马玉凤，2023）发现，"丝绸之路"这一名称也被沿用到东西交通的草原之路和海上通道，因此丝绸之路的定义也被扩大为"太古以来，自东亚经中亚及西亚连接欧洲及北非的东西道路的总称"（李刚、崔峰，2015：7）。

事实上，"丝绸之路"这一名称并非出自中国人之口，最早称它为"丝绸之路"的是德国著名地理学家费迪南·冯·李希霍芬（Ferdinand von Richthofen，1833—1905年）。1877年，他在《中国——亲身旅行和据此所作研究的成果》第一卷中将公元前114年至公元127年，中国与河中地区及中国与印度之间以丝绸贸易为媒介的这条西域交通路线称为Seidenstrassen，英文表述是silk road，中文译名是"丝绸之路"。汉武帝时，张骞两次出使西域，历经千辛万苦，在崇山峻岭和荒漠之间披荆斩棘，突破重重困难，终于开辟了丝绸之路的基本干道。此后，汉朝派往西方的使者络绎不绝，每年少则五六批，多则十几批。通过丝绸之路，中国的丝绸、瓷器和茶叶源源不断地运往西方，而西方的珠宝、香料、皮毛制品等物产也纷纷输入中国。十六国时期，由于长期的分裂割据，丝绸之路受到阻隔，直到苻坚（338—385年）统一北方，丝绸之路才恢复通畅。到了唐朝，随着安西、北庭都护府的建立，丝绸之路达到了最繁盛的时期，相距甚远的大食（今阿拉伯地区）、波斯（今伊朗地区）等古国也通过丝绸之路与中国展开了密切交流，双方的商队往来频繁。

唐朝中叶后，中国的经济重心开始南移。当陆上丝绸之路因战乱受阻时，海上丝绸之路开始成为中外贸易的主要通道。唐朝不仅对海外贸易采取一系列保护和鼓励措施，还专门设置市舶司，负责管理海外贸易。《丝绸之路与中西文化交流》一书中提到，唐朝时期一位阿拉伯商人在会见广州市舶司的官员时，透过中国官员的丝质衣服，能够清晰地看到这位官员胸口的黑痣。他原以为这位官员身着两层衣服，没想到竟然穿了五层衣服，这使得阿拉伯商人不禁惊叹中国丝绸的精美绝伦（李刚、崔峰，2015：9）。此外，唐朝的船队还途经印度洋，抵达阿拉伯海、波斯湾和红海沿岸，并与大食建立良好关系。随着蒙古军队的西征，横穿欧亚大陆的丝绸之路得以打通，元朝时期的中西交流更加频繁，并达到高峰。

借助陆上丝绸之路和海上丝绸之路，东西方政治、经济和文化交流的桥梁得以贯通，推动了沿线各国人民的友好交往，也促进了世界文明的发展。"一带一路"倡议承载着丝绸之路沿线各国繁荣发展的梦想，是全球范围内的大型国际经济合作与发展计划，对整个世界的贸易、投资、文化交流产生了重大影响。它有利于推动共建"一带一路"国家的互联互通，促进共同发展，也有利于加强各国基础设施建设、贸易往来和文化交流等诸多领域的合作，促进共建"一带一路"国家的共同繁荣和人民福祉。

中国已同150多个国家和30多个国际组织签署200余份共建"一带一路"合作文件，遍布中亚、西亚、东亚、非洲和中东欧等各个地区（中国一带一路网，2023）。来自中亚、西亚和北非地区的国家积极支持"一带一路"倡议，来华经商的人数众多，极具代表性。因时间和精力有限，本书仅将这三个地区的共建"一带一路"国家纳入研究范围，通过调查问卷的形式，探讨这些国家的商人的在华文化适应状况，以期减少来华和在华商人的跨文化适应困难，并为中国商人"走出去"提供一些借鉴和参考。

第一节　中国与共建"一带一路"中亚国家的商贸往来

位于亚洲大陆中部的哈萨克斯坦、乌兹别克斯坦、吉尔吉斯斯坦、塔吉克斯坦、土库曼斯坦被称为"中亚五国"。中亚五国曾经是苏联的加盟共和国，在苏联解体后各自宣布独立，后都加入了上海合作组织，与中国建立了密切的政治、经济和安全合作关系。中亚五国均为共建"一带一路"国家，都是本书的研究对象。

近十年来，中国已同中亚五国实现了全面战略伙伴关系，保障了来自中亚地区的能源及粮食供给。同时，经过新亚欧大陆桥，中国欧洲班列、中国中亚班列行驶于中欧、中亚和中国之间，形成了深度互补、高度共赢的合作新格局。

一、研究背景

德国地理学家亚历山大·冯·洪堡（Alexander von Humboldt）于1843年首次提出"中央亚细亚"这一概念（转引自：李琪，2015：65）。他认为，中央亚细亚的地理范围西起里海，东达兴安岭，南自喜马拉雅山，北至阿尔泰山，但这种地理学上的划分被更为狭窄的区域划定所替代。1991年苏联解体后，乌兹别克斯坦、吉尔吉斯斯坦、塔吉克斯坦和土库曼斯坦四国的领导人在塔什干举行会议，宣布哈萨克斯坦也应纳入中亚范围内。自此，中亚五国成为"中亚"最为普遍接受的界定。

中亚深处亚欧大陆腹部，远离海洋，气候干燥，数千年来农耕与游牧并存。它地处世界三大文明和三大宗教的交汇处，位于东进西出、南下北上的重要交通商路，也是丝绸之路的中枢。在历史上，由于其独特的地理特征，中亚成为群雄逐鹿的猎场，中亚周围一旦有力量崛起，这些力量就会向中亚用兵。因此，中亚地区是典型的四战之地，长年处于征战中。该地区以游牧部落为主，难以形成统一稳定的国家，力量较小，难以抗衡强大的外侵势力，因此在两千多年的历史中，中亚地区先后被波斯帝国、亚历山大帝国、匈奴、汉帝国、突厥、阿拉伯帝国、蒙古帝国、俄国等世界大国征服占领，这在世界历史上是罕见的。

在沙皇俄国与苏联时期，中亚长期与世隔绝，落后于其他地区。在获得独立后，中亚五国积极与各国进行经济贸易交往，在地缘政治、国际安全等领域发挥重要作用。20世纪末，里海地区发现了丰富的石油储量，成为"第二个波斯湾"。中亚拥有丰富的能源资源，无疑成为潜在的重要市场和贸易伙伴，也因此成为众多经济集团的争夺对象。

二、研究现状

笔者在中国知网（CNKI）上以"中国与中亚"为主题，对1949年10月1日到2023年12月31日的相关论文进行检索，最终搜索到4898篇论文，其中期刊论文3391篇，硕士学位论文374篇，博士学位论文36篇，其他成果1097篇。可以看出，国内对中亚的相关研究数量较多，且颇有建树，其研究现状如下。

第一，自20世纪50年代始，中国与中亚的相关论文数量呈增长趋势，2015年达到最高值，之后迅速下降，但2023年增长较快（见图1-1）。

国内对这一领域的研究始于1954年，之后缓慢增长。1993年以前，每年的论文数量仅为个位数，1993年实现两位数的突破，2010年达到251篇，后有所回落。从2012年到2015年，论文数量显著增长，2015年达到峰值409篇。2015年后，论文数量又逐年减少，2021年仅为128篇。2022年以来有所增长，2023年增长迅猛，达到329篇。

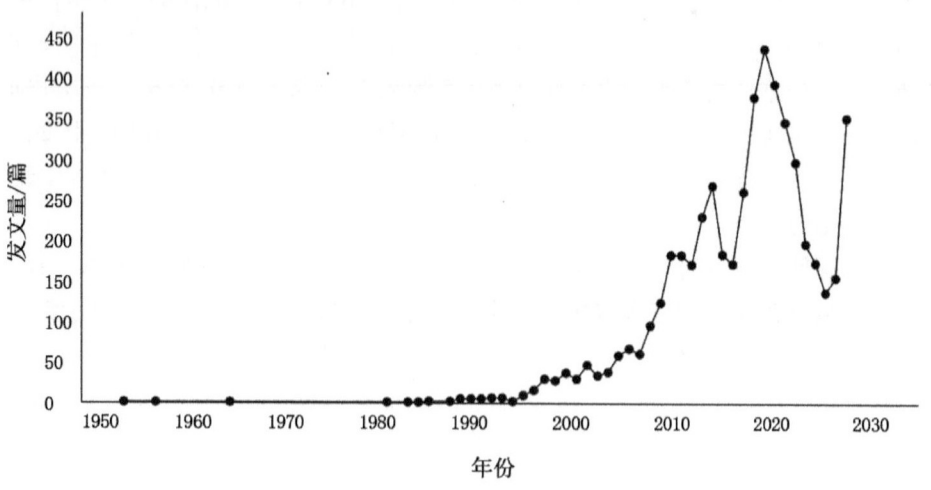

图1-1　以"中国与中亚"为主题的论文数量

第二，如图1-2所示，国内学者的相关研究内容相对较为集中，主要集中在以下方面：中亚五国、中国与中亚、丝绸之路经济带、中亚天然气管道、经贸合作、能源合作等。但同时我们也注意到，国内学者对各领域的关注度存在明显差异：针对中国与中亚五国关系的研究占主体地位，丝绸之路经济带的相关研究也不在少数，但针对中亚国家具体行业的研究占比较小，有关中亚商人在华情况的论文更是鲜见。

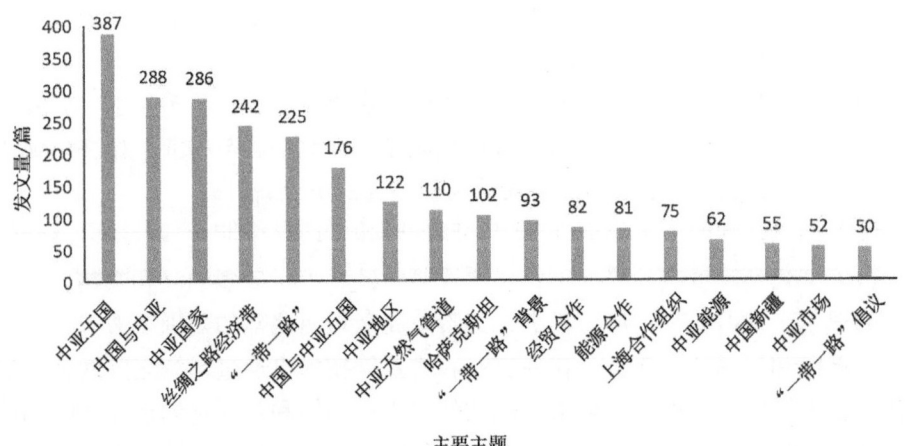

图 1-2 "中国与中亚"的论文主题分项统计

三、中国与中亚国家的商贸往来

（一）先秦时期

早在殷商时期，一条从中原经新疆通往中亚的道路就已开辟。随着青铜器等商品从中原地区被辗转西运，中国精美的丝绸也被源源不断地运往中亚、西亚乃至欧洲各地。在中西交通大开之初，东方的丝绸经由中亚和印度，运往阿拉伯地区，而西亚、北非的商品则由海路运往印度，再经由中亚向东亚和北亚地区扩散，这种中转式的贸易占据了主导地位。

西域盛产美玉，而中原地区玉文化发达，先秦时期统治阶级对美玉的追求使得中原与西域早就建立了密切的玉石贸易联系。玉石之路的存在，对中国与中亚地区的早期交流来说意义深远。由于中原地区对玉石的大量需求，中原与西域之间的贸易迅速发展，西域的游牧民族也在早期的东西方交流中日益活跃，并在经济文化交流中担任重要的角色（郭利华等，2018）。

此外，中亚的历史可以说是"马背上的历史"，中亚地区盛产马、牛、羊，生活着众多的游牧民族，这些民族在长期的游牧生活中发展了骑马之术，而中原地区缺少马匹，更不通骑术。在与"马背上的民族"不断发生冲突和摩擦的过程中，中原地区引进中亚的良马，学习胡服骑射，丝绸贸易也提升了中亚地区游牧民族的生活品质。

（二）两汉时期

张骞出使西域是东西方交流史上的重大事件。自张骞出使西域起，中国与中亚各国开始进行经常性的直接贸易。张骞当时的活动范围和交流对象正是当今中亚地区的费尔干纳、河中地区以及伊塞克湖至伊犁河谷一带，即当时的大宛、康居、大月氏及其属国大夏、乌孙等国。也就是说，两千多年前，张骞通过自己的外交活动，与中亚诸国初次建立联系，自此中国与中亚开始在丝绸之路上互通有无，从而开启了沿线各民族文化沟通的历史新时期。

汉王朝以强大的国力保证了丝绸之路的畅通。西汉中期后，丝绸之路沿线的经济和文化交流极其频繁。中亚、西亚等地区出土了较多的汉朝文物，其中中亚的费尔干纳盆地一带最为集中，如哈萨克斯坦西北部的列别杰夫卡墓地就出土过铜镜和丝绸。此外，汉朝的农业和凿井等技术也通过丝绸之路西传，如新疆尼雅地区发现了我国最早培育成功的水果——桃和杏，它们在汉朝时期传入新疆。汉朝统治西域后，许多冶铁场所得以兴建，西域的冶铸业也随之兴起（中国社会科学院考古研究所，2010）。此外，中亚地区畜牧业发达，盛产皮毛制品。比如，穿越中亚北部和伏尔加河流域的北道因沿途出产和输出毛皮，被日本学者白鸟库吉称为毛皮路。"南道丝绸的西运和北道毛皮的东来，一东一西，各有特色。"（沈福伟，2006：57）这些毛皮制品从中亚北部，经过西域北道传入中原地区，加强了中原地区与中亚各国的贸易往来。

汉朝与西域地区主要的贸易方式是贡赐贸易，主要表现为西域诸国派使者向汉朝贡奉，而汉朝给予相应的钱财赏赐。汉朝对贡赐贸易的管理非常细致，每当西域使者往返汉朝时，都有汉朝的官吏相随。马智全（2021）通过对敦煌各类汉简的研究，找到了乌孙、莎车、大宛、山国等西域诸国到汉朝献贡的相关记载，西域的贡物主要以畜类为主，包括骆驼、马、驴等。收到西域的贡物后，汉朝会派官员估算这些贡物的价格，并赐予丰厚的钱财，因此吸引了众多商人往返于汉朝和西域之间。他们有时会充当汉朝和西域的使者，正式的使团中也常夹杂着商人，还有不少西域商人冒充使者来到中原献贡，因为汉朝所赐的钱财远远高于贡物本身的价值。汉朝和西域的贡赐贸易大大促进了各地自由贸易的发展，促进了汉朝和西域的人员往来，这也是汉代丝绸之路繁荣畅通的重要保障。

（三）隋唐时期

隋朝结束了中国长期分裂割据的局面，实现了国家的统一。隋炀帝杨广（569—618年）即位后，远交近攻，开始经营西域地区。《隋书》卷六十七提到，裴矩在《西域图记》中记录了周游欧亚诸国的商贾所描述的三条东西交通线路，这三条线路"发自敦煌，至于西海，凡为三道，各自襟带"。由此可见，当时以中亚为中心的中西贸易网络完善而发达，但当时的西域政权由吐谷浑和突厥分别控制，中原地区被隔绝于外。当隋炀帝到燕支山巡行时，当地二十七国的使者和商人赶来晋谒，进而联合攻打吐谷浑，打通了当时的交通要道（刘后滨，2019：143）。自此，来自中亚的商人和使者人数大大增加，他们在隋朝境内享受免费运输和获得供给等优待，这加强了隋朝与中亚地区的经济和文化交往。

贞观六年（632年），唐朝开始与西突厥形成册封与被册封的宗藩关系。显庆三年（658年），唐朝彻底结束了西突厥统治西域的历史。随着西突厥的覆灭，西域和中亚地区并入唐代中国的版图。唐朝大大加强了与中亚各地的政治联系，并在中亚粟特地区设置了8个羁縻府州，受安西都护府统辖，从而在中亚正式拥有了主权（李方，2006）。唐朝对这些地方的汗王加以册封，授予官职，赏赐贵重器物以保护属国安全，而各个羁縻府州则向唐朝进贡、遣送质子等。

汉文史籍中大量记载了中亚各国向唐王朝遣使者朝贡的情况，这些通贡的事实也集中反映了唐朝与中亚地区频繁的经贸往来。唐朝与中亚地区的贸易并不局限于官方的贡赐贸易，还包括官方或民间的"互市"以及其他形式灵活多样的民间贸易。这种"互市"历史悠久，通常在边境地区所设立的互市点进行，是游牧民族与农耕民族之间的贸易形式。通过这一方式，牧业经济地区的牲畜、皮毛等产品与中原农耕地区的丝绸、茶、盐、粟、金银器皿及其他日用品得以交易。有时，突厥、回鹘的贵族和唐朝的官员还会利用互市交易作为敛财的手段。其中，唐朝与突厥、回鹘间的"贡赐"和"互市"贸易以北方草原地区出产的马匹与中国内地的丝绸为主要内容，因此又被称为"绢马贸易"（赵晓佳，2011：81）。

唐朝时期，各国的商人云集而来。其中，中亚粟特商人在与中原地区的经济交流中最为活跃，大大促进了两地贸易的繁荣。"沿着通往中国的丝绸之路，粟特人把玻璃器、宝石、各种装饰品、中亚的土特产运往中国，然后把中国的丝绸、皮革、漆器、铁器、金银器等运往中亚。……我们在罗布泊、潘治肯特、呼罗珊等地发现的粟特文书证明粟特语在公元以后至10世纪曾经是中亚地区的国际语言，起码在商业领域是这样的。"（李明伟，1997：408-409）在各种民间活动中，粟特人经常充当中介的角色，在进行贸易的同时也在不断迁徙，积极参与唐朝的社会经济和政治活动，并与当地人友好相处，互学共鉴，促进了唐朝内部的商业贸易和丝路贸易。与此同时，中亚的异域文化也给唐朝带来了"胡化"之风，对当时的服饰、饮食和游艺活动等产生影响，并使唐朝文化得以不断充实和发展。

(四) 宋元时期

在分裂割据的五代十国和两宋时期，中原和中亚等地区交流形势复杂。契丹贵族耶律大石（1087—1143年）向西征战，在中亚地区建立了西辽帝国，并称霸中亚近百年。深受汉文化影响的契丹人在主宰中亚期间，将汉文化从各个方面传播到中亚地区。因此，西辽时期成为汉、唐之后中原汉文化影响中亚的一个高峰期（王治来，2004）。

魏良弢在《西辽史纲》中就西辽时期汉文化对中亚地区的影响做了深入研究。耶律大石吸取辽国灭亡的教训，以汉文化中的中和、宽容为政，以儒家思想为指导，"结束了中亚各国内部纷争不已和各国之间相互侵袭的局面；大一统的出现，使社会秩序比其前其后的朝代都为安定。西辽王朝统治者以儒家思想作为指导，对人民'轻徭薄赋'；对属国属部'柔远怀来''羁縻''安抚'，对宗教信仰'循俗''宽容'。因此，当地比较紧张的阶级关系、民族关系、宗教关系都有所缓和，形成了一种比较安宁、松宽的政治环境"（魏良弢，1991：3）。此外，西辽还取消了分封制，实行中央集权制度。"这在中亚史上是一个重大进步，它不仅限制了领主的'肆虐'，而且有效地保证了中央集权。所以终西辽一代，从史籍中未见有地方政权独立、封建领主混战的记载，这无疑有利于社会的安定和生产的发展。"（魏良弢，1991：73）在经济上，西辽实行的是汉族的按户征税制度，即每户征收一个狄纳尔，而当时的中亚地区，土地税为收获量的三分之一。西辽每户征收一个狄纳尔的赋税，根据当时中亚的金银比价，是很轻的税额（魏良弢，1991：74），这有利于民生福祉，也促进了当地生产的发展。

河中地区的喀喇汗王朝兴起后，与宋朝迅速建立友好的商贸关系，大量输出乳香及马、驴等宋朝急需的战略物资，同时从宋朝换回丝织品、茶、衣物、银器和钱币，大量宋朝货币随之流入中亚。然而，随着丝路的断绝，这种金银与马匹的交换流通至北宋末期已无法继续。刘明罡和李潇（2018：15）对蒙古人统治中亚前的"丝绸之路经济带"上的金银流通做了简要概括：随着"丝绸之路"的堵塞，中原地区的金银不像唐朝那样直接流入中亚，而由回鹘人作为中介通过贸易间接流入。金灭辽后，南宋政权与中亚各国隔绝，原本通过贸易流入中亚的金银流向东南亚地区。

蒙古人征服中亚后，在欧亚地区大修驿道，构建驿站系统，刺激东西道路交通。元朝作为宗主国，与察合台汗国、金帐汗国、伊利汗国三大汗国之间的陆路交通畅通，这也促进了欧亚内陆间的经济文化交往。蒙古部落兴于漠北，迫切需要武器、纺织品、粮酒等物品，这为来自中亚的商人提供了市场，大量的中亚商人加入与蒙古人进行贸易往来的商队中。他们的商业活动内容多样，包括从事国内与国际商品贸易、经营政府专卖商品、从事市舶海上贸易和放高利贷等（赵晓佳，2011：120）。元朝同中亚各国之间的金融活动以金银作为货币手段，相互补偿各国之间的货币缺口，形成了良性的经济共同体，促进了各国的经济发展。

（五）明清时期

朱元璋（1328—1398年）建立明朝时，中亚地区出现了帖木儿帝国。在帖木儿帝国统治中亚期间，中亚地区政治稳定，社会安定，经济繁荣，商业发达，且与明朝关系稳定。根据张文德（2006：223）所做的统计，在帖木儿王朝期间，"其来华使臣（包括以进贡为名的贸易使臣）不少于78次，平均不到两年一次；而明朝访问帖木儿朝使团的次数至少也有20多次。双方之间的友好往来构成15世纪陆上丝绸之路史中的重要一页"。

此外，有研究（邓慧君，2015）发现，明朝在丝绸之路上并没有故步自封，实际上明太祖朱元璋和明成祖朱棣（1360—1424年）对此苦心经营，并取得良好成果。他们设立关西诸卫，保证了丝绸之路河西走廊段的经济、文化交流，大批中亚商人通过玉门关到河西走廊与中原进行贸易。而哈密作为沿线的第一个商贸重镇，其地理位置非常重要。当时的哈密存在着蒙古后裔建立的地方政权，对明朝持蔑视且抵触的态度，因此哈密成为中亚与中原通商的一大障碍。明朝在军事力量增强后出兵哈密，使之臣服，之后设置哈密卫，负责过往商旅和贡使的接待事宜，稳固了明朝通往中亚的道路，双方的商队络绎不绝。此外，明朝还积极派遣使者，与丝绸之路沿线的别失八里政权建立友好关系，使当时的商贸热闹非凡，双方交往更为频繁。明成祖时期，到中原做生意对中亚商人来说是一本万利的事情。凡来中原经商的西域商人，一旦进入明朝管辖区域，沿途各个驿站便提供食宿。这些优惠政策大大吸引了中亚商人，帖木儿商人接踵而至，并成为中亚各邦国中前往明朝人数最多的国家（邓慧君，2015）。明朝与帖木儿王朝的贸易以贡赐贸易为主，主要是出于政治目的，营造双方的良好关系，毕竟当时的明朝物产丰富，而中亚进贡的物品中，马匹最受欢迎。这种贸易活跃了丝绸之路的商贸活动，促进了各地手工业和制造业的发展，稳定了中原和中亚地区友好的政治格局。

在《清代西北民族贸易史》中，王熹和林永匡（1991）对乾隆时期清政府与哈萨克部的贸易设立背景、马匹价格、货物价格换算、贸易意义等问题进行了研究。清朝重新统一西北边疆地区后，一方面为了笼络哈萨克、布鲁特等民族，另一方面为了解决边防、屯田所需的马匹问题，就地取材，用丝绸换取牲畜，开启了旷日持久的绢马贸易。这对于增进哈萨克与中原地区的经济文化交流起了很大作用。但清政府把这种贸易视为"恩赏"和"特恩"，是"羁縻"政策的需要（李晓英、牛海桢，2006：113）。而哈萨克汗国向清朝进贡，也带有很强的政治性。清朝构建了边疆贸易格局，建立了相应的商品运输和流通机制，其与哈萨克汗国的边境贸易仍呈现草原农耕的互补性质。哈萨克的马价比中原地区低，其向新疆输送大量牲畜，大大节省了清朝的财政支出，所以清朝官方垄断了与哈萨克商人的贸易，掌握着定价权（陈海龙，2014）。

赵海霞（2011：80）在专门梳理清代新疆民族关系时，发现18世纪中叶清政府统一南疆后，经济得以快速发展，叶尔羌等地与西藏及中亚布鲁特、中亚浩罕、安集延、克什米尔等地的传统贸易活动，在原有的基础上更为活跃。清政府为了发展南疆地区的官方丝绸贸易，还一再降低外来商人的商税，更对赴新疆进行贸易的中亚商人免除税收。

明清时期，中国与中亚一直保持着稳定的友好往来，贡赐贸易、绢马贸易等贸易都是古丝绸之路上最后的繁荣，对当时中亚地区的经济发展有着重要的作用。

（六）中华民国时期

因中国新疆与中亚接壤，俄国对新疆进行干涉，试图将新疆吞并，同时在新疆开辟多处专供俄国商人进行商业活动的"贸易圈"，设置协调俄国商人在新疆贸易的"商总"之职，并在中亚各地也设立新疆的商务机构（郭利华等，2018）。俄国商人还利用与新疆交通便利的优势，降低运输费用等成本，以期在竞争中占有更大优势。自19世纪40年代始，俄国不断对中国进行侵略，先后逼迫清政府签订了《中俄伊犁塔尔巴哈台通商章程》《伊犁条约》等，利用各种优惠政策和不平等条约给予的特权，鼓励俄国商人到新疆进行贸易，使新疆成为俄国的商品倾销市场。随着俄国对新疆畜产品的掠夺，新疆牧业受到严重损耗（娜拉，2006）。

1916年，中亚各族反抗俄国统治失败后，大量中亚难民涌入了中国新疆。1917年俄国十月革命胜利以后，建立了苏维埃政权，中国新疆地区与中亚的政治、经济关系出现了重大转机。1920年5月，中苏签订《伊犁临时通商协定》，这一经济协定有利于中亚地区与中国的良性贸易。从1922年到1927年，中国新疆对苏联贸易迅速发展，贸易额从1922年的37.4万卢布上升至1926—1927年的2052.6万卢布（庄鸿铸等，2000：95）。

1933—1944年盛世才治理新疆时期，采取亲苏的政策，新疆与苏联和中亚地区的贸易大大增加。1933年，新疆组建了裕新土产公司，专门负责对苏贸易。这一时期双方贸易额迅速增长，贸易总额为1067.5万卢布，到1941年增至9079.7万卢布（厉声，1993：479）。"新疆对苏贸易发展，有力促进了本省工业经济和社会市场的繁荣。至（20世纪）30年代末，在苏联的支援下，新疆各地按实业发展计划新建、扩建、改建的各类工厂及工业加工设施达几十座。"（厉声，1993：481）

（七）新中国成立后

1.政治往来

新中国成立后，积极开展外交活动。作为苏联的加盟共和国，中亚五国没有独立的外交。1950年，中苏签订《中苏友好同盟互助条约》。由于当时的中国经济极度落后，因此苏联给予了大规模的经济援助，当然中国也向苏联提供了大量的农副产品和战略物资（周红，2018：79）。比如，苏联曾向中国提供3亿美元的低息贷款，集中用于中国能源工业、原材料工业和国防等基础建设，这对于新中国国民经济的恢复意义重大。此外，苏联还帮助中国援建恢复经济所需的众多重点项目，这对中国工业化进程的意义是毋庸置疑的。新中国成立初期，中国各地也要求尽快开展与苏联的贸易，尤其是新疆人民迫切需要与苏联恢复通商。同时，中苏合股公司的开办也顺应了中苏双方利益（沈志华，2001）。之后，中苏关系在20世纪60年代持续恶化，70年代仍处于敌对状态。80年代中国实行改革开放政策后，逐渐改善与西方大国的关系。苏联在戈尔巴乔夫上台后，对内实施改革，开始改善与多国的关系。1989年戈尔巴乔夫访华，中苏关系实现正常化后，两国政治、经济、文化等方面的往来也得到了迅速发展，苏联和新疆间的经贸交流也开始恢复（赵晓佳，2011：151–152）。"1983年初，中国黑龙江省和内蒙古自治区沿边口岸首先对苏开放，新疆霍尔果斯及吐尔尕特口岸也积极筹备建设，准备对苏开放"（厉声，1993：671），新疆恢复与苏联的口岸贸易。1983—1985年，新疆对苏贸易额迅速增长。1986年1月起，新疆与哈萨克斯坦、吉尔吉斯斯坦、塔吉克斯坦、乌兹别克斯坦、土库曼斯坦等五个中亚共和国开展直接易货贸易（厉声，1993：685–686）。1990年7月，哈萨克斯坦政府代表团访问新疆，探讨地区间的经贸合作，签署了一系列协议。

2.文化往来

1949年新中国成立后，中国与苏联开启了外交新篇章。这一时期的中亚五国作为苏联的加盟共和国，在外交上没有独立权，中国与中亚的文化交流主要体现在中苏交往上。1949年到1991年，中苏经历了友好往来、关系恶化和逐步恢复三个时期，中国与中亚国家的文化往来也随着中苏关系的变化而曲折发展。

1991年苏联解体，中亚五国宣布独立。1992年1月，中国与中亚五国建立外交关系，在经济、政治、文化等方面开启新篇章。在文化往来领域，具体表现在以下几个方面：

中国与中亚国家的文化代表团几乎每年都会进行互访，文化部门的官员会商讨两国在文化领域的合作事宜。比如2004年，乌兹别克斯坦代表团参加了第七届中国艺术节；2009年开始，中国文化部每年在哈萨克斯坦举办"欢乐春节"的活动（肖凯强，2017：26）；2023年是中国—中亚文化艺术年，中国与中亚国家以多种形式开展了一系列文化交流活动，促进了中国与中亚国家在文化上的认同与了解。

中国与中亚国家在高层互访中签署了很多文化领域的合作协议。如1994年，中吉两国共同签署《文化合作协定》；2001年，中哈签署《2001—2002年文化合作计划》；2004年，中乌两国签署首个文化执行计划；2011年，中土两国签署《2012—2014年文化合作计划》。这些合作协议确定了中国与中亚国家在文化领域交流合作的基本方向（肖凯强，2017：25-26）。

2005年，海外首家签约孔子学院在乌兹别克斯坦首都塔什干落成；2006年，中国与哈萨克斯坦共建欧亚大学孔子学院；2008年，比什凯克人文大学孔子学院在吉尔吉斯斯坦创办，开了新疆高校参与中亚孔子学院建设的先河。目前，中亚国家已有13所孔子学院。孔子学院不仅深受当地民众的欢迎，而且"桃李满天下"，培养的一批批优秀学子成为中国和中亚国家交流合作的骨干力量（新华网，2023）。中亚国家的孔子学院积极参与中国与中亚国家的人文交流与合作，并在当地成功打造了多个中国文化"品牌项目"，如一年一度的"汉语桥"比赛为中亚各国人民学习汉语提供了交流的舞台。不少孔子学院还根据所在国家和学校特色，开展丰富多彩的文化活动。2022年2月，阿布莱汗国际关系与外国语大学孔子学院、哈萨克斯坦国立大学孔子学院与兰州大学共同举办"庆祝中哈建交30周年"新春联欢会。孔子学院师生献上具有多种民族特色的精彩文艺节目，并为北京冬奥会送上美好祝福（中华人民共和国外交部，2023a）。孔子学院的设立，培养了大量知汉、友汉的中亚学生，他们对中国的情况较为熟悉，汉语的掌握程度较好，为赴中国经商打下了较好的基础。

3. 商贸往来

20世纪90年代，世界政治经济格局剧变，和平与发展成为时代主题。中国在改革开放后，综合国力上升，开始主动与中亚国家开展经贸联系。1992年，中国与中亚五国建交，化解历史遗留问题；1994年，中国提出利用欧亚大陆桥，加强中国与中亚国家的经贸联系，以建设向西开放的贸易长廊；2001

年，中国与哈萨克斯坦、乌兹别克斯坦、塔吉克斯坦、吉尔吉斯斯坦等国签署成立上海合作组织，加强成员国在经贸投资、能源矿产、旅游文化等领域的合作（程贵、丁志杰，2015：120）；2013年，习近平主席提出了"一带一路"倡议，中亚经济带成为这条经济走廊的核心区域，中亚五国更是中国实施"西部大开发"战略的重要合作伙伴。随着中国与中亚五国的合作越来越紧密，区域经济一体化进程逐步加快。

中国与中亚五国的经贸合作前景受到众多学者的关注。谭晶荣等（2016）对中国与中亚五国的农产品贸易潜力进行研究，发现中亚五国因土地资源丰富，在粮食、棉花等土地密集型产品上有比较优势，而中国在劳动和资本密集型产品上有比较优势，因此中国与中亚五国可以开展互补性农产品贸易。但总体来说，农产品贸易的总量仍然不足，潜力巨大，对不同类别的农产品贸易应具体情况具体分析，采取相应的贸易对策。袁胜育和汪伟民（2015）对中国与中亚各国在共建丝路进程中的挑战和机遇进行了具体分析。他们发现，中国和中亚国家的能源合作一直是战略重点，中哈石油管道和中国—中亚天然气管道均是重大战略性工程。对中亚而言，中国是最大、最理想、最稳定的能源市场之一，因此中亚国家对"一带一路"倡议总体持积极态度，渴望搭上中国的快车，但出于对经济过度依赖和国家安全威胁的担心，不愿改变现状。杨宇等（2015）指出了中国与中亚国家能源合作的主要特征和战略导向：中国与中亚的油气合作呈现多元化的趋势，合作规模扩大，已从油气资源贸易领域扩展到勘探开发、管道运输、油气销售等上、中、下游各个领域，形成了包括工程技术服务在内的完整业务链，并进一步拓展到其他相关的建设领域。双方的合作也得到了各国领导人的高度认可。比如，哈萨克斯坦阿克纠宾公司因共建"一带一路"的重大机遇，从严重亏损的状态发展成为当地支柱企业，被两国领导人称为"中哈合作的典范"。从中亚国家自身发展需求来说，未来双方的油气资源合作将进一步深化。程贵和丁志杰（2015）也指出，中国与中亚国家互利共赢，双方经济结构存在很大的互补性，有着巨大的合作潜能。如中亚国家将非能源领域的基础设施作为经济多元化的起点，给中国大型通信设备等类型的企业"走出去"提供契机。此外，中亚国家逐步放开对外资的管制，也为中国投资者带来新的发展契机。与此同时，中国与中亚国家签署政府间经贸协定、避免双重征税协定等法律文件，形成了经贸磋商机制。经过政府与民间的共同努力，中国与中亚国家的经贸合作呈现出良好态势。"2012年，中国与中亚国家贸易总额达459.4亿美元，与1992年的建交之初的4.6亿美元相比，增长了近100倍。"（程贵、丁志杰，2015：123）

在苏联时期，中亚各国经济结构单一，主要生产原料产品，独立后缺少工业必需品，需要与邻国发展经贸合作关系。改革开放十几年后，中国有了较强的经济实力，因此，中国与中亚各国能够发展经贸关系。1992年，中国同中亚五国的贸易总额达4.5亿美元，其中哈萨克斯坦份额最大；中国同中亚合办的合资企业已经达到300多个，之后将进一步扩大（顾关福，1993：36）。中国与中亚贸易形式多样化发展，有地贸、边贸、边市互市、旅游购物等多种形式。中国向中亚国家出口的商品，除粮油、食品、肉类、茶叶、轻纺产品外，又增加了电器产品、医药、医疗器械和某些农用机械。这些都是中亚国家所需要的商品。此外，双方的合资企业类型逐渐从服务、饮食、商业性企业向生产性企业转化。1992年，第二条亚欧大陆桥正式运营，大大缩短了中亚国家到连云港的距离，对中国与中亚国家的经贸发展有着巨大作用（刘清鉴，1994：33）。1997年，"上海五国"会晤机制建立，会晤成员国包括中国、俄罗斯、哈萨克斯坦、塔吉克斯坦、吉尔吉斯斯坦；在乌兹别克斯坦加入后，"上海五国"转化为"上海六国"。2001年6月15日，上海合作组织正式成立。经济合作是上海合作组织的重点合作领域，平等互利是开展双边贸易中遵循的基本原则。2002年，六国先后建立起经贸部长和交通部长会议机制，贸易和投资便利化进程开始启动，贸易、投资、交通、能源等领域的合作也逐渐开展（唐艳辉、陈海威，2004：74）。中亚国家向中国出口的商品主要是化肥、木材、棉花、毛皮、车辆、电解铜、铝锭、钢材、废钢铁、部分矿产品和机械产品等，这些都是我国所需的产品。2011年10月26日，中哈天然气管道南线项目正式投入建设，这是中亚天然气管道工程的支线项目。自2008年5月至2009年6月，阿拉山口海关验放出口中亚天然气管材122063根，总计20168车、1388公里、60万吨，圆满完成中亚天然气管道工程主干线项目物资出口的监管任务，全力保障国家重大能源项目高效建设（中华人民共和国海关总署，2011）。中亚天然气管道项目是中哈两国全面建设战略伙伴关系的重要内容。2012年，由于国产列车出口态势良好，阿拉山口海关积极采取措施，提高换装效率，帮助国内铁路机车、车体制造企业转型升级，稳固中亚市场地位。

中亚各国矿产资源丰富，需要大量重载便捷且能适应各种复杂自然条件的铁路货车运输矿产资源，但中亚各国的铁路、货车制造业不能满足市场需求。我国铁路列车受到中亚各国的青睐，在中亚市场形成较好的品牌效应（中华人民共和国海关总署，2012a）。2012年底，苏州制造产品销往中亚、欧洲的新"丝绸之路"——苏新欧（苏州—新疆—欧洲）铁路转关运输线路正式开通。这是一条通往欧洲和中亚的货运新通路，直接节省了企业物流成本，大大缩短了货运周期，且对苏州企业开发中亚、东欧等新兴市场具有重要推动意义（中华人民共和国海关总署，2012b）。2013年4月，义乌海关建议开辟直通中亚五国的小商品出口"铁路转关"通道，由义乌起始的"新丝绸之路"铺就，小商品出口将再次提速。据统计，2013年4月以来，出口至中亚地区的小商品总额为685.8万美元，同比增长32.2倍（中华人民共和国海关总署，2013）。2014年，随着丝绸之路经济带建设的加快，新疆作为通往中亚的重要枢纽，地缘优势愈发显著。海关结合新疆发展实际，量身定制了立体监管通关模式，实现进出口货物在我国境内各口岸海关以"一次申报，一次查验，一次放行""海铁联运""海陆联运"的方式运行顺畅，开辟了内陆企业通向中亚市场的黄金线路。乌鲁木齐海关为了更好地促进农产品出口，对出口水果、蔬菜等鲜活农产品实行提前"预约报关"，货物随到随验，快速放行。

据统计，2014年1—4月中哈巴克图—巴克特口岸正式运行农产品绿色通道，从巴克图口岸出口的农产品共7376.8吨，货值2992.6万元（中华人民共和国海关总署，2014a）。2014年底，中国海关总署署长与哈萨克斯坦共和国财政部收入委员会主席叶尔格仁签署"经认证的经营者"（Authorized Economic Operator，AEO）互认行动计划，为双方诚信企业提供通关便利（中华人民共和国海关总署，2014b）。2015年，中国海关实施的"丝路"通关一体化改革，拉近了我国各地与中亚国家的距离。随着改革的不断深入，越来越多的行业和企业将切身感受到"丝路"通关高速路释放的改革红利（中华人民共和国海关总署，2015）。2016年7月8日，"好望角号"中亚国际货运班列正式开通，使邢台、河北乃至华北地区的产品源源不断地运往中亚地区，中亚地区的水果、棉花等商品顺路运回邢台，并通过邢台销往中国各地（中华人民共和国海关总署，2016）。为了突破交通运输领域的对接，2017年10月底，中国、吉尔吉斯斯坦和乌兹别克斯坦联合举行了中吉乌国际道路货运试运行活动，并于2018年2月正式启动这条国际道路货运。得益于交通基础设施的改善，中乌双边贸易增长迅猛。2018年，中乌双边贸易额达62.6亿美元，比上年增长48.4%，中国为乌兹别克斯坦第一大贸易伙伴（新华网，2019）。21世纪以来，中国与中亚各国已经跨境建立了多个电子商务平台和物流基地。如2019年11月，中国商务部与乌兹别克斯坦投资和外贸部签署了《关于建立投资合作工作组的谅解备忘录》和《关于电子商务合作的谅解备忘录》，双方商定积极打造电子商务、矿产资源合作等新的增长点，提升便利化水平。2020年，中国继续保持中亚国家最主要的贸易和投资合作伙伴的地位，双方贸易额超过385亿美元，是建交之初的80多倍。中国同中亚国家复工复产走在前列，中亚最大的风电项目并网发电，一大批"一带一路"重点工程并未因疫情停滞，反而取得实质性进展。中国产品、中国技术、中国标准越来越受到中亚各国人民的欢迎。中国政府主动向中亚国家提供急需的疫苗等抗疫物资，支持本国疫苗企业向中亚国家转让技术、合作生产，欢迎中亚国家积极参与"一带一路"疫苗合作伙伴关系倡议（中国新闻网，2021）。2021年，中国新疆与中亚国家新能源合作线上国际论坛成功举办，论坛以"未来能源，绿色丝路"为主题，来自中国和中亚五国政府、商协会、新能源企业代表300余人线上共话新能源领域合作前景（央广网，2021）。

2022年是中国与中亚建交30周年。短短30年间，中国同中亚国家贸易额由最初的几亿美元跃升至几百亿美元，增长约100倍。同时，中国对中亚国家投资额也从几乎空白增至近400亿美元（人民日报，2021）。如今，中国已成为中亚五国最重要的贸易和投资伙伴之一。此外，中国—中亚天然气管道、中哈原油管道、中吉乌公路、中塔公路等一系列战略性大项目的实施，为各国经济社会发展注入强劲动力。2013年习近平主席在访问哈萨克斯坦期间首次提出共建"丝绸之路经济带"后，中国和中亚国家的合作驶入快车道，一大批涉及农业、水利、电力、纺织、机械、加工等领域的大项目破土动工，有效解决了中亚国家及中国在发展过程中面临的迫切难题，促进了各国工业化、现代化进程（人民日报，2021）。

四、小　结

早在两千多年前的汉朝，张骞出使西域，开辟丝绸之路，开通中国与中亚的联系通道。随着丝绸之路成为东西方交通的主脉，中国的丝织品被运往中亚，换回中亚的香料、犀角、象牙等商品，促进了中国与中亚的贸易往来。

中国和中亚的商贸往来历史悠久。自汉朝开始，中国就与中亚地区进行经常性的贸易和贡赐贸易，而唐朝进一步发展贡赐贸易并设"互市"，粟特商人在中原地区的商贸活动更为频繁。宋元王朝与喀喇汗王朝建立了友好的商贸关系，明清时期与中亚的商贸则见证了最后的繁华。中华民国时期受政局影响，双方商贸往来受阻，乃至停滞。

在苏联解体，中亚五国获得独立之后，中亚国家与中国往来频繁，政治、经济和文化呈现新局面：政治上，建立亲密的友好关系；经济上，发展互利的伙伴关系；文化上，形成平等的信任关系。中亚各国有着丰富的资源，却很难将资源输送到遥远的国际市场，所以中亚国家在新时期积极与中国合作铺设石油管道、开辟国际航道，实现经济快速发展。同时，他们对丝绸之路进行考察，投资基础设施，对复兴丝绸之路抱有积极态度。在中国提出"一带一路"倡议后，中亚五国积极响应，与中国的商贸往来更为频繁。2022年，中国和中亚五国贸易额创历史新高，达到702亿美元，越来越多的中亚人到中国学习、经商，如乌鲁木齐、西安和义乌就有不少中亚商人。

第二节 中国与共建"一带一路"西亚国家的商贸往来

作为世界文明的摇篮和发祥地之一，西亚历史悠久、群星灿烂，两河流域孕育的古巴比伦文明更是璀璨夺目，在世界文明史中占据独特地位。同时，西亚地区的地理位置优越，地处连接亚、欧、非三大洲和沟通大西洋、印度洋两大洋的枢纽地位，与世界各地的交通非常便利。

作为中西文明交流的十字路口及亚非欧三洲的交通枢纽，西亚地区极易成为世界瞩目的焦点以及各种矛盾的集中点。该地区的政治、经济和军事意义重大，且石油资源极其丰富，使其成为列强角逐和必争之地。因此，西亚地区历来冲突和融合不断，各路豪强在此展开激烈角逐。第二次世界大战以来，西亚地区局势动荡，人民深陷恐慌之中。比如，持续了20多年的阿富汗战争使这个国家满目疮痍，经济濒临崩溃，而旷日持久的巴以冲突更是长达半个多世纪，严重影响着中东地区的和平稳定局势，使该地区部分国家的贫困状况日益加剧，和平进程一再受阻。人心思定，谋求发展已成为西亚人民的共同诉求。中国提出的"一带一路"倡议得到了西亚国家的积极响应，双方在贸易投资、人文交流等领域的合作成效日益显著，越来越多的西亚商人选择来华经商。

一、研究背景

就地理位置而言，西亚主要包括伊朗高原、阿拉伯半岛、美索不达米亚平原、小亚细亚半岛和黎凡特，与通常所说的"中东地区"有很多重合之处。"中东"这一称谓"源于西方殖民扩张的时代背景，原本具有'欧洲中心论'的历史痕迹和政治色彩……第一次世界大战结束后，中东随之逐渐成为泛指西亚、北非诸多区域的地缘政治学称谓"（哈全安，2019：1）。另外，"由于历史、地理、政治、经济、军事、文化等方面的不同侧重，对'中东'的地理位置和范围的划分，目前并不完全一致。在国外的研究者中间，比较认同的意见是：中东指地中海南岸和东岸地区，范围至少包括摩洛哥以东地区、阿拉伯半岛和伊朗"（彭树智，1991：4）。本研究中的共建"一带一路"西亚国家主要涉及阿拉伯联合酋长国、阿曼、巴林、科威特、黎巴嫩、沙特阿拉伯、土耳其、叙利亚、也门、伊拉克、伊朗、以色列、约旦等13个国家。

中国和西亚的交往由来已久，如《史记》就记录了安息（今伊朗地区）、条支（今波斯湾北部地区）等国的地理位置和交通状况。同时，西亚与中国的语言发展也息息相关，如定居于幼发拉底河中游的阿拉米人不仅善于经商，还把阿拉米语传播到邻近地区，为与之相近的阿拉伯语的传播奠定了基础。此外，闻名世界的丝绸之路更是将中国与西亚紧密联系在一起。公元前2世纪，面对匈奴的不断侵袭，汉王朝决定一举解决这一问题。汉朝通过夺取河西走廊，控制富庶的西域地区，并经过近十年的多次征战，将游牧部落赶回他们原来的地方。河西走廊通向帕米尔高原西部，那是一个崭新的世界。中国为一条横跨大陆的交流通道打开了大门，"丝绸之路"就此产生（弗兰科潘，2016）。这条把中国与西亚、欧洲等地区联结在一起的通道，因丝绸贸易而得名，延伸出一条条新的商路。

丝绸之路见证了多个帝国的兴衰与荣辱、辉煌与暗淡。如今，在沉寂数百年后，它又开始闪烁出光芒。改革开放以来，中国东部沿海地区在全球经济中快速崛起，各种"中国制造"商品大规模进入西亚。与此同时，国际油价持续攀升，近年来中国对西亚尤其是波斯湾地区石油资源的高度依赖，更使得两地之间消逝已久的经济纽带再次被激活。以"中国制造"和中东石油为载体，一条连接中国东部沿海省份与中东地区的海上"新丝绸之路"正在悄然兴起（邹磊，2013：47）。

二、研究现状

笔者在中国知网上以"中国与西亚"为主题，对1949年10月1日到2023年12月31日的相关论文进行检索，最终搜索到344篇论文，其中期刊论文217篇，硕士学位论文45篇，博士学位论文10篇，其他成果72篇。可以看出，国内对西亚的相关研究数量少，且增长缓慢，研究现状主要体现在以下两个方面。

第一，20世纪70年代末以来，以"中国与西亚"为主题的相关论文数量较少，虽有小幅波动，但总体呈非常缓慢增长的趋势（见图1-3）。

国内对这一领域的研究始于1979年。2007年前，每年的论文数量仅为个位数，2007年达到10篇，后有小幅的曲折波动，呈缓慢增长趋势。2016—2020年，每年的发文量保持在25篇左右，2021年和2022年分别为15篇和21篇，2023年下降到9篇。

第一章　中国与共建"一带一路"国家的商贸往来　◀◀

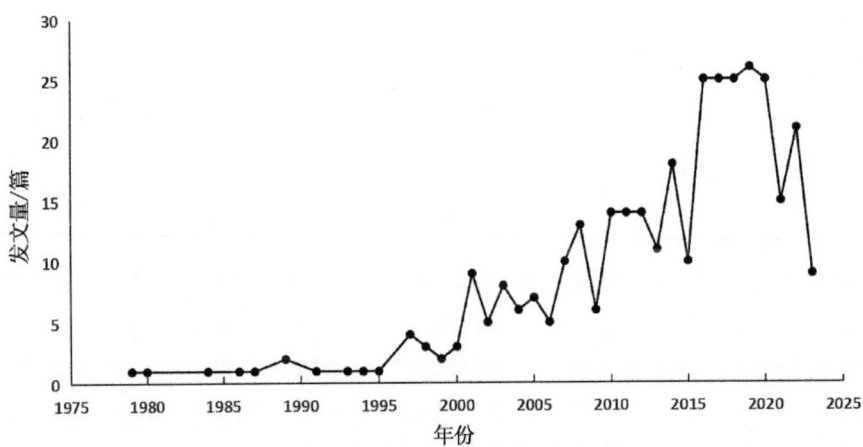

图1-3　以"中国与西亚"为主题的论文数量

第二，如图1-4所示，国内学者的研究相对比较集中，主要涉及经贸合作、中国—中亚—西亚经济走廊、"一带一路"背景下的西亚国家等话题。上述研究增进了我们对西亚地区的理解，但相关研究非常稀少，有关西亚商人在华适应的论文几乎为零，值得深入拓展。

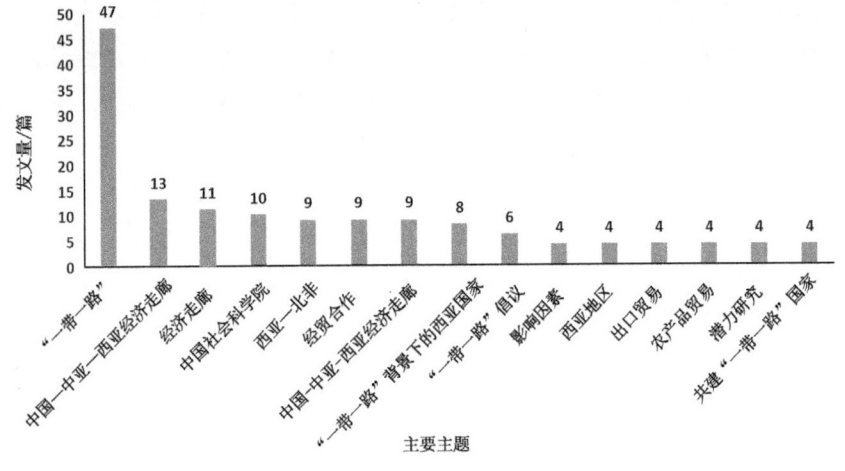

图1-4　"中国与西亚"的论文主题分项统计

三、中国与西亚国家的商贸往来

（一）两汉时期

张骞出使西域后，汉朝以河西为据点，为丝绸之路的畅通提供了物质基础，同时对西域的经济开发也使河西地区得以发展，从而形成了一片繁荣景

19

象。对汉王朝来说，域外是一片广阔市场，很多中原商人远赴西域，不畏艰险（董莉莉，2021）。与此同时，汉朝还派遣使者前往西亚等地，与各国政府建立联系。来自西域的商人也因为汉之广大、财物之多和文明之先进而被吸引，前往汉朝经商。

根据文献记载，甘英是最早到达中东的中国官方使者。汉和帝永元九年（97年），甘英奉命出使大秦（即罗马帝国），至条支国西海（今波斯湾）受阻返回（中国历史大辞典编纂委员会，2010：626）。甘英出使大秦的具体线路尚无明确的记载。根据《后汉书·西域传·安息》，甘英抵达条支时，安息人对他说："海水广大，往来者逢善风三月乃得度，若遇迟风，亦有二岁者，故入海人皆赍三岁粮。海中善使人思土恋慕，数有死亡者。"渡海的艰难使甘英不得不止步而返。甘英的这次出使虽未到达罗马帝国，却丰富了国人对中亚和西亚的认识。

在这一时期，丝绸之路的南、北陆道均经过伊朗高原，波斯政权为了居间牟利，对丝路贸易奉行传统的垄断政策。东罗马帝国试图绕道北方草原和印度洋，均遭到波斯的阻击。于是双方多次发生冲突和战争，大大削弱了双方的实力，从而给阿拉伯伊斯兰文明的崛起带来了机遇（王小甫，2015）。

（二）唐宋时期

根据《旧唐书·西域传》记载，唐高宗永徽二年（651年），大食第三任哈里发派使者前往长安，与唐朝建立正式的外交关系，并进行国家间的商品贸易，中阿经贸往来顺利开启。在此期间，中阿商贸线在横穿中亚大陆的"陆上丝绸之路"上有所延展，双方的经济迅速发展。阿拉伯商人带入中国的商品种类非常丰富，包括亚麻、棉、羊毛等材料织成的高档纺织品，金银铸成的饰品，阿曼和巴林著名的珍珠、蔷薇水、骆驼皮、象牙、猫眼、龙涎香、香水、玻璃、橄榄等；与此同时，他们还带来了大宗香料、孟加拉湾犀牛角、象牙和珠宝等商品，让当时的中国人对欧非地区有了更深刻的认识（马鑫等，2018）。在唐宋时期繁荣的丝绸贸易中，波斯、大食是中国主要的贸易对象。白寿彝（1983）在《中国伊斯兰史存稿》中对宋代大食商人在中国的贸易活动，尤其是香药等贸易及其对宋代财政的影响进行了考证，发现该时期就地位和有名可考者，以大食商人最多。在此基础上，林天蔚（1986）对宋朝与中东的香药贸易进行了深入研究。马文宽（1994）提到，辽国境内和伊斯兰世界分别出土了对方生产的陶瓷和玻璃器皿，这一考古发现证明辽国与伊斯兰世界有着密切的经贸联系。

此外，大食诸国有大量商人以个人名义充当贡使，与宋朝直接进行香料等朝贡贸易，贡物有白龙脑、拣香、蔷薇水、乳香等。大食国与宋朝在地理上相隔较远，政治利害关系很小，故双方贸易主体以商人为主，强调商贸意义（夏时华，2012）。此外，阿拉伯香料是宋朝进口的大宗商品。由于当时的中国上层阶级对香料的需求量巨大，因此宋朝把香料列为政府专卖，阿拉伯到中国的海路由此又被称为"香料之路"（张俊彦，1981：56）。在丝绸之路的发展史中，中国与伊斯兰国家之间的商品贸易结构呈现出高度稳定性：丝绸、瓷器等手工业品是中国主要的出口商品，而西亚等地以香料、珍宝等奢侈品为主要出口商品。双方商品之间的互补性较强，加之利润丰厚，因而十分稳定（邹磊，2013）。但来自西亚的这些商品对中国民生的影响十分有限，且伊斯兰世界对中国商品的需求更高。

唐宋时期，中国把铜钱作为丝绸之路贸易的主要结算货币，目前在西亚、非洲等地的考古也证明了这一点。与中国主要输出的普通金属货币相比，西亚国家的贸易结算货币为金银，属于贵金属货币。这种鲜明对比体现了唐宋时期的中国国力强盛，在古丝绸之路国际贸易中处于强势地位（邹磊，2013：33）。南宋之前，阿拉伯商人主要到广州经商，而南宋之后，到泉州经商的阿拉伯商人人数更多，且财力雄厚。元朝时期，蒙古征服西亚并建立了伊利汗国，带来了旅行条件的改善，中国与伊朗、印度等地的丝路交通随之更加活跃（王小甫，2015：238）。

（三）元明时期

蒙古人在建立大元帝国后，在各地建立了完善的驿站制度，东西往来畅通无阻，交通达到全盛时期。中国与西亚之间的传统"丝绸之路"也更为繁荣，当时泉州港贸易的繁荣程度已超过广州（张俊彦，1981：58）。丝绸之路繁衍了几大世界文明，推动沿线国家和谐共进，是贸易之路，更是信仰之路、文化之路，对世界文明产生了深远的影响。元朝以后，中国人前往西亚多走海路，海上丝绸之路日渐兴盛。

明朝建立后，政府积极发展国际贸易。明朝初年，阿拉伯半岛的许多国家曾通过海路多次派使节来华；同时，很多穆斯林商人沿着陆上丝绸之路来中国经商，并以"进贡"之名，求取优厚报酬。此外，郑和（1371—1433年）七次下西洋，多次远航到达吉达、麦地那等地，大大促进了我国在海路方面的国际贸易，但明仁宗（1378—1425年）之后锁国政策的实施大大阻碍了海外贸易的发展（张俊彦，1981：62-63）。由于中国与西亚相距甚远，往来不便，因此自明仁宗实行锁国政策后，中国和西亚国家的贸易往来大大下降，这一情况直到新中国成立后才有所改观。

（四）新中国成立后

1.政治往来

新中国成立初期，我国奉行"一边倒"的外交政策，主要与苏联、朝鲜等社会主义国家建立外交关系，西亚国家不是我国建交的优先对象。在1955年的万隆会议上，中国支持包括西亚国家在内的亚、非、拉国家开展反帝反殖民斗争，之后埃及、叙利亚、也门等多个阿拉伯国家与中国建交，中国与西亚的政治往来初见成效。1978年实行改革开放后，中国与所有的西亚国家建立了外交关系。

冷战结束后，中国的西亚外交政策转向以能源安全和经济利益为主导，同时避免深度卷入西亚地区事务，呈现出经济与政治分开的特点。1993年，中国开始成为石油净进口国，来自中东的石油长期占我国石油进口总量的一半以上。维护中东地区的和平稳定、避免原油供应短缺和价格过度波动、保障能源安全，成为我国中东外交政策的目标。因此，我国特别注重与沙特阿拉伯、伊朗、阿拉伯联合酋长国等主要油气出口国发展良好关系，奉行"不结盟"政策与和平共处五项原则，长期在地区冲突中保持中立。

随着中国的崛起，中国在中东地缘政治中的地位逐渐崭露头角，其积极性和建设性的作用日益受到国际社会的关注。近年来，越来越多的西亚国家选择与中国合作，并将中国视为重要的合作伙伴。多年来，中国稳居阿拉伯国家第一大贸易合作伙伴之位，沙特阿拉伯、伊朗等国也纷纷表示愿意加强与中国在政治、经济、科技、军事等领域的合作。自2022年以来，"中国与中东国家一直互动频密、往来热络：中国与叙利亚签署'一带一路'合作谅解备忘录，叙利亚正式成为共建'一带一路'大家庭的新成员；沙特、巴林、科威特、土耳其、阿曼、伊朗六国外长及海合会秘书长在1个月内密集访华"（人民日报海外版，2022）。

与此同时，中国在中东地缘政治中发挥着越来越重要的角色。2023年3月10日，在中国的积极斡旋下，中国、沙特阿拉伯、伊朗在北京发表三方联合声明，宣布沙特和伊朗同意恢复外交关系。4月6日，沙特阿拉伯、伊朗外长相聚北京，宣布即日起恢复在2016年断绝的外交关系。2023年9月，中国与叙利亚发表建立战略伙伴关系的联合声明，两国一致同意建立战略伙伴关系，全面推进各领域友好合作，更好地造福两国人民（中华人民共和国外交部，2023b）。

2.文化往来

截至2004年，中国已与所有阿拉伯国家都签订了文化合作协定，其中与15个阿拉伯国家的文化合作协定签订于改革开放之后（丁俊、陈瑾，2018）。

1980年，中国与土耳其签订第一个两国政府年度文化交流计划，此后双方相继派出文化代表团互访；1993年，中国和土耳其签署两国政府文化合作协定。1983年，中国与伊朗签订文化协定和年度文化合作执行计划。1993年，中国与以色列签署文化合作协定。这种文化合作协定的签署有效推动了中国与中东国家的文化交流，促进双方在文化领域交流合作的机制化，各种文化交流活动在协定框架下有序发展（丁俊、陈瑾，2018）。

改革开放后，中国与中东国家在文化领域交往密切，举办了各种文化周活动，艺术代表团互访频频。到2018年，中国与阿拉伯国家已经开展了7届双方之间的文明对话论坛，各自开展了3届中国艺术节和阿拉伯艺术节。双方合作的内容、形式大大丰富，包括中宣部、新华社等单位牵头的中阿媒体合作，全国妇联牵头的中阿妇女合作论坛，等等（马雨欣，2020：8）。同时，在双边文化协定下，中国与埃及、沙特阿拉伯、也门、苏丹等阿拉伯国家签订教育合作协定，教育代表团频繁互访。越来越多的西亚学生远赴中国留学；与此同时，在西亚的中国留学生人数也不断增加。这些举措都加深了中国与西亚国家的人文交流和理解，使双方的人文交流机制日渐完善。

2004年，中国—阿拉伯国家合作论坛成立，为中国和阿拉伯国家的文化交流搭建了良好平台。双方联合举办了多届中阿关系暨中阿文明对话研讨会、阿拉伯艺术节以及中国艺术节；还通过举办"中国文化周""欢乐春节"等活动，与阿拉伯国家共同打造"中阿丝绸之路文化之旅"的人文交流品牌（丁俊、陈瑾，2018：33）。2008年，中国—伊朗友好协会成立。在北京奥运会期间，中国国家体育总局和伊朗文化部在北京举办了为期两周的文化周。2012年，中土首次启动互办文化年活动；2013年，中国举办"土耳其文化年"；自2013年起，以色列连续6年举办"欢乐春节"主题文化交流活动。这些活动都大大促进了双方的文化认同（丁俊、陈瑾，2018：38-41）。

同时，"汉语热"在西亚国家兴起，多个阿拉伯国家的高校设立中文系，为西亚人民了解汉语、认识汉语和掌握汉语打下了坚实的基础。2007年，中东地区第一所孔子学院——圣约瑟夫大学孔子学院在黎巴嫩成立；截至2022年6月，共有12个阿拉伯国家设立了18所孔子学院和2个独立孔子学堂（单遥，2022）。在土耳其，中东技术大学、海峡大学、奥坎大学、晔迪特派大学4所高校也设立了孔子学院。中国开设阿拉伯语的高校已超50所，开设土耳其语的高校也已有10多所，招生人数直线上升。2004年以来，中国陆续为阿拉伯国家多个领域的专业人员提供了相关培训。2007年，中国在以色列建立了第一所孔子学院，即特拉维夫大学孔子学院，这是中国人民大学在亚洲地区承建的唯一孔子学院（中国人民大学孔子学院工作办公室，2021）。2010年，以色列教育部成立了"汉语教学专家工作委员会"。2009年，德黑兰大学孔子学院成立，成为伊朗人学习汉语了解中国文化的重要平台。到2022年，中国已在阿拉伯国家开设20所孔子学院、2个孔子学堂（人民日报海外版，2023），双方的人文交流进一步增强。

2013年，中国国家主席习近平提出建设"一带一路"的合作倡议，西亚国家积极响应，中国与西亚国家的文化交流迈入全面快速发展的新时代。中国改革开放的成功经验是值得广大西亚国家借鉴的。双方的人文交流将相互尊重、公平正义、合作共赢、和合共生的发展理念和治理理念引入西亚，对治理、促进西亚地区和平具有重要的启示意义。

3. 商贸往来

经济贸易关系和能源合作是中国与西亚国家关系发展的重点，也是构建21世纪中国—西亚"新丝绸之路"的主要内容。

20世纪90年代以来，随着中国经济的快速发展以及中东形势的逐步缓和，双边贸易不断增长（王联，2008：26）。目前，中国和西亚贸易往来较为频繁。2020年，中阿贸易额近2400亿美元，中国稳居阿拉伯国家第一大贸易伙伴国地位（人民网，2021）。在金融合作方面，多边央行数字货币桥项目也体现了中国与阿拉伯联合酋长国在金融领域的合作不断深化。2015年底，中阿签署关于设立中国—阿联酋共同投资基金的备忘录，基金总规模100亿美元，双方各出资一半，投资方向为清洁能源、高端制造业等高增长行业（人民网，2022）。位于卡塔尔首都多哈市市中心的多哈人民币清算行由中国工商银行多哈分行负责，于2015年正式启动服务，相继推出了人民币汇兑、人民币单证/保函业务、人民币存汇款、人民币贸易融资、跨境贷款等多种跨境人民币产品。随着中国与卡塔尔以及周边阿拉伯国家贸易往来的稳步增长，该清算行年均清算量约3000亿元人民币。2021年8月，多哈人民币清算行成为人民币跨境支付系统直参行，以直接参与者身份接入系统，跨境人民币支付及资金清算结算服务水平进一步提升，在满足中东客户跨境人民币资金清算需求方面发挥了重要作用（央视网，2022）。

此外，作为重要的战略物资，原油对于一国的经济发展和安全有着重要的意义。在国家能源生产与出口中，西亚国家所占份额极大，"中东地区拥有全球大约一半已探明原油储量和可观的富余产能"（新华网，2022b）。与此同时，中东地区天然气产量也十分丰富，2012年中东天然气产量为5483亿立方米，占世界总产量的16.3%，总产量居世界第三（潜旭明，2014：46）。同年，中国与海湾合作委员会六国贸易额达1550亿元，中国是沙特阿拉伯最大的贸易伙伴，中东地区是中国能源主要进口方（潜旭明，2014：48）。根据美国能源署发布的数据，2022年全球各国石油产量排名中，沙特阿拉伯位列第二，达1214万桶，占全世界市场份额的12%。中国是主要的原油进口国，高度依赖中东地区。在中东局势动荡、美国插手南海问题的背景下，中国的能源安全受到了严峻挑战，潜在威胁加剧。开通新的安全输送管道，实现原油进口多元化，已经是中国急需解决的重大战略问题。

2010年，阿拉伯国家的经济遭受了重创。石油出口国在国际油价不断下跌之际，迫切需要加快经济多元化步伐，寻找稳定的能源出口市场，这与中国的需求高度重合。在阿拉伯国家危机之际，中国作为日益崛起的负责任的大国，积极提供人道主义援助。2013年，中国在与阿拉伯国家的经贸合作过程中，提出了"1+2+3"的具体实施方略：一是以能源合作为主轴，用包括能源战略通道安全的合作在内的能源合作带动中国和阿拉伯国家整体关系的发展，增进政治上的合作和互信；二是以基础建设和贸易、投资便利为两翼，带动双方经贸合作的发展；三是中方不能满足于传统的基础建设和商务合作，而是要在航天、新能源等更高的科技领域进行合作（吴思科，2017：4-5）。另外，西亚地区的各个国家有各自的经济特点，比如海湾国家有金融实力，但体量较小，要想长期发展，必须依托一个强大的经济体来带动。因此，中国在提出"一带一路"倡议时，就得到了海湾国家的大力支持；而黎巴嫩这类国家的经济实力不够强劲，其需求是稳定发展和寻求援助，故希望"一带一路"和亚洲基础设施投资银行建设起来后，对其进行援助（吴思科，2017：5-6）。中国所主张的"一带一路"倡议能够促进产能合作和技术转移，有助于西亚国家实现工业化和现代化，因为大部分西亚国家基础设施较为落后，丝路基金及中国强大的基建能力将成为改善中东基础设施的新契机。

20世纪八九十年代以来，中国从西亚进口的石油和天然气等能源迅速增加。与石油贸易同等重要的是，中东也是中国商品和服务的重要出口市场（吴磊，2014：11）。2022年6月30日，义乌小商品市场的首个海外分市场在迪拜成立，大量的"中国制造"进驻西亚市场。与此同时，越来越多的西亚商人来义乌采购物美价廉、种类繁多的"中国制造"产品。其主要原因是义乌小商品对西亚地区的民众有巨大吸引力，而西亚地区经济崛起，拥有大量可用于消费的资金。"9·11"事件后，西方国家收紧面向中东的签证发放；而中国加入WTO后，优化了签证政策，使西亚商人到中国经商更为便利（邹磊，2013）。此外，西亚在建筑、电信、金融等方面也是一个巨大的市场，尤其是在建筑服务方面，对中国的依赖更为明显。中国与西亚的经济联系日益密切，中国和西亚产油国分别握有的巨额美元储备及各自快速发展的国内经济，将为彼此带来新的投资契机。

近年来，中国和西亚的区域经贸合作较为亮眼。2004年，海湾阿拉伯国家合作委员会（简称"海合会"）六国财政大臣和秘书长联合访华。访问期间，双方签署了《中华人民共和国与海湾阿拉伯国家合作委员会成员国经济、贸易、投资和技术合作框架协议》。双方发布公告，宣布通过启动有关建立中国与海合会自由贸易区的谈判，为双方在各个经济领域开展相互投资创造良好的环境。过去的10年内，中国和海合会的关系硕果累累。习近平主席在沙特阿拉伯《利雅得报》上发表了题为《传承千年友好，共创美好未来》的署名文章，文中写道："中国保持海合会第一大贸易伙伴和第一大石化产品出口国地位。2021年，双方贸易额突破2300亿美元，中国从海合会国家进口原油突破2亿吨大关。双方产能、基础设施建设、投资金融等传统合作广泛深入，5G通信、新能源、航天、数字经济等高技术合作方兴未艾，'智造'新名片、产业新图景展现出中海发展新气象。"（转引自：新华社，2022）

在投资共赢合作方面，中国和阿拉伯国家的相互投资始于20世纪80年代。近年来，中阿交往日趋密切，双方高层互访频繁，全方位合作交流机制的推动，为推动中阿投资合作提供了众多机遇，双方投资合作稳步推进。中国的直接投资遍及所有阿拉伯国家，主要涉及房建工程、能源开发、轨道交通、电信、港口、电站等在内的基础设施建设，以及工业制造、金融、新能源、电子科技等投资领域。阿拉伯国家在中国的大规模投资主要集中于石油化工领域，以海合会国家为例，同中国在石油工业下游领域的投资合作，能通过炼化一体化模式实现中国炼油工业的长期发展，达成互利共赢（杨言洪、田冉冉，2018：65）。

苑勤（1993）在研究中国与中东国家经贸关系时发现，随着改革开放的深入，我国与西亚国家的经贸关系飞速发展，虽然1990年后受到海湾战争影响而贸易额下降，但战后贸易迅速恢复，海湾各国成为中国的主要贸易对象。此外，我国因为重商誉、保质量、守合同的特点，在西亚国家开展了大量的劳务合作和工程承包。在投资领域，中国与西亚国家也取得了良好发展。但是，其他国家也在积极抢占中东市场，因此我国要抓紧机会，增进政府和民间往来，积极开辟新路，提高产品竞争力，以期开拓更广阔的市场。

2020年，在全球新冠疫情的考验下，中国与西亚国家守望相助，在疫情联防联控、信息共享、疫苗研发等领域开展合作。在过去几年，中国与西亚国家在智慧城市、5G技术、人工智能、电子商务、区块链、大数据、远程医疗等领域打造新的合作亮点，为双方经济发展提供新动能（王灵桂，2021）。

四、小　结

公元657年，唐朝将西突厥汗国划入版图，得以与大食直接进行经济和文化交流，唐朝的长安和阿拔斯王朝的巴格达是当时世界的两大文明中心。唐朝以后，丝绸之路受阻，丝路贸易由盛转衰。宋朝北方战乱不断，陆道艰难，海上丝绸之路开始兴盛。随着中国与罗马帝国的直接通航，罗马商人从海上丝绸之路直接来中国南方采购丝绸。吐蕃占领河西走廊后，隔断了宋朝的陆上丝绸之路，使其与中亚的联系相对艰难，但西夏政权与中亚各地的联系却变得比较密切，同大食、西州（高昌）、西辽保持密切的经济往来。元政府奉行对外包容的政策，思想开放，鼓励对外贸易，友好外来使者，丝绸之路再现繁华景象，其朝贡贸易和驿站制度也进一步推动了东西方的贸易。郑和下西洋使得海上丝绸之路盛极一时，但之后明清的海禁和闭关锁国政策，违背了世界潮流，使中国落后于世界的发展，丝绸之路愈发沉寂。

中国与西亚的贸易往来源远流长。一千多年前，阿拉伯商人和波斯商人沿着陆上丝绸之路和海上丝绸之路来到中国，云集于广州、泉州等港口城市，售卖西亚的香料、珠宝，换取中国的丝绸和瓷器。改革开放40多年来，中国与西亚地区的经济贸易联系飞速发展。西亚盛产油气能源，急需加快工业化进程，摆脱单一的经济结构，而中国能够提供产能合作，西亚所需的轻纺产品、装备设施、机电产品等也需从中国进口。同时，中国是重要的石油净进口国，其发展离不开西亚的能源，需要与西亚国家以"油气+"为主，构建互利共赢、长期友好的战略合作关系。目前，越来越多的西亚商人来到中国，在香港、广州、义乌等地经商。自2002年以来，西亚地区已成为义乌小商品的主要出口目的地之一，每年的义乌国际小商品博览会更是吸引了几十万西亚商人前来订货和下单。

第三节　中国与共建"一带一路"北非国家的商贸往来

北非地区地理位置优越，临近地中海和欧洲，环境宜人，水运交通发达，一直是重要的商贸区域，也是非洲经济实力较强的地区之一，整体经济较其他非洲区域发展更好。随着经济的稳步复苏和互联网基础设施的日益完善，加上较多样化的沟通方式，北非的数字技术与电商企业发展步入了"快车道"，埃及已成为新兴的初创企业热土。

北非的出口以石油、天然气为主，但基础产业发展比较薄弱，机电产品、纺织服装和高新技术产品等产品需要进口，与我国的地区经济互补性强，贸易市场的潜力和机遇也很大。随着北非国家政局的逐步稳定，市场容量不断增大，中国企业对北非市场的经贸活动逐年递增，北非已成为中国企业急需的新兴潜力市场。

一、研究背景

北非位于北回归线两侧，主要是指位于非洲北部地中海沿岸的国家，包括埃及、利比亚、突尼斯、阿尔及利亚、摩洛哥、苏丹等6个国家。该区域又可以进一步分为东北非（含埃及、利比亚和苏丹）和西北非（含突尼斯、阿尔及利亚和摩洛哥），本研究中涉及的共建"一带一路"北非国家主要是指埃及。中埃两国交往历史源远流长，埃及不仅是最早响应"一带一路"倡议的非洲国家之一，也是第一个与中国建交的非洲国家。其地缘政治地位突出，在伊斯兰世界有很强的影响力，在非洲地区也发挥着重要作用。

在非洲大陆上，埃及是规模仅次于尼日利亚和南非的第三大经济体。埃及经济发达、人口众多，地处西亚、北非的连接点，市场辐射面广，冉冉升起为北非地区的新兴市场，其投资市场日益向好。

2018年9月3日，中非合作论坛北京峰会在北京举行。习近平主席在谈到中非交往时曾说："中非关系不是一天就发展起来的，更不是什么人赐予的，而是我们双方风雨同舟、患难与共，一步一个脚印走出来的。"（习近平，2013）当前，中非命运共同体在"一带一路"倡议的持续推进中正逐步彰显其现实生命力。经过双方的共同努力，中国同所有北非地区国家都建立了良好的外交关系，国家关系得到全面、稳定的发展，主要的商业往来集中于货物与能源进出口方面，彼此之间的联系日益密切，合作愈加广泛。

二、研究现状

笔者在中国知网上以"中国与北非"为主题，对1949年10月1日到2023年12月31日的相关论文进行检索，最终搜索到3175篇论文，其中期刊论文2036篇，硕士学位论文83篇，博士学位论文30篇，其他成果1026篇。可以看出，国内关于中国与北非的研究取得了一定的成果，其研究现状主要体现在以下两个方面：

第一，国内学界对北非持续关注，研究总量较大，2011年发文量达到峰值，之后迅速下降（见图1-5）。

国内对这一领域的相关研究始于1952年，但数量稀少，且增长缓慢。1985年前，每年的论文数量基本不超过10篇，之后总体呈增长趋势。2011年迅速增长到432篇，达到最高峰，2012年迅速下降到143篇。近10年来小幅波动，基本呈下降趋势。

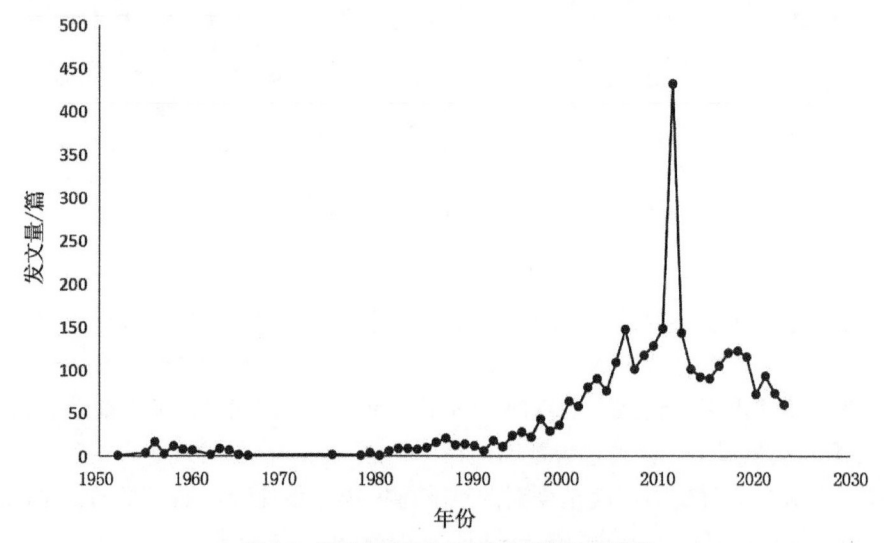

图1-5 以"中国与北非"为主题的论文数量

第二，从上述论文统计数据中来看，如图1-6所示，国内学者的相关研究主要集中在以下几个方面：中国与北非某个国家的关系，如利比亚、阿尔及利亚、摩洛哥、突尼斯和埃及等；阿拉伯国家与中国的关系、"一带一路"背景下的中非关系等，但研究数量都不是很多，对北非商人在华经商的情况几乎没有涉及。

三、中国与北非国家的历史往来

丝绸是早期中国形象的象征。以丝绸为媒介，中国与非洲大陆在远古时期就已开始了联系。非洲同中国的交往，以北非和东非为最早。公元前6世纪，波斯帝国崛起。公元前529年，波斯帝国占领大夏（阿富汗北部），并于公元前525年一度征服埃及。它修"御道"及"驿站"，为东西两大文明中心的交往搭起桥梁。《史记》说大夏"颇与中国同业，而兵弱，贵汉财物"，这时的中国丝绸通过大夏就可转运至埃及。

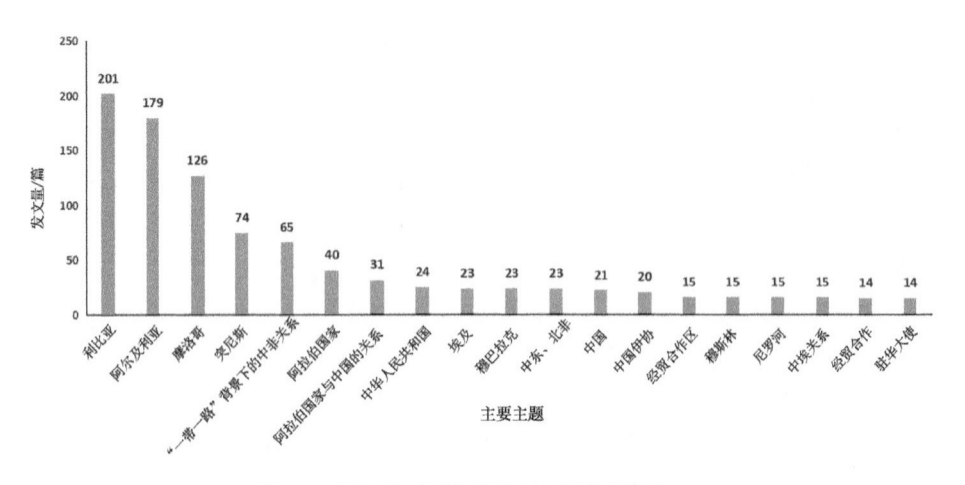

图 1-6 "中国与北非"的论文主题分项统计

（一）两汉时期

交通运输体系是贸易往来的重要载体，遥远东方中国的魅力吸引了富于冒险的埃及人前来探究其中奥秘。西汉年间，长安百姓所烧的"天下异香"就产自非洲。据《汉书》记载，西汉平帝元始二年（公元2年），王莽辅政，曾有"黄支国"进献犀牛。荷兰学者戴闻达在《中国人对非洲的发现》中提到，西方学者断言这个"黄支国"就是今天的东非国家埃塞俄比亚。而《汉书》中的这条记载，是目前有史可查的中国与非洲正式交往的最早记录。

公元前30年，罗马帝国侵入埃及，并将埃及变为罗马帝国的一个省。罗马帝国通过埃及的亚历山大里亚（今埃及亚历山大港）和迈奥霍穆等港口，同印度、斯里兰卡等东方国家开展大规模的海上贸易，并将这种贸易扩大到中国沿海。与此同时，埃及商人把在印度和中国买到的货物，经亚历山大里亚输入罗马，以避开横越阿拉伯的商道。在这一时期，埃及与中国的贸易往来日益兴盛，中非之间的交往日益增多，非洲人对中国丝绸的认识也日益加深，埃及起到了将中国形象输出到欧洲的媒介作用。

据西方人亨利·裕尔《东域纪程录丛：古代中国闻见录》引《自然史》记："赛里斯人（在西方古文献中，Seres一词出现频繁，其所指为丝国之人，有时还指贩卖丝绸的人）其林中产丝，驰名字内……后织成锦绣文绮，贩运至罗马，富豪贵族之妇女，裁成衣服，光辉夺目。由地球东端运至地球西端，故极其辛苦。"（裕尔，2008：9）所以，两汉时期丝绸是北非、西亚一带对中国形象的一种具体认知，他们知道在东方有一个"丝国"。

客观而言，当时的交通极端困难，越过茫茫大洋、浩浩大漠而抵达彼岸者，实在少之又少，因此中非往来的规模与影响不可避免地受到很大限制。相比同时期中国与中亚的贸易往来，中非贸易不仅数量少，规模也不可同日而语。另外，非洲人对中国形象的认知似乎也仅限于丝绸，他们只是模糊地知道，在遥远的东方有个盛产丝绸的富庶大国，那里的人民喜爱他们的象牙、犀角和香料等物品。

（二）唐宋时期

唐宋时期是我国封建社会经济和文化高度发达的时期，这一时期的国际贸易往来也迅速发展，广州、泉州、明州（今宁波）、扬州都是当时著名的港口。随着瓷器在唐代逐渐兴起并迅速风靡于国际贸易舞台，其影响力很快超过丝绸，成为一种新的世界性商品。中国运往非洲的瓷器，涉及地域之广、种类之繁、数量之多、影响之大，在世界上可谓屈指可数。

埃及人十分喜爱中国的瓷器，称之为"绥尼"（Sini，意为"中国的"）。从此，"绥尼"一词在埃及脍炙人口。在法提玛王朝哈里发穆斯坦绥尔的文物宝库中，就有几件中国瓷器被列为珍品。比如，在东非和北非各地出土的文物中，就发现了中国古代的陶瓷制品。这些陶瓷制品琳琅满目，美不胜收，说明非洲人对中国陶瓷制品的喜爱程度，显现出当时的非洲人对中国的认知，瓷器成为中非人民友好的信物和见证。另外，在埃及制陶中心福斯塔特城遗址的发掘过程中，考古工作者发掘出了许多陶瓷碎片，其中有不少是唐代的白瓷和唐三彩的碎片（闫存良，2001：111）。福斯塔特最初兴起的时间正与唐代相当，足见唐朝的瓷器已经深入埃及人日常生活的各个方面。与此同时，很多埃及商人来华经商，将香料、宝石、珍珠、象牙等商品运至中国出售，再将中国的丝绸、瓷器、麝香等运回埃及或转销欧洲，有的埃及商人还在中国定居下来（余建华，2016：6）。

在这一时期，北非、东非的上层社会不仅在日常生活中大量使用中国瓷器，还以收藏中国精品瓷器为荣。中国瓷器，特别是精品瓷器成为财富和高雅的象征。如在与北宋几乎同时期的埃及法蒂玛王朝，宫廷里就收藏着大量的中国瓷器。15世纪埃及著名历史学家马克里兹曾引用11世纪的资料称，开罗的宫殿里有几篮子小蛋形瓷器，宫殿的储藏室里则放满了各种来自中国的瓷器（转引自：马文宽、孟凡人，1987：39）。

两宋时期，中国的对外贸易达到了空前的繁荣。据西方史学家的研究，两宋的对外年贸易量超过世界上其他国家同年的总和，中国商人几乎控制着从中国沿海到非洲东海岸、红海沿岸的主要港口。与此同时，我国同非洲国家的香料和象牙贸易继唐代后继续发展，日益繁荣。索马里、桑给巴尔等地的香料和象牙，通过苏哈尔、魁郎和苏门答腊等转运站，不断运往广州和泉州等地。"香料之道"上风帆往来，沿海港口商贾云集，一片繁荣景象。不仅官方贸易发展很快，民间贸易在政府的大力鼓励下也有了很大发展。因为与埃及航线相通，我国的商船频繁来往于波斯湾、亚丁湾及东非海岸一带。11—14世纪中叶是苏丹埃得哈布港的繁荣期，该港是北非地区尤其是埃及与印度和途经印度的中国船只进行贸易的主要港口。在该港口的进口货物中，中国瓷器占第一位。

随着非洲东海岸一些沿海城邦的不断繁荣，非洲商人希望越过大洋与东方进行商业往来。熙宁四年（1071年）和元丰六年（1083年）曾有来自层檀国（即桑给巴尔）的两队非洲人来到中国，并受到了中国的礼遇。随后，原产自非洲的象牙、犀角、明矾等物资大批涌入中国，非洲的原产作物高粱、芝麻、西瓜等也成了普通中国百姓餐桌上的美食（张伟，2007：170）。

唐宋时期的中国人不仅想得到更多、更好的香料和象牙，更想了解出产这些东西的奇异之乡。因此，文人纷纷著书以满足这种需求，一些文学作品应运而生，如唐代段成式的《酉阳杂俎》、唐末宋初李石的《续博物志》、宋代周去非的《岭外代答》和赵汝适的《诸蕃志》等。上述文人基于远洋的中国商人、水手或非洲来华人士经历的第一手资料，对非洲大陆进行了想象和描写。

（三）元朝时期

元朝在经济上奉行开放的政策，积极鼓励并参与同世界各国的贸易往来，最直接地刺激了元朝经济的高速发展，使中国成为世界上首屈一指的经济强国。这样空前活跃的贸易活动，加深了中国同世界各国的了解，更让世界看到了一个空前强大的东方大国。便利的交通和开放的环境，使更多的阿拉伯旅行家和学者得以实践穆罕默德"知识，虽远在中国，亦当求之"的"圣训"，纷纷前来中国，络绎于道。

14世纪，摩洛哥旅行家伊本·白图泰不远万里来到中国，为世界全面认识中国形象做出了重要贡献。他在访问中国时写下的游记，留下了非洲人对中国印象的珍贵记录。从伊本·白图泰的叙述中，我们可以看到元朝时期中非贸易十分发达，非洲商人旅居中国的情况相当普遍。伊本·白图泰来到杭州后，受邀住在埃及大商人欧思曼的后裔家中。欧思曼家族在宋末就来到中国，因喜爱景色秀丽的杭州城，选定西子湖畔作为永居之地，因此非洲侨民把杭州称为"欧思曼城"。欧思曼在元代延祐年间（1314—1320年）捐资修建华丽的清真寺，他的子孙也继承先人遗愿，乐善好施，颇得当地居民的称道。这是中埃两国人民深厚情谊的真实事例。

(四)明清时期

永乐三年(1405年)7月11日,在高樯重橹、旌旗猎猎的赫赫威仪中,郑和开始了第一次下西洋的伟大航程。从史料记载看,从永乐十五年(1417年)至宣德八年(1433年)间,郑和在其第四、第五、第六和第七次航行中都到达了东非海岸,为两片古老大陆的交会掀开了辉煌篇章。在四次抵达非洲时,郑和船队访问了麻林(今肯尼亚马林迪)、木骨都束(今索马里摩加迪沙)、卜剌哇(今索马里布拉瓦)等地,每到一地就表达愿意通好的意愿。他的船队将中国的瓷器、漆器、绸缎、茶叶和其他工艺品赠送给当地居民。这些物品加强了中非人民的友谊,并直接把中国文化远播到非洲大地上。与此同时,郑和的船队也载着非洲的物产归来,把非洲文化带回中华国土。

明朝时期,中非间的接触已达到顶点,郑和之行也使得中国对非洲的认识有了一个质的飞跃。在各种论及郑和船队航线的文献中,提及的非洲国家和其他地名有16个之多。因父获罪而充军跟随郑和四次下西洋的费信在其回忆录《星槎胜览》中,不仅提到了非洲各地的地理、物产、人文,还论及当地的风俗、制度和文化。这些记录都是其亲身经历,对当时中国人了解非洲具有重要的参考价值。

清朝时期,中国的闭关锁国政策逐渐加强。但清末鸦片战争后,随着中国大门的打开,许多华工被带到坦桑尼亚、刚果等地,再加上林则徐、魏源等人编著的《四洲志》《海国图志》等书的影响,促使清朝和非洲建立了一定的外交关系,但受明朝"禁海政策"和清朝锁国政策的影响,中国与北非之间未能继续直接通航和直接贸易,中国与北非的贸易往来大大衰落。

(五)中华民国时期

进入20世纪后,尽管中国和埃及尚未完全摆脱列强的控制,但双方都在谋求建立相互间的平等外交关系。1911年辛亥革命的胜利,推翻了清王朝的统治,埃及报刊对此做了大量的报道。1922年埃及独立,为中埃关系的发展创造了条件。"1930年夏,中国与埃及驻英外交官洽谈友好通商条约,双方允诺互给最惠国待遇,随后两国达成建立外交关系的协议。中国国民政府于1935年和1942年相继派出驻开罗领事和驻埃及公使,1944年埃及也在中国开设公使馆。1948年,中埃双方决定将公使馆升格为大使馆。中埃之间在相互扶持中深化了双方的兄弟情谊。"(余建华,2016:6-7)

总的来说,在中华民国时期,因政局动荡,战乱不断,民不聊生,对非贸易持续走低。在这一时期,埃及与中国的往来主要以外交活动为主,商贸往来的记载并不多见。

（六）新中国成立后

中国和埃及都拥有悠久的历史和灿烂的古文明，两国人民都希望继续保持友好交往。近年来，中埃关系蓬勃发展，各领域务实合作成果丰硕，两国人民友谊不断加深。

1. 政治往来

随着中国改革开放向纵深发展，综合国力不断提升，中国与北非的往来变得更为密切和重要。近年来，中国政府先后发布了《中国对非洲政策文件》（2006年1月）和《中国对拉丁美洲和加勒比政策文件》（2008年11月），这标志着中国对非洲和拉美外交战略的日渐成型。

埃及是首个与新中国建交的阿拉伯国家和非洲国家。中、埃两国建交后，双边关系总体发展良好。近年来，中国与埃及高层交往频繁。2014年12月，刚就任半年的埃及总统阿卜杜勒·法塔赫·塞西访华，中国成为他在阿拉伯世界外访问的第一个亚洲国家。此后，塞西总统多次专程到中国参加活动。如2015年9月，他出席在北京举行的中国人民抗日战争暨世界反法西斯战争胜利70周年纪念活动。2017年9月，他到厦门参加金砖国家领导人第九次会晤和新兴市场国家与发展中国家对话会。2016年1月，习近平主席对埃及进行了国事访问。此外，两国政要频频互访。如2018年10月，中国国家副主席王岐山访问埃及。同年11月，埃及总理马德布利出席了在上海举办的首届中国国际进口博览会。2019年6月，埃及议长阿里访华，实现了埃及议长时隔12年的再度访华。2024年1月，塞西总统在开罗会见到访的中共中央政治局委员、外交部部长王毅。

同时，中埃签署了一系列重要文件。2014年12月，两国签署了《中华人民共和国和阿拉伯埃及共和国关于建立全面战略伙伴关系的联合声明》，决定将两国关系提升为全面战略伙伴关系。2015年9月，两国政府签署了《中埃产能合作框架协议》。2016年1月，两国政府签署《中华人民共和国和阿拉伯埃及共和国关于加强两国全面战略伙伴关系的五年实施纲要》《中华人民共和国政府和阿拉伯埃及共和国政府关于共同推进丝绸之路经济带和21世纪海上丝绸之路建设的谅解备忘录》等。

中埃两国领导人对双边关系发展予以高度评价。2016年1月19日，习近平主席在埃及《金字塔报》上发表题为《让中阿友谊如尼罗河水奔涌向前》的署名文章。文章指出："在一个甲子的岁月里，中埃关系历经国际和地区风云变幻考验，始终健康稳步发展。双方相互理解和尊重，相互信任和支持，开展了富有成效的合作。中方支持埃及人民自主决定国家前途命运，支持埃及政府恢复社会稳定和经济发展的努力，支持埃及在地区和国际事务中发挥积极作用。……埃及是第一个同中国建交的阿拉伯国家，中埃关系是中国同阿拉伯国家关系的起点，代表了中阿关系的高度和温度。"（习近平，2016）

2.文化往来

中国与北非地区各国间的友好交往历史悠久，陆上丝绸之路、海上丝绸之路是连接中国与北非地区人民的传统文化纽带。做好对北非地区的文化工作，对扩大中华文化国际影响力，树立当代中国的良好形象，增进我国与阿拉伯国家的传统友谊和相互理解，都具有重要意义。

中国与埃及同为文明古国，都是人类文明的发祥地。早在公元前11世纪，中国的丝绸就转运至埃及。埃及的亚历山大城是中国史籍上最早出现的非洲地名。在历史长河中，中埃两国人民往来不断，中埃文化交流十分活跃。进入21世纪，中埃人文交流进入蓬勃发展的时代，人文往来更加活跃。两国经常互派文化代表及代表团，两国专家和学者也经常共同举办研讨会，各类歌剧、歌舞演出不定期举行，双方互办文化周、艺术展等活动，丰富多彩的文化交流得到了两国人民的认可，大大加强了两国文化的交流互鉴（卢秋怡，2018）。

2012年11月6日，中华人民共和国文化部对西亚北非地区文化交流精品项目评审会在北京召开。来自展览、文化产业、文化传媒、社会科学等领域的专家，会同文化部从事对西亚、北非地区文化交流工作的有关负责人，就所申报的相关项目进行了讨论和审议，评选出20个文化交流精品项目（龚健，2012）。

2015年8月，中埃双方签署了《中埃两国文化部关于2016年互办文化年的谅解备忘录》。2016年1月，习近平主席访问埃及，两国文化交流进入了"快车道"。埃及掀起了"汉语热"，"唱响埃及"中文歌曲大赛、端午龙舟赛艇嘉年华、"漂洋过海学太极"等独具中国特色的文化活动备受追捧。2016年，中国社会科学院郭沫若纪念馆、苏伊士运河大学孔子学院、北京语言大学中东学院（阿拉伯研究中心）在苏伊士运河大学共同成立了郭沫若中国海外研究中心。据开罗文化中心的统计，2017年中国在埃及共举办了101场文化活动，吸引了超过百万人直接或间接参与。描写中国抗战历史的电影《战长沙》、奇幻神话电影《鲛珠传》等影视作品风靡埃及（肖天祎，2018a）。2017年10月底，苏伊士运河大学举行了"中国文化周"。2018年春节期间，埃及举办了"欢乐春节"年夜饭美食节、杂技表演、武术交流比赛、非物质文化遗产展览等十余场文化交流活动，其中"欢乐春节大庙会"活动还首次从开罗来到了红海旅游胜地沙姆沙伊赫。整个

2018年，开罗中国文化中心在埃及共举办文化活动82场。2019年1月底，中国作为主宾国之一参加了第50届开罗国际书展。2019年春节期间，沙姆沙伊赫举行了"欢乐春节大庙会"活动，展示了山西太原的刺绣、面塑、剪纸等富有浓厚区域特色的非物质文化遗产手工艺品，中国传统歌舞、魔术、独轮削面、太极拳也轮番上演。2019年4月，苏伊士运河大学举行了"郭沫若文化周"系列活动，开罗也举行了"中埃文化对话"研讨会（陈天社、李娜，2020）。

4. 商贸往来

北非六国（阿尔及利亚、埃及、突尼斯、摩洛哥、苏丹、利比亚）总人口占到非洲大陆总人口的18%，经济总量却占到非洲大陆经济总量的1/3，非洲大陆超过半数的油气资源也汇集于此。同时，地处欧、亚、非交会地带的北非六国既是非洲联盟成员，也是阿拉伯国家联盟成员。因此，无论从经济规模，还是从地理位置、贸易条件来看，北非在非洲大陆都占有独特的地位，是落实中非经济合作、推进"一带一路"建设中不可忽略的重要伙伴（刘冬，2018）。

在"一带一路"倡议的推动下，近年来中国与埃及的经济贸易往来稳步向前。2022年，中国与埃及双边贸易额为181.9亿美元；截至2022年底，中国企业对埃及直接投资存量达12亿美元（中华人民共和国商务部，2023）。其中，中埃·泰达苏伊士经贸合作区是中埃"一带一路"合作的标志性项目。该合作区成立于2008年，2009年11月中埃两国总理为合作区揭牌。合作区位于苏伊士运河南口、红海西岸，距埃及首都开罗120公里。该合作区契合了埃及2015年提出的"苏伊士运河走廊开发计划"，其发展也进入了"快车道"。截至2017年底，合作区一期7.34平方公里的工程全部完工，共吸引中外企业68家，实际投资额超10亿美元，已初步形成新型建材、石油装备、高低压设备、机械制造四大主导产业；合作区年总产值约8.6亿美元，销售额约10亿美元，上缴埃及税收10亿埃镑（1美元约合17.84埃镑），直接解决就业3500余人，产业带动就业约3万人（肖天祎，2018b）。合作区内的中资企业中有相当一部分是埃及工业发展的龙头企业，如生产玻璃纤维的巨石埃及公司、生产粮食仓储钢板和饲料机械设备的牧羊集团、生产高低压电器的西电公司、生产石油钻井设备的宏华公司等，都是填补埃及产业空白的重要企业。

此外，埃及新行政首都中央商务区项目是埃及政府实施的头号重点工程，也是中国对埃及投资的重点之一。2015年，埃及政府开始在开罗以东沙漠地带规划一座新行政首都，计划占地700平方公里，转移开罗500万人口以及政府机关和外国使馆。2016年1月，在中埃两国元首的共同见证下，中国建筑股份有限公司与埃及住房、公共设施和城市发展部签署了埃及新首都建设一揽子总承包合同。2017年10月，中国建筑股份有限公司与埃及住房部签署了埃及新首都中央商务区项目总承包合同，合同金额为30亿美元。新首都中央商务区项目位于新首都一期核心区，总占地面积约50.5万平方米，包括1栋非洲第一高楼、12栋高层商业办公楼、5栋高层公寓楼和2栋高档酒店，总建筑面积约170万平方米，合同工期43个月。塞西总统非常关心项目进展，总理穆斯塔法·马德布利曾多次赴施工现场视察。

在贸易领域，2017年11月7日，埃及苏伊士运河经济区管理总局、中远海运（欧洲）有限公司和中非泰达投资股份有限公司签署投资合作备忘录，中远海运将在中埃·泰达苏伊士经贸合作区建设占地13万平方米的国际保税物流园区。此外，从2015年起，埃及对中国出口鲜橙，出口量从2015年的约2.4万吨增加至2016年的3.7万吨，到2017年更是猛增至10.1万吨；2017年，埃及对华鲜橙出口额达8000多万美元，仅次于南非和美国。江淮汽车于2015年3月投放埃及市场，2016年终端销售突破千台（韩晓明，2018）。2017年9月，产品升级后的江淮S3三代投放埃及市场。2018年1月，埃及亚历山大省客运局与中国比亚迪股份有限公司在亚历山大签署订购15台K9纯电动公交车的协议，成为埃及首份电动公交车订购协议。

北非国家人口结构呈年轻化特征，存在巨大"人口红利"，而我国快速上升的劳动力成本已成为很多行业发展的沉重负担，双方比较优势发生的变化，也为经贸关系转型升级创造了可能。具有成本优势的劳动力资源，是北非国家承接我国产业转移的重要有利条件。但与具有国际竞争力的劳动力资源相比，非洲在地理位置上与欧洲毗邻，与欧盟国家建立有利的货物贸易机制更是北非国家所独有的优势，其他发展中国家无法与之比拟。此外，由于毗邻欧洲，北非国家能够以极低的成本融入欧洲产业链和欧洲市场，因此，对于一些对欧洲产业链依赖程度较高或是将欧洲作为产品主要销售市场的中国企业而言，将北非国家作为投资目的国显然更为有利。

除了劳动力优势外，北非国家还拥有极为丰富的碳化氢资源，太阳能资源储量也相当丰富，该地区每平方米每年太阳直接辐射达2000—3000千瓦时。由于优质资源主要分布于人烟稀少的撒哈拉沙漠及其邻近地区，建设集中式光伏发电厂的征地成本极低。为充分挖掘本国新能源资源，北非国家高度重视光伏发电站的建设。例如，埃及计划在距离首都开罗500多公里的西部沙漠腹地投资28亿美元，建设一座总装机容量达1700兆瓦的全球最大的太阳能发电厂；摩洛哥则是计划在被誉为"沙漠之门"的腹地城市瓦尔扎扎特建设一座总装机容量超过500兆瓦的全球最大的太阳能聚热电站（光热电站）。北非国家大力发展光伏发电厂的做法，也为我国相关企业提供了巨大的潜在市场。因此，在传统能源合作面临压力的背景下，以光伏为代表的新能源产业将会成为中国与北非国家能源合作的新的驱动力量（樊为之，2015）。我国油气进口规模十分庞大，但通过多年发展，我国在新能源特别是光伏领域已经具备了强大的生产、出口能力。然而，"531"新政大幅削减光伏产业补贴，无疑进一步加剧光伏部门产能过剩的问题，对光伏企业"走出去"提出了现实需求。北非国家大力建设光伏发电站以及向欧洲输出光伏设备、新能源电力的便利性，也使其成为我国光伏企业"走出去"的重要合作伙伴。

进入21世纪以后，伴随中国经济实力的快速提升和石油对外依存度的提高，以石油贸易、能源投资、工程承包为主轴的中国与北非国家的经贸关系获得快速发展。

四、小　结

作为阿拉伯世界的一部分，北非与我国关系较好，在国际事务中大多为中国提案的支持国，对我国的外交战略具有重要意义。新中国成立后，我国政府对北非各国提供了大量援助。北非各国独立后，在政治领域与我国的合作不断扩大，特别是在我国争取恢复联合国合法席位的斗争中，曾给予我国巨大的支持。改革开放后，鉴于自身实力和经济建设的需要，我国与北非的合作逐渐从政治领域向经济领域拓展，双方的经贸合作蓬勃展开。

中国和埃及一直是志同道合、彼此信任的好朋友，也是携手发展、共同繁荣的好伙伴。近年来，很多埃及商人来到广州、义乌、上海和泉州等地经商、生活，将中国的五金、家纺产品、面料、鞋料等商品出口到埃及、沙特阿拉伯、阿联酋、苏丹等地，在见证中国经济飞速发展和城市建设日新月异的同时，也为中非经贸的进一步发展贡献自己的力量。

第二章　跨文化适应研究

全球化发展趋势下，各国间的联系日益频繁。在国际组织及各国政策的推动和支持下，各国人民不断深入各领域的交流与合作，人员跨地域、跨国别的流动已数不胜数。改革开放后，中国也快速融入全球化进程中，随着"一带一路"倡议的不断发展，与中亚、西亚、北非等共建"一带一路"国家间的联系日益深化，商贸往来更是蓬勃发展。但由于地域及人文差异，人们在沟通的过程中难免受到各种阻碍，身处异乡时更易因文化差异而造成误解，从而产生不必要的矛盾和冲突。如何突破、化解文化差异带来的阻碍以促进商贸往来日益成为跨文化交际研究关注的重心。

跨文化适应是跨文化交际的一大重要研究领域，对其进行深入研究及实际运用，能够减轻"文化休克"带来的负面影响，进而促进交流、合作与发展。近年来，国内对跨文化适应的理论研究程度不断深化，应用研究的辐射面不断扩大。本章通过梳理国内外跨文化适应理论及其应用研究，尤其是国内跨文化适应的应用研究现状，在促进跨文化交际的同时，为在华商人文化适应研究提供新的方向和思路，帮助各国跨文化交际的主体更好地适应他国文化，提升交流和沟通的效率和质量。

第一节　跨文化适应的概念

跨文化适应的研究始于西方（王丽娟，2011）。1936年，美国人类学家罗伯特·莱德菲尔德（Robert Redfield）、赖福·林顿（Ralph Linton）和米尔维勒·J.赫斯克维兹（Melville J. Herskovits）提出"跨文化适应"的定义，对帮助人们理解"跨文化适应"这一概念产生了极大的影响（余伟、郑钢，2005），并使中国学者开始关注跨文化适应这一领域，进而提出相关的理论。

一、跨文化适应的定义

"跨文化适应"指的是"来自不同文化背景的社会成员通过相互接触，给接触的一方或者双方带来文化模式改变的一种社会心理现象"（孙进，2010：45）。尽管跨文化适应这一现象由来已久，体现在诸如迁徙等人类活动上，但对其进行系统、科学的研究要追溯至20世纪初的美国（孙进，2010：45）。

美国跨文化适应研究的开拓者是社会学家罗伯特·帕克（Robert Park）与埃布莱特·斯通奎斯特（Everett Stonequist）。Park（1928）提出如下观点：边缘化者指的是处于两种文化交界处，或者由于异族通婚，或者由于生于此长于彼，才声称同时属于这两种文化的人。Park（1928）认为，边缘化带来心理冲突，导致二重自我，造成人格混乱。Stonequist（1961）主张边缘化有其社会学及心理学属性，其中社会学属性含有移民因素。这一观点为跨文化适应的研究奠定了一定的基础。

"跨文化适应"的定义最早由莱德菲尔德、林顿和赫斯克维兹提出（孙进，2010：45）。他们指出，"跨文化适应"是指一群来自不同文化背景的个体进行持续的直接交流，交流双方原有的文化模式因此发生改变的现象（Redfield et al., 1935）。由此可见，跨文化适应现象中的文化模式变化是双向的。但在实际生活中，弱势的一方往往会发生更多的变化，也就是通常所说的个体需要适应新的文化模式（王丽娟，2011：44）。

二、跨文化适应的内涵差异

"跨文化适应"的英文表述尚未统一，主要有"culture adaptation""acculturation"和"enculturation"三种。但从本质上而言，这三种表达的内涵并不等同："culture adaptation"强调的是个体基于对母体文化以及异质文化的认知和情感而有意识地做出倾向性选择、有意识地调整自己的行为，"adaptation"多用于短期适应；"acculturation"也被称为"涵化"，侧重与其他文化的融合，一般属于再社会化的过程（杨军红，2005：33），"acculturation"多用于长期适应；而"enculturation"指的是在生命早期，个体对母体文化的学习以及适应的过程，即社会化过程（王丽娟，2011：44）。大多数跨文化适应研究以已完成社会化的人为对象，研究内容为其在一个全新的文化环境中如何自主地、有意识地调整自己的行为。

第二节 跨文化适应的理论研究

跨文化适应的理论研究最早起源于西方，后逐步被国内的研究者所关注，并成为其研究重心。国内的跨文化适应理论研究多基于西方相对成熟的理论，通过进一步发展或融合，在国外研究的基础上进行一定的创新或完善。

一、国外的跨文化适应理论研究

跨文化适应研究始于20世纪初的移民潮，兴于二三十年代，80年代后进入全面发展期。移民、难民、留学生等人员流动，推动了人们对跨文化适应的研究。

斯韦勒·利兹格德（Sverre Lysgaard）是西方研究跨文化适应的先锋。Lysgaard（1955）在挪威采访了200位在美国居住过一段时间的挪威人，并通过调查研究和结果分析，提出了著名的"U形曲线"理论。他的研究对象年龄跨度从10多岁到60多岁不等，平均年龄为30岁，其中男性人数是女性的3倍，其职业均与学术相关，如学生、教师和科学家，在美国生活的时间从少于3个月到多于3年不等。利兹格德采访的问题较多，包括去美国的理由、在美国的适应情况以及满意度、对美国和美国人的看法、回国后的重新适应情况等。但利兹格德的采访是在研究对象回挪威后开展的，因此缺少最后一个适应阶段的直接信息。为了研究时间对跨文化适应的影响，利兹格德关注研究对象在美生活期间的不同适应情况，并根据他们在美生活的时间将其分为三组：一组在美生活6个月以下，一组在美生活6—8个月，一组在美生活8个月以上。通过数据分析，利兹格德将适应过程分为三个阶段：最初调整阶段、危机阶段及再度调整阶段。在最初调整阶段，调查对象觉得适应较为简单且成功；但在危机阶段，调查对象觉得适应情况变糟，感到孤独沮丧；到了最后的再度调整阶段，调查对象重新觉得适应较好，可以更好地融入另一个文化社会。因此，利兹格德认为，适应情况会随时间的变化而变化，呈现U形曲线形态。Gullahorn和Gullahorn（1963）进一步发展和完善了U形曲线。他们对归国后的5300名学者进行访谈调查，提出了W形曲线假说，即调查对象在回到自己所熟悉的本土文化时，会与离开本土文化前往异地时一样，又经历一次文化适应过程，且本土文化的适应过程与U形曲线类似，因此W形曲线假说又被称为双U形曲线假说。由于研究对象缺乏心理准备，自然而然地认为回归本土文化无须重新适应一种新文化，从而在心理上更为放松，因此，比起研究对象在离开本土文化时所经历的文化适应过程，他们重回本土文化时经历的文化适应过程要更加艰难，文化休克的症状更加严重。

"文化休克"这一概念最早由卡莱沃·奥博格（Kalervo Oberg）提出。Oberg（1960）认为，人在适应一种新文化时会经历四个阶段，即蜜月期、危机期、恢复期和适应期。蜜月期为第一阶段，个体刚接触一个全新的陌生环境时，通常会感到兴奋和激动，这一阶段可能会持续几天、几周甚至六个月，时间视具体情况而定；危机期为第二阶段，处于这一阶段的个体往往会对新环境产生敌意，态度会变得比较偏激，因为个体在适应的过程中遇到了一些困难，而新环境中的本土个体基本上并不在意或不关注这些困难；恢复期为第三阶段，在这一阶段中，个体获得了一些语言知识且开始关注自身，开始让自己融入新的文化环境之中，虽然仍会面临一些困难，但会以更加积极的态度去解决困难；适应期为第四阶段，这时的个体能够接受这一国家的风俗习惯并将其作为自己的另一种生活方式，不再有焦虑的情绪，完全适应的个体对饮食、风俗、习惯等方面不仅能够接受，还能开始享受其中（Oberg，1960）。

约翰·贝瑞（John Berry）在《跨文化适应心理学：理解不同文化迁移中的个体》（"Psychology of Acculturation: Understanding Individuals Moving Between Cultures"）一文中，从心理学角度研究个体的跨文化适应过程，探究跨文化适应群体及其采用的跨文化适应策略，并分析跨文化适应过程中的态度及压力等因素。贝瑞认为，"保持传统文化和身份的倾向性"及"和其他文化群体交流的倾向性"这两个维度是相互独立的；也就是说，个体保持传统文化的倾向性强并不代表其接受其他文化的倾向性弱（Berry，1990）。基于这两个维度，四种可能在跨文化适应过程中采用的策略分别为"整合""同化""分离"和"边缘化"（余伟、郑钢，2005：838）："整合"指的是，跨文化适应群体或个体既注重保留自己原有的本土文化，也会积极学习和吸收其他文化；"同化"指的是，跨文化交际群体或个体并不重视自己的本土文化，而是全面融入其他文化；"分离"指的是，跨文化交际群体或个体非常注重自己的原有文化而排斥其他文化，不太愿意接纳其他文化；"边缘化"指的是，跨文化适应群体或个体既不注重自己的本土文化，也不愿意融入其他文化。

基于对影响跨文化适应能力的因素的研究，科琳·沃德（Colleen Ward，2001）等学者提出了"ABC模型"，也称"三角模型"。该模型指出，影响跨文化适应能力的因素包括三个方面：一是情感因素，指个体的"跨文化敏感"，即个体在跨文化适应过程中对其他文化的主观意向；二是行为因素，指个体的"跨文化效力"，即个体在跨文化交际过程中完成目标和任务的能力；三是认知因素，指个体的"跨文化意识"，即个体在跨文化适应过程中对自身文化和其他文化的理解以及对文化差异的意识（赵翔，2015：129-130）。

另外，文化图式理论在跨文化交际领域的研究中同样发挥着重要作用。当个体处于一个熟悉的环境中，他能回想起存储在大脑中的知识，即知道他在那一特定环境中，怎样的行为是合适的或者他应该扮演哪种角色，这种熟悉的或者提前知悉的知识就被称为图式。1999年，根据文化图式在社会交往中的作用，西田纮子（Hiroko Nishida）提出了影响社交行为的八种图式。Nishida（1999）认为，社会交往的图式是一种认知结构，包括了在社交环境中面对面交往的相关知识。

二、国内的跨文化适应理论研究

相较于国外跨文化适应的理论体系，国内对跨文化适应的理论研究起步晚得多，基础较薄弱，多集中于对国外跨文化适应理论的引介。

2004年，陈向明的《旅居者和"外国人"——留美中国学生跨文化人际交往研究》一书出版。陈向明（2004）对9位在美的中国留学生进行为期两年左右的研究，通过实地调查和文本分析，调查中国留学生在美国的适应过程，分析研究个例情况，运用归纳分析等方法进行整体探究，并通过大量的文献资料总结出质性研究的方法。此后，国内对陈向明质性研究的认识不断深化，质性研究在跨文化适应的各个不同领域也逐渐增多。与此同时，国内有学者针对跨文化适应提出自己的理论见解。董莘（2005）从文化以及心理两个方面进行研究分析，提出成功的跨文化适应实质上是跨文化适应者的"二次成长"，且与"首次成长"一样受到社会环境以及自身因素的影响。

国内跨文化适应的其他理论研究多数以国外的跨文化适应研究理论为基础，或完善或构建新的理论，但大部分属于对国外理论模型的分析与评述。许菊（2000）从第二语言习得的角度对约翰·舒曼（John Schumann）的文化适应模式理论进行评析，指出该文化适应模式理论存在一定的局限性，如没有用客观的方法测量"社会距离"和"社会因素"。孙进（2010）则对西方的理论模型进行了总结与介绍，详细介绍了贝瑞的"跨文化适应模型"、沃德的"文化适应过程模型"及迪特·丹克沃特（Dieter Danckwortt）的"对陌生文化的适应理论"，并对这三个理论模型进行了细致分析，总结了各自的特点及局限，认为批判和借鉴这些理论可以助推我国的跨文化适应研究。孙进认为，贝瑞的"跨文化适应模型"能够阐释四种不同的跨文化适应类型，沃德的"文化适应过程模型"反映了跨文化适应的过程以及影响跨文化适应的社会心理因素，丹克沃特的"对陌生文化的适应理论"详细研究了跨文化适应的过程和特点。张卫东、吴琪（2015）根据沃德的心理适应维度和意识维度这两个跨文化适应维度理论，以及J.斯图尔特·布莱克（J. Stewart Black）的跨文化适应多元结构模型新建了跨文化适应能力理论，这一理论包括跨文化适应意识、跨文化适应知识和跨文化适应行为三个维度，并针对每一个维度都进行了可行性分析，验证该理论的适用性。

由此可见，国外对跨文化适应的研究起步较早，且研究方向更加具体、深入。国外学者构建的跨文化适应理论模型尽管仍然存在一定的局限，但随时间的发展不断完善。这些理论模型影响深远，为跨文化适应的研究奠定了深厚的基础。

第三节　跨文化适应的应用研究

跨文化适应的应用研究在西方的历史相对久远，且随着时间的推移不断深入和具体。相比之下，国内的应用研究多集中于探讨跨文化适应情况及提高跨文化适应能力的策略和方法上，其他层面的研究空缺较大。在"一带一路"倡议下，越来越多的外国人来到中国，针对性的跨文化适应应用研究有利于帮助国人及海外人员适应异域文化，促进各国之间的友好往来，避免冲突与矛盾。

一、国外的跨文化适应应用研究

受历史等因素的影响，国外对跨文化适应的研究多针对移民或难民的跨文化适应。随着研究的不断深入和发展，近几年国外的跨文化适应应用研究变得更加具体，且更具针对性，研究内容为包括情绪在内的心理健康状况和包括饮食习惯、消费习惯在内的行为适应情况，研究对象甚至还包括移民的后代新生儿，其双语能力、大脑发展、口腔健康状况等方面都是研究者关注的内容。

Bastien等（2018）的研究主要针对跨文化适应中的学术适应而展开。他们以122位在美的外国留学生为研究对象，探索影响外国留学生在美学术适应过程和学术结果的因素，并通过对比研究心理适应等各方面的结果，拓宽学术方面的跨文化适应研究。该研究发现，根据外国留学生在美居住时间、英语语言能力以及寻求的帮助等因素，可以预测留学生的学术适应情况；根据年龄和对大学社会的归属感，能够预测留学生的心理适应情况。同时，该研究还发现，心理适应情况与跨文化适应策略及文化距离相关，因此需要有针对性的支持和干预来促进心理以及社会文化适应。Ruparel等（2022）以印度雇员作为研究对象，研究文化智力量表中的心理测试是否可信。该研究收集了过去三项研究的数据，其结果表明：在文化智力的行为维度，男性雇员与女性雇员之间存在明显差别。因此，如果要评估雇员的能力，尤其是评估工作要求与多文化或跨文化客户沟通交流的能力，文化智力量表是一个较好的衡量标准。Pittaway等（2022）以南苏丹家庭在澳大利亚的跨文化适应为例，研究移民家族内的代际代沟和冲突，因为适应澳大利亚的大环境存在诸多困难，很多难民家庭分崩离析。此研究包含23个半结构化采访、3个主要群体及2个反馈表，收集的数据涵盖南苏丹15—21岁的青年、社会工作者及来自南苏丹社会的老年人和父母，对青年一代宗教信仰、家庭观念和文化价值观的变化如何造成其与老一辈的代际冲突做定性探讨。该研究表明，父权制度支撑着南苏丹文化中的家庭结构，但随着妇女和儿童对自身权利的逐渐觉醒，以父权制度为支撑的家庭结构遭受巨大压力，导致男女之间、父母和孩子之间出现了矛盾：男性长者认为，妇女和儿童对自由的追求是家庭破裂的核心原因，致使其文化受到侵蚀，同时这也是青年问题的根源；另外，教堂作为一个传统的聚会场所和南苏丹社会最为包容的地方，现在仍是父母及长者形成社交圈的重要因素，但许多南苏丹青年并未遵循这一做法。

由此可见，国外跨文化适应的研究对象跨度大，这些研究不仅仅关注不同文化间的交流碰撞与适应，还用发展的眼光看待跨文化适应的结果。

二、国内的跨文化适应应用研究

近年来，国内针对跨文化适应的研究数量日益增多，研究的范围也日益扩大。国内研究的主要研究对象包括跨国流动的人群，如留学生、汉语教师、企事业单位的工作人员，通过分析跨文化适应的过程和影响因素等内容，提出提高跨文化适应能力的方法和策略，解决文化休克带来的部分问题，并希望能够更优质地传播中国文化，树立好中国的国际形象，促进不同国家之间和平且深入的交流发展。

（一）跨文化适应的心理学研究

国内跨文化适应应用研究多从心理学角度展开。陈慧等（2003）从心理维度出发，认为跨文化适应的研究对象一般是长期或短期居住在另一文化中的个体。该研究发现，影响这两类个体跨文化适应的因素有外部因素和内部因素：外部因素包括生活和社会支持等的变化、时间、文化距离、种族歧视和偏见等，而内部因素包括个体针对生活变化而产生的认知评价和应对方式，应对跨文化适应的知识和技能，以及性别、年龄、收入、教育等的人口统计学因素。余伟和郑钢（2005）立足跨文化心理学研究，回顾了文化适应的定义及相关研究的起源和发展，梳理单维度模型、双维度模型、多维度模型、融合模型等文化适应理论，同时结合主要的研究方向提出了文化适应研究的不足并进行了展望，指出文化适应研究在我国流动人口适应文化问题及民族团结融合问题等方面的重要意义。李加莉和单波（2012）则从传播学、心理学及人类学等不同学科层面着手，回顾总结跨文化适应研究的路径和问题，探索不同学科在进行跨文化适应研究时的联系与不同，并提出了当前研究的主要特点以及研究的不足和缺陷。

上述研究以实证研究为主，将跨文化适应与心理学相结合，在总结前人研究成果的基础上，归纳出研究的不足和发展前景，基本上局限于对先前文献的回顾与总结。

（二）留学生的在华跨文化适应

国内针对留学生在华跨文化适应的实证研究数量较多，多集中于跨文化适应的现状和面临的问题，以此探讨了跨文化适应的影响因素。

杨军红（2005）对200多位留学生进行了问卷调查和深入访谈，了解其自然环境、日常生活、语言障碍、人际交往、学术状况、心理压力，介绍来华留学生的适应状况，探讨影响跨文化适应的个人因素和社会环境因素。亓华和李秀妍（2009）对100名在北京的韩国留学生进行了研究，通过问卷调查和访谈形式开展调查，运用沃德和安东尼·肯尼迪（Antony Kennedy）的社会文化适应量表以及Zung氏自评抑郁量表，从社会文化适应和心理适应两个层面进行分析研究。该研究发现，韩国留学生适应生活环境相对容易，但适应交通工具较难，人际交往受到集团主义的影响，但随着时间的推移会变得相对容易一些。然而，时间越久，韩国留学生就越难适应中国的服务模式，越难与中国的行政和法律机关打交道。与此同时，不论在华时间多久，韩国留学生都较难适应中国的公德意识。此外，在京的韩国留学生的抑郁水平普遍为中等偏高，影响跨文化适应过程和结果的因素多与中韩两国的价值观和行为习惯等方面的差异相关，给留学生造成了一定的心理适应问题。文雯等（2014）放眼全国8所高校，通过电子问卷调查的形式收集数据，研究对象包括来自145个不同国家的1674名国际学生，探究影响不同国家留学生跨文化适应的共性与差别。该研究分析得出，留学生的人际互动水平、汉语水平、文化距离及整体的满意度都会影响留学生的跨文化适应水平。这两类研究中，一类具体针对某个国家的留学生，另一类广泛研究不同国家的留学生；较前者而言，后者的研究对象数量更大、更充足，但前者的研究更加具体且具有针对性。同时，前者因为限定了来华留学生的国籍以及在华的居住地，调查对象的数量相对较少；后者因为范围广泛，在变量的控制上存在一定的困难。例如，中国幅员辽阔，不同省份甚至不同的地级市、县级市都会有不一样的社会文化背景，因此，留学生在不同地方的跨文化适应影响因素多少会存在独特性，而该研究并未考虑这一点。

　　李萍（2009）通过设计问卷调查，收集了68名在华留学生的问卷数据，分析跨文化适应的现状和问题。该研究发现，留学生在社会文化层面的适应水平为中等，但个别层面，尤其是进行中文学习和使用、参与中国学者的研究项目、参与中国的文化课等方面的适应水平较低。此外，该研究还分别对比分析了不同中文水平、不同年龄阶段、不同出国经历的个体的跨文化适应情况，总结了留学生跨文化适应面临的问题并提出了相应的管理对策，如加强留学生的中文学习、提高留学生学习中国文化的能力、提供心理咨询服务。陈慧（2003）通过对在华留学生进行的中文问卷调查，收集并分析了88份有效问卷数据，探讨价值观对社会文化适应的影响。该研究发现，四个价值观因素对社会文化适应产生主要的影响，即"差序格局""中国人看待自我的方式""中国人对待自我的方式"以及"情境中心"。叶敏和安然（2012）同样采用问卷的方式开展了调查，研究对象包括170名来自不同国家的在华留学生。该研究通过数据验证三个假设，研究结果证明了文化距离理论的合理性，即相较于其他国家，来自中国周边国家的留学生更容易适应中国。该研究还发现，短期留学生的跨文化敏感与跨文化效力之间高度相关；短暂培训后，这两者都没有明显提高。上述实证研究同样面临研究采样的数量较少这一问题，且研究方法较为单一。

　　此外，个别研究将跨文化适应与社交媒体的使用相结合。随着信息技术与互联网的快速发展，各国之间的虚拟距离不断缩小，网络能让人们足不出户便了解世界各地的各类新闻。因此，留学生在来华前多多少少接触过社交媒体对中国的各类报道。来华后，留学生也会接触一些社交媒体，方便他们与其他人进行交流沟通。因此，如何有效使用中国的社交媒体，对提高跨文化适应能力具有重要作用。

　　匡文波和武晓立（2019）就微信这一在中国普及性较高的社交媒体开展研究，研究对象包括352名在华留学生。该研究先通过半结构化访谈收集数据，建立理论模型进行定性研究，再通过问卷调查等形式收集数据以验证假设。该研究发现，留学生在来华前最常用、最普遍的社交媒体为Facebook、X（原Twitter），以及Instagram；到中国后，绝大部分留学生在较短时间内学习使用微信，且超过一半的留学生使用频率较高。微信的使用能够帮助留学生学习语言，开展多种交际活动，但在文化及生活的适应方面帮助不太大。在心理层面，一方面留学生通过微信能够增强交流，提高归属感和融入度；但另一方面，微信聊天属于线上聊天，缺少面对面的交流，也会在一定程度上影响留学生的跨文化适应。这一研究将微信的使用与跨文化适应研究相结合，通过社会文化及心理层面的适应性进行分析，而其将社交媒体聚焦于微信这一国内社交媒体，具有一定的新颖性。

国内外的社交媒体众多，社交媒体对来华留学生的跨文化适应会产生影响，同时也会对中国留学生在海外的适应造成影响。大部分研究都关注社交媒体使用对跨文化适应的积极影响并利用之；但不可否认的是社交媒体受众广泛，内容众多，平台审核标准不一，这些因素都可能对留学生的跨文化适应产生负面影响。针对社交媒体对跨文化适应产生的负面影响进行研究，反向找到减少负面影响的对策和方法，可以有效避免留学生跨文化适应向消极发展。

（三）中国群体的跨文化适应

除了来华的留学生，中国留学生出国后同样面临跨文化适应问题，如何帮助中国留学生提高跨文化适应能力也是很多学者关注的问题。阎琨（2011）梳理了中国留学生在美国的跨文化适应情况，同时根据采访数据，归纳中国留学生在跨文化适应过程中面临的学业、社会文化及个人生活等方面的困难与挑战，并为中国留学生如何适应美国生活提出了几点建议。除了留学生，有一些学者还关注其他个体的跨文化适应情况，如杜红和王重鸣（2001）在前人研究的基础之上设计问卷，对314名在外资企业工作的中高层管理员进行调查。该研究发现，适应模式包括管理决策以及人际合作等两方面的适应维度，而适应模式关乎管理绩效。刘俊振（2008）总结外派人员在跨文化适应过程中的七大问题，并在总结前人研究成果的基础上，提出了跨文化适应的外在表现和评判标准，分析跨文化适应的内在机制，总结出外派人员跨文化适应的内在结构。

不可否认的是，文化差异不仅仅存在于国与国之间，国内不同地区间也会存在饮食、生活等方面的文化差异。在少数民族教学中，双语教师非常特殊且重要，研究少数民族双语教师的跨文化适应能力有助于为改进教学提供借鉴。王鉴和黄维海（2008）分析归纳了少数民族中双语教师的跨文化适应现象，提出此类双语教师的跨文化适应分为心理和社会文化适应以及文化融合等方面，影响跨文化适应的社会文化因素包括"生活变化""社会支持""工作时间""文化距离""歧视与偏见"等；心理因素包括"认知评价方式""人格""知识与技能"以及"人口统计学因素"等。基于研究发现，王鉴和黄维海（2008）还从社会文化适应以及心理水平适应两方面提出了提高双语教师跨文化适应能力的方法。

此外，还有学者对特定群体的社会生活适应能力开展了跨文化研究。张凤、周方和坂田宪治（2002）针对学龄前儿童这一群体，对比研究了中国和日本学龄前儿童（3—5岁）的社会生活适应能力，分别抽样调查306名中国学龄前儿童和215名日本学龄前儿童。研究结果显示，受文化背景影响，中国和日本的学龄前儿童的适应能力不同，日本的学龄前儿童适应能力总体高于中国的学龄前儿童。该研究结果表明，中国父母应适当改变教育理念，以提高儿童的综合素质。

（四）商人的跨文化适应

跨文化适应研究多聚焦于留学生群体，对商人的跨文化适应关注较少。敏俊卿和马利强（2017）对在广州经商的阿拉伯商人进行调研，认为在"一带一路"倡议带来的巨大商机中，阿拉伯商人能很好地适应广州文化，并通过创办刊物的方式向阿拉伯国家传播中国经验和中国文化。由此可见，"一带一路"倡议为中国和阿拉伯世界的友好交往创造了新的历史机遇。

许涛（2019）通过调查和数据实证分析，对义乌民众与外籍商人的社会交往进行了研究。该研究认为，社会交往会显著影响当地民众对外籍商人的社会态度，频繁的社会交往会显著提升当地民众对外籍商人的欢迎态度。只有经济和文化层面的威胁才会产生相对负向的情感反应，宗教和日常生活的威胁几乎没有任何影响。马文兵（2016）则认为，义乌政府为来华商人提供了文化适应上的便利，并在签证、商务活动及生活上为在华商人提供便利，使他们能够来到义乌、留在义乌，但该研究没有涉及具体的跨文化适应策略。胡伟杰、印晓红（2023）通过调查问卷的形式，对在华非洲商人的文化适应进行研究，并对文化适应研究的理论模型进行了一定的拓展。

第四节　本章小结

当今全球化的时代使得国与国之间的人员流动日益频繁，在交流与融合的过程中，人们难免会遭受"文化休克"。因此，跨文化适应的理论以及应用研究对促进文化传播和融合，促进国际交流、合作和发展具有一定的理论和实践意义。

国外的跨文化适应研究起步较早，国内起步较晚，近几年来国内对跨文化交际的研究发展迅速，相关的文献资料增长较快。在"一带一路"倡议下，越来越多的外国人来到中国，跨文化适应的研究无疑能够促进中国与共建"一带一路"国家的深度交流合作，促进多边的政治、经济、文化发展。但不可否认的是，目前这一领域的研究尚存在巨大空白。

对来自共建"一带一路"国家的各领域群体进行跨文化适应研究，能够有针对性地促进该领域的合作，减少矛盾和冲突的产生。目前，中亚、西亚和北非的在华商人数量较大，而国内外针对来自中亚、西亚、北非等共建"一带一路"国家在华商人的跨文化适应研究非常薄弱，但外籍商人能否适应中华文化，在一定程度上决定了在华商人与中国人能否和平相处且平等交易，能否在商贸业务上取得成功，以及能否促进中国与中亚、西亚、北非等共建"一带一路"国家的经贸合作与往来，避免国际冲突与矛盾，意义重大。

由此可见，对来自中亚、西亚和北非等共建"一带一路"国家商人在华适应的研究意义重大，但目前该领域的研究尚且薄弱，应用研究前景广泛。因此，本研究对这三个地区中共建"一带一路"国家的商人的在华跨文化适应展开实证研究，在一定程度上能够增加人们对这一领域的认识和了解，从而采取相关措施和政策，帮助外籍商人更好地适应中国的工作和生活。

第三章　共建"一带一路"国家在华商人文化适应研究设计

"一带一路"倡议得到了中亚、西亚和北非国家的积极响应，这些国家与中国在贸易投资、人文交流等领域的合作日益显著，越来越多的海外商人来华投资，且数量、规模和层次逐年提升，为我国的经济发展和城市文化建设增添了独特的力量和元素。然而，长期以来，对这一特殊群体在华适应的研究缺乏足够关注，既缺少对其现状的深入认识，也对这一问题的严重性缺乏准确认知。本研究以认知心理学的相关理论为基础，通过调查问卷的形式，探讨共建"一带一路"国家在华商人的跨文化适应问题。

第一节　调查问卷的设计与实施

一、调查问卷的设计

根据旅居者跨文化适应的主要构成要素和影响因素，本研究的调查问卷共有四个部分，分别是人口统计学变量、心理适应、感知文化距离和社会文化适应。调查问卷所用的语言为汉语和英语。

人口统计学变量部分旨在收集调查对象的基本情况，而心理适应、文化距离和社会文化适应部分旨在考查共建"一带一路"国家来华商人对中国政治、经济、文化和社会的了解程度。上述变量可以较为有效地反映在华商人的文化适应现状。

（一）人口统计学信息

调查问卷的第一部分涉及人口统计学变量，包括在华商人[1]的国籍、性别、

---

[1] 如非特殊说明，本书中提到的"在华商人"均指来自共建"一带一路"国家的在华商人。

年龄、性格、在华时间、是否与家人一起来中国、来华前和现在的汉语水平、跨文化经历。

(二) 心理适应量表

问卷的第二部分为心理适应量表。本研究中的心理适应量表使用国际通用的Zung氏抑郁自测量表（Self-rating Depression Scale，简称为SDS）。该量表主要通过量化调查对象自我评价的抑郁程度来判定抑郁症状的轻重以及心理状况的表现。该量表包括四类与心理相关的障碍或症状，分别为精神病性情感症状（2个题项）、躯体性障碍（8个题项）、精神运动性障碍（2个题项）和抑郁心理障碍（8个题项）。

心理适应量表共计20个题项（详见表3-1），采用李克特四度量表法，要求问卷对象根据自身最近一周的情况，从"一直这样""经常这样""有时这样""不会这样"共4个等级的选项中进行选择，分值依次为1分到4分，分值越高，抑郁程度就越重。量表中包含10道反向选择题，计分方式相反（1=不会这样，2=有时这样，3=经常这样，4=一直这样），题号分别为Z1、Z2、Z4、Z6、Z8、Z9、Z10、Z11、Z17和Z20。同时，问卷采用自我评定陈述句式，引导调查对象根据自身实际进行选择和填写。

调查对象对20道题的答题得分为他们的心理适应总分，满分为80分（20×4）。通常情况下，得分40分以下为"未达抑郁"程度、41—48分为"轻度抑郁"程度、49—56分为"中度抑郁"程度、57分及以上为"重度抑郁"程度。也就是说，分值越高，则抑郁程度越高，心理适应状况越差；反之则抑郁程度越低，心理适应状况越好。此外，也可将心理适应得分换算为抑郁指数，换算公式为：抑郁指数=总分÷满分。抑郁指数<0.50为无抑郁症状，0.50≤抑郁指数≤0.59为轻度抑郁，0.60≤抑郁指数≤0.69为中等程度抑郁，抑郁指数≥0.70为重度抑郁。

表3-1 Zung氏抑郁自评量表题项

正向题项		反向题项	
题号	题项内容	题号	题项内容
Z3	早晨的时候我感觉最好	Z1	我觉得自己情绪低落
Z5	我的胃口和从前差不多	Z2	哭泣或有想哭的感觉
Z7	和异性相处时，我的感觉和以前差不多	Z4	我睡不好觉
Z12	我觉得经常做的事情没有困难	Z6	我觉得自己变轻了
Z13	我的头脑和平常一样清楚	Z8	我有便秘问题
Z14	我的生活很有趣	Z9	心跳比平常快
Z15	我对未来充满了希望	Z10	我觉得比较疲惫、乏力

续表

	正向题项		反向题项
题号	题项内容	题号	题项内容
Z16	对我来说，做决定并不难	Z11	我觉得不安，且平静不下来
Z18	我的兴趣和从前差不多	Z17	我现在比较会生气和发火
Z19	我觉得自己比较有用	Z20	我觉得没了我，别人可以过得更好

（三）感知文化距离量表

调查问卷的第三部分为感知文化距离量表，改编自Babiker等（1980）开发的"文化距离问卷"（Cultural Distance Questionnaire，简称为CDQ）。问卷涉及饮食习惯、气候、服装、工作方式、交际方式、世界观、价值观、公共交通、医院等14个领域（详见表3-2），要求调查对象就其感知的中国社会环境与其本国社会环境间的差异程度进行选择。问卷采用李克特五度量表法进行测量，1=完全相同（completely same），2=非常相同（little different），3=有点相同（a little different），4=非常不同（very different），5=完全不同（completely different），满分为70分（5×14），分值越高代表调查对象所感知到的两国文化差异程度越大，反之则越小。

另外，该分值也可换算为文化差异指数，以便进行文化距离的评价，换算公式为：文化差异指数＝文化差异总得分÷满分。文化差异指数＜0.10为几乎无文化差异，0.10≤文化差异指数＜0.30为文化差异非常小，0.30≤文化差异指数＜0.50为文化差异较小，0.50≤文化差异指数＜0.70为文化差异较大，0.70≤文化差异指数＜0.90为文化差异非常大，0.90≤文化差异指数≤1.00为文化几乎完全不同。

表3-2 感知文化距离量表题项

题号	题项内容
C1	饮食习惯
C2	气候
C3	服装
C4	居住条件
C5	娱乐活动
C6	工作方式
C7	交际方式
C8	世界观
C9	价值观
C10	公共交通
C11	政府部门
C12	法律制度

续表

题号	题项内容
C13	医院
C14	银行

（四）社会文化适应问卷

调查问卷的第四部分为社会文化适应问卷。该问卷基于 Ward 和 Kennedy（1999）编制的社会文化适应量表（Sociocultural Adaptation Scale，简称为 SCAS）改编而来，比如在问卷中强调发生地点为"中国"，突出"适应""参加""理解"等动词，同时考虑到在华商人的实际身份，将原问卷中的"学习"改为"工作"。该问卷共 18 个题项（详见表 3-3），涉及中国社会文化背景下的物质生活、文化价值、人际交往等方面，从认知适应和行为适应等角度对在华商人的社会文化适应困难程度进行测量。

社会文化适应问卷采用李克特五度量表法，每个选项对应的分值为 1=不难（no difficulty）、2=一点点难（a little difficulty）、3=还好（some difficulty）、4=很难（a lot of difficulty）、5=极难（extreme difficulty），调查对象所选项的累计得分就是其社会文化适应的困难情况，满分为 90 分（5×18），分值越高表示在华商人的社会文化适应困难程度越大，反之则越小。也可将困难程度转化为难度系数来进行评判。难度系数的计算方法为：难度系数（M）=调查对象所选项的累计得分÷满分。难度系数≤0.20 为不难，0.20＜难度系数≤0.40 为有点难，0.40＜难度系数≤0.60 为一般难度，0.60＜难度系数≤0.80 为很难，0.80＜难度系数≤1.00 为最难。

表 3-3　社会文化适应量表题项

题号	题项内容
B1	交朋友
B2	找到喜欢的食物
B3	坐车或者开车
B4	购物
B5	买房、租房或住宾馆
B6	看病或买药
B7	与中国人交流
B8	适应中国的气候
B9	理解中国的文化
B10	理解中国的法律制度
B11	理解中国的价值观
B12	参加社交活动、聚会

续表

题号	题项内容
B13	在政府部门办事
B14	与不同种族的人相处
B15	适应工作环境
B16	与中国朋友相处
B17	理解文化差异
B18	从中国人的角度看问题

二、调查问卷的实施

本研究主要调查共建"一带一路"国家在华商人在中国生活、工作期间的跨文化适应情况，在华商人主要分布在广州、义乌、上海、泉州等城市。本研究调查对象选自在广州、义乌、上海等地进行商业贸易、工作生活的中亚、西亚和北非商人，兼顾商人的国别、性别、年龄、在华时间等的分布。调查时间为2020年7月—2022年6月，历时23个月，采用线上和线下结合的方式进行。线上问卷通过"金数据"网站（https://jinshuju.net/）制作、发布和收集，使用问卷链接和二维码2种方式发放，调查对象可以通过手机、平板电脑、台式电脑等途径作答。线下问卷则采用纸质问卷形式，通过当面递送或邮寄的方式收集。本次调查遵循匿名和自愿的原则。

本次调查问卷总数为164份，共收集到143份问卷，回收率约为87.2%。其中剔除无效问卷35份，最后保留有效问卷108份（详见表3-4）。

表3-4 问卷发放和回收情况

统计项	总发放卷	未回收卷	回收卷	回收的无效卷	回收的有效卷
数量/份	164	21	143	35	108
比例	100%	12.8%	87.2%	24.5%	75.5%

在数据统计方面，调查问卷结果采用数据统计分析软件IBM SPSS Statistics（第26版）进行处理与分析，主要运用信度分析、效度分析、描述性统计分析、因子分析、t检验、方差分析、相关分析及回归分析。

第二节 调查问卷的质量分析

本研究通过信度分析（Reliability Analysis）和效度分析（Validity Analysis）对调查问卷的质量进行分析，以保证调查的可靠性和有效性。Babbie（1999）

指出，信度分析可以反映所用量表的一致性和稳定性。信度分析常用的判定方法有克隆巴赫α（Cronbach alpha）信度系数、折半信度、复本信度以及重测信度等。克隆巴赫α信度系数介于0.000和1.000之间，系数越高，则测量结果可信度越高，反之则可信度越低（Nunnally，1978）。一般认为，信度系数在0.600与0.650之间为不可信，在0.650与0.700之间为最小可接受值，在0.700与0.800之间为相当好，在0.800与0.900之间为非常好。

效度则为量表能够准确测出所需测量的事物的程度，即有效性（Babbie，1999）。常见效度包括内容效度（Content Validity）、效标关联效度（Concurrent Validity）、结构效度（Construct Validity）等，通常可采用因子分析方法来进行效度分析，因子分析可以将反映相同问题特征的题项进行归类。

由于本调查问卷的第一部分属于人口统计学相关变量，为客观题项，不存在稳定性问题，因此本研究只对其他三部分的量表进行整体信度分析，并对分量表（心理适应问卷、感知文化距离问卷、社会文化适应问卷）各自进行信度分析和效度分析，确保问卷调查结果的真实、客观、可靠。本研究使用克隆巴赫α信度系数进行内在一致性检验。根据表3-5所示，整体问卷的克隆巴赫α为0.893，信度大于0.700，说明问卷具有较高的可信度。

表3-5　问卷整体信度

克隆巴赫α	基于标准化项的克隆巴赫α	项数
0.893	0.893	52

一、心理适应量表分析

（一）量表信度

笔者对108位调查对象的Zung式自评抑郁量表进行了信度分析。如表3-6所示，该量表的克隆巴赫α为0.874，信度较好，表明使用该量表获取的数据可用于分析调查对象的心理适应状况。

表3-6　心理适应量表信度

克隆巴赫α	基于标准化项的克隆巴赫α	项数
0.874	0.874	20

为进一步考察该心理适应量表内部各项之间的一致性，笔者对删除各单项后的整体的克隆巴赫α进行检查。若删除各单项后整体的克隆巴赫α低于或基本等于删除项前整体的克隆巴赫α，则表明各项目之间具有较强的一致性。

删除单项后量表的信度统计详见表3-7。除"早晨的时候我感觉最好"这一题项外（删除后的克隆巴赫α为0.881），其余19个题项每项删除后的克隆巴赫α均低于量表的整体信度，表明量表各题项之间具有较强的一致性，说明该量表的单项信度良好。

表 3-7　心理适应量表删除单项后的信度

题号	题项内容	删除项后的标度平均值	删除项后的标度方差	修正后的项与总计相关性	删除项后的克隆巴赫α
Z1	我觉得自己情绪低落	42.213	40.038	0.544	0.866
Z2	哭泣或有想哭的感觉	42.287	40.244	0.554	0.866
Z3	早晨的时候我感觉最好	41.833	43.318	0.089	0.881
Z4	我睡不好觉	41.944	39.810	0.526	0.867
Z5	我的胃口和从前差不多	41.750	41.199	0.387	0.872
Z6	我觉得自己变轻了	42.194	41.055	0.344	0.873
Z7	和异性相处时，我的感觉和以前差不多	41.889	39.819	0.523	0.867
Z8	我有便秘问题	42.157	41.311	0.368	0.872
Z9	我的心跳加速	42.500	39.486	0.561	0.866
Z10	我觉得比较疲惫、乏力	42.028	39.653	0.568	0.865
Z11	我觉得不安，且平静不下来	42.194	39.990	0.535	0.867
Z12	经常做的事和之前差不多容易	41.685	40.012	0.494	0.868
Z13	我觉得自己头脑清晰	41.778	39.221	0.569	0.865
Z14	我的生活很有趣	41.870	39.665	0.525	0.867
Z15	我对未来充满了希望	42.009	39.785	0.511	0.867
Z16	对我来说，做决定并不难	41.546	39.334	0.580	0.865
Z17	我现在比较会生气和发火	42.120	41.303	0.374	0.872
Z18	我的兴趣和从前差不多	41.935	41.145	0.412	0.871
Z19	我觉得自己比较有用	41.880	39.621	0.547	0.866
Z20	我觉得没了我，别人可以过得更好	42.583	40.096	0.471	0.869

此外，本研究对心理适应量表进行折半信度分析，采用广受认可的斯皮尔曼-布朗系数和格特曼折半系数测量两半题项得分间的一致性。如表3-8所示，本研究心理适应量表的斯皮尔曼-布朗系数为0.809，格特曼折半系数为0.806，两个系数均大于0.700，说明此量表内部一致性比较高。

表 3-8　心理适应量表折半信度

克隆巴赫α	第一部分	值	0.767
		项数	10a
	第二部分	值	0.819
		项数	10b
	总项数		20

续表

	形态之间的相关性		0.679
斯皮尔曼-布朗系数	等长		0.809
	不等长		0.809
格特曼折半系数			0.806

①a项为：我觉得自己情绪低落；哭泣或有想哭的感觉；早晨的时候我感觉最好；我睡不好觉；我的胃口和从前差不多；我觉得自己变轻了；和异性相处时，我的感觉和以前差不多；我有便秘问题；我的心跳加速；我觉得比较疲惫、乏力。

②b项为：我觉得不安，且平静不下来；经常做的事和之前差不多容易；我觉得自己头脑清晰；我的生活很有趣；我对未来充满了希望；对我来说，做决定并不难；我现在比较会生气和发火；我的兴趣和从前差不多；我觉得自己比较有用；我觉得没了我，别人可以过得更好。

Zung式自评抑郁量表已被用于测量多个不同群体的心理适应，如在新加坡和马来西亚的新西兰人（Searle & Ward，1990）、在中国的越南人（朱国辉，2011）、在中国的非洲商人（胡伟杰、印晓红，2023）。本研究将该量表应用于测量共建"一带一路"国家在华商人的心理适应情况，信度检验结果较好，与其他群体的相关研究结果较为一致。

（二）量表效度

结构效度分析是问卷调查的重要考察标准，常采用因子分析（Factor Analysis）方法。本研究中的因子分析主要采用抽样适度测定值（Kaiser-Meyer-Olkin Measure of Sampling Adequacy，KMO）和巴特利特球形检验（Bartlett's Test of Sphericity）统计量来检验原始变量的相关性。一般情况下，KMO系数如果介于0.000与1.000之间，就可用于检测变量间的偏相关性。Kaiser（1970）指出，KMO系数如果大于0.900则效果最佳，大于0.700则是效果良好，若同时具备巴特利特球形检验$p < 0.050$这一条件，则表明量表数据适合进行因子分析。

本研究心理适应问卷的KMO系数0.858＞0.700，且巴特利特球形检验卡方统计值$p < 0.050$（详见表3-9），表明该量表结构效度合理，即通过该量表调查获取的数据可用于分析调查对象的心理适应状况，适合进行因子分析。

表3-9 心理适应量表KMO和巴特利特球形检验

KMO系数		0.858
巴特利特球形检验	近似卡方	641.266
	自由度	190
	显著性	0.000

1.因子分析

本研究通过探索性因子分析探究在华商人心理适应的内在变量，首先对心理适应的20个初始题项进行降维处理并提取因子，提取方法为主成分分析法（Principal Component Analysis），因子旋转方法为方差最大正交旋转法（Varimax），以特征值大于1.000且碎石检验中出现明显坡度（见图3-1）为因子抽取的标准。

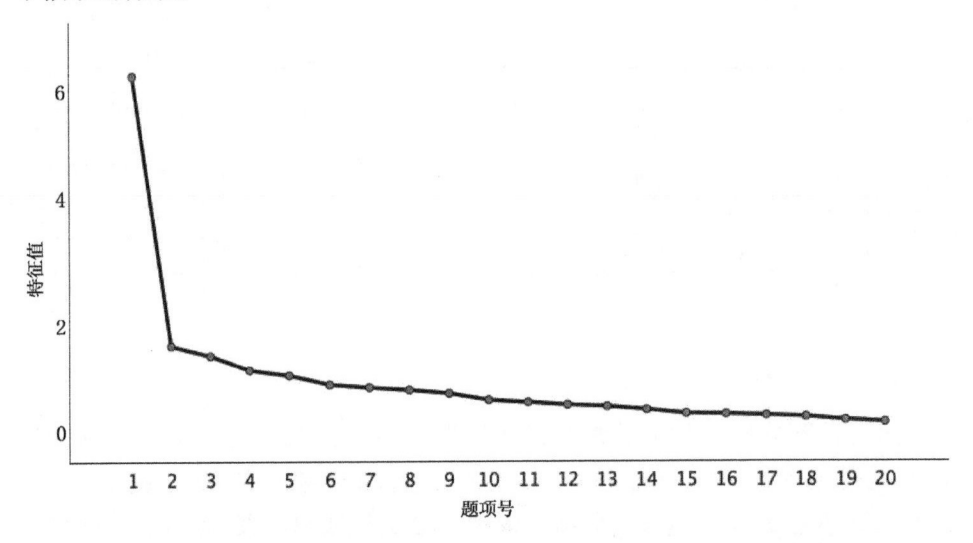

图3-1 心理适应量表（20题项）碎石图

因子分析结果抽取出5个公共因子，特征值分别为6.153、1.588、1.419、1.174、1.085，方差解释率分别为30.767%、7.940%、7.093%、5.871%、5.423%，这5个因子累计方差解释率为57.093%（详见表3-10）。

表3-10 心理适应量表（20题项）累计方差贡献率

因子	总计/%	初始特征值方差百分比/%	累计/%	总计/%	提取载荷平方和方差百分比/%	累计/%	总计/%	旋转载荷平方和方差百分比/%	累计/%
1	6.153	30.767	30.767	6.153	30.767	30.767	2.958	14.790	14.790
2	1.588	7.940	38.707	1.588	7.940	38.707	2.748	13.738	28.528
3	1.419	7.093	45.799	1.419	7.093	45.799	2.114	10.571	39.100
4	1.174	5.871	51.670	1.174	5.871	51.670	1.947	9.736	48.836
5	1.085	5.423	57.093	1.085	5.423	57.093	1.651	8.257	57.093
6	0.927	4.637	61.730						
7	0.878	4.388	66.117						
8	0.836	4.178	70.296						
9	0.777	3.884	74.179						
10	0.664	3.319	77.499						

续表

因子	总计 /%	初始特征值方差百分比 /%	累计 /%	总计 /%	提取载荷平方和方差百分比 /%	累计 /%	总计 /%	旋转载荷平方和方差百分比 /%	累计 /%
11	0.624	3.118	80.616						
12	0.580	2.898	83.514						
13	0.554	2.769	86.283						
14	0.501	2.504	88.787						
15	0.433	2.165	90.951						
16	0.422	2.112	93.064						
17	0.400	1.999	95.062						
18	0.377	1.883	96.945						
19	0.323	1.613	98.558						
20	0.288	1.442	100.000						

注：提取方法为主成分分析法。

同时得到旋转后的成分矩阵，详见表3-11。在20个题项中，载荷大于0.500的题项有16项，分布于5个因子中。但有4个题项在这5个因子上的载荷均没有超过0.500，这4个题项分别为"Z2哭泣或有想哭的感觉""Z5我的胃口和从前差不多""Z9我的心跳加速""Z10我觉得比较疲惫、乏力"，因此需进一步删除此4项，再进行公共因子及结构分析。

表3-11 心理适应量表（20题项）旋转后的因子矩阵

题号	题项内容	因子1	因子2	因子3	因子4	因子5
Z8	我有便秘问题	0.758	−0.001	0.034	−0.009	−0.032
Z4	我睡不好觉	0.628	0.155	0.115	0.306	−0.099
Z7	和异性相处时，我的感觉和以前差不多	0.620	0.345	0.121	−0.076	0.158
Z1	我觉得自己情绪低落	0.560	0.241	0.228	0.131	0.059
Z9	我的心跳加速	0.481	0.304	0.225	0.118	0.230
Z12	经常做的事和之前差不多容易	0.075	0.765	0.143	0.101	0.022
Z13	我觉得自己头脑清晰	0.269	0.684	0.065	0.229	−0.013
Z16	对我来说，做决定并不难	0.176	0.642	0.257	0.052	0.347
Z15	我对未来充满了希望	0.210	0.524	0.249	0.243	−0.138
Z14	我的生活很有趣	0.163	0.236	0.667	0.199	0.016
Z18	我的兴趣和从前差不多	−0.017	0.425	0.664	−0.100	0.051
Z20	我觉得没了我，别人可以过得更好	0.483	−0.103	0.628	0.097	0.123
Z17	我现在比较会生气和发火	0.000	0.206	−0.023	0.721	0.276
Z11	我觉得不安，且平静不下来	0.212	0.060	0.405	0.654	0.075

续表

题号	题项内容	因子1	因子2	因子3	因子4	因子5
Z19	我觉得自己比较有用	0.142	0.320	0.463	0.521	−0.243
Z10	我觉得比较疲惫、乏力	0.412	0.395	−0.085	0.452	0.194
Z3	早晨的时候我感觉最好	−0.117	0.017	−0.135	0.315	0.666
Z6	我觉得自己变轻了	0.283	0.095	0.179	0.009	0.618
Z5	我的胃口和从前差不多	0.403	0.354	0.042	0.255	−0.463
Z2	哭泣或有想哭的感觉	0.394	0.165	0.335	0.211	0.428

注：①提取方法为主成分分析法。
②旋转方法为凯撒正态化最大方差法。
③a旋转在14次迭代后已收敛。

现根据以下标准进行题项删除，重复进行上述探索性因子分析步骤，删除标准为：（1）在各个因子上的载荷均小于0.500的题项；（2）两个及以上因子均具有较高载荷的题项。

根据这一标准多次重复进行探索性因子分析，结合碎石图、特征值、方差解释比例等，最终保留13个题项并抽取4个因子，删除的7个题项为："Z2哭泣或有想哭的感觉""Z5我的胃口和从前差不多""Z9我的心跳加速""Z10我觉得比较疲惫、乏力""Z14我的生活很有趣""Z15我对未来充满了希望""Z20我觉得没了我，别人可以过得更好"。对保留的13个题项的进行KMO系数和巴特利特球形检验，发现KMO=0.821＞0.700，且巴特利特球形检验卡方统计值$p < 0.050$（详见表3-12），表明该量表剩余题项的结构效度合理，适合进行因子分析。

表3-12 心理适应量表（13题项）KMO和巴特利特球形检验

KMO系数		0.821
巴特利特球形检验	近似卡方	303.671
	自由度	78
	显著性	0.000

剩余13个题项抽取特征值大于1的因子有4个，特征值分别为3.978、1.369、1.223和1.056，方差解释率分别为30.604%、10.527%、9.406%、8.122%，这4个因子累计解释贡献率提高到58.659%（详见表3-13）。

表 3-13　心理适应量表（13 题项）累计方差贡献率

因子	总计 /%	初始特征值方差百分比 /%	累计 /%	总计 /%	提取载荷平方和方差百分比 /%	累计 /%	总计 /%	旋转载荷平方和方差百分比 /%	累计 /%
1	3.978	30.604	30.604	3.978	30.604	30.604	2.360	18.156	18.156
2	1.369	10.527	41.131	1.369	10.527	41.131	2.151	16.544	34.701
3	1.223	9.406	50.537	1.223	9.406	50.537	1.782	13.708	48.409
4	1.056	8.122	58.659	1.056	8.122	58.659	1.332	10.250	58.658
5	0.892	6.863	65.522						
6	0.745	5.734	71.256						
7	0.728	5.601	76.857						
8	0.609	4.687	81.544						
9	0.581	4.472	86.016						
10	0.515	3.958	89.974						
11	0.465	3.578	93.552						
12	0.426	3.274	96.826						
13	0.413	3.174	100.000						

注：提取方法为主成分分析法。

另外，如图 3-2 所示，碎石图的拐点显示也符合 4 个因子解释。

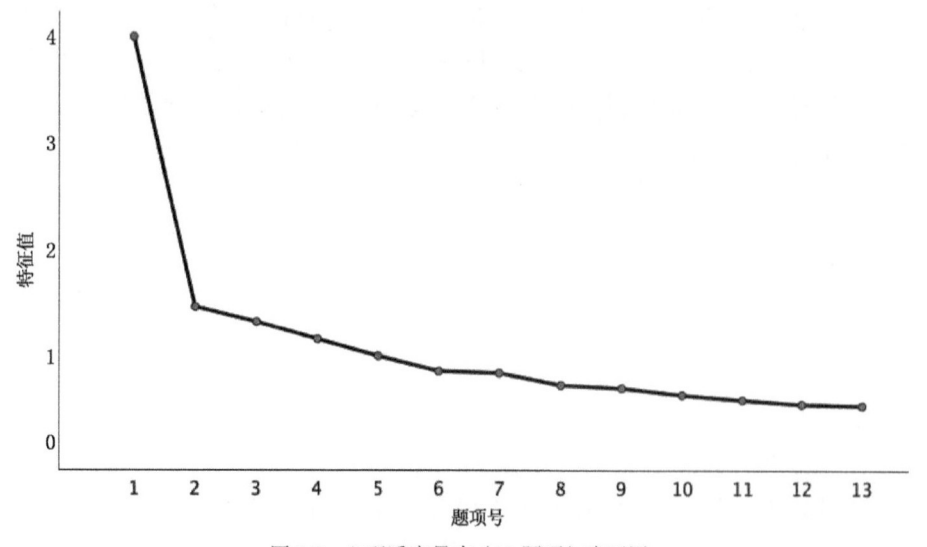

图 3-2　心理适应量表（13 题项）碎石图

使用正交旋转得到旋转因子载荷矩阵（详见表 3-14），数据显示 13 个题项在 4 个因子上的载荷值符合只在一个因子上大于 0.500 的标准，这 13 个题项中载荷值最高为 0.771，最低为 0.589，所有题项共同度介于 0.473 至 0.654 之间。

表 3-14 心理适应量表（13 题项）探索性因子分析结果

题号	题项内容	因子 1	因子 2	因子 3	因子 4	共同度
Z12	经常做的事和之前差不多容易	0.746	0.090	0.193	−0.023	0.602
Z18	我的兴趣和从前差不多	0.701	0.064	0.003	0.018	0.496
Z16	对我来说，做决定并不难	0.693	0.165	0.171	0.293	0.623
Z13	我觉得自己头脑清晰	0.589	0.289	0.311	−0.042	0.529
Z8	我有便秘问题	−0.028	0.771	0.013	−0.032	0.596
Z4	我睡不好觉	0.107	0.690	0.294	−0.022	0.574
Z7	和异性相处时，我的感觉和以前差不多	0.358	0.623	−0.052	0.221	0.568
Z1	我觉得自己情绪低落	0.261	0.606	0.185	0.055	0.473
Z17	我现在比较会生气和发火	0.117	−0.011	0.763	0.240	0.654
Z11	我觉得不安，且平静不下来	0.143	0.254	0.689	0.123	0.575
Z19	我觉得自己比较有用	0.431	0.207	0.598	−0.259	0.653
Z3	早晨的时候我感觉最好	−0.099	−0.148	0.281	0.733	0.648
Z6	我觉得自己变轻了	0.217	0.270	−0.033	0.716	0.634

注：①提取方法为主成分分析法。
②旋转方法为凯撒正态化最大方差法。
③a 旋转在 8 次迭代后已收敛。

2. 各因子及整体心理适应量表相关系数

本研究通过检验心理适应各个因子间以及各因子与总量表之间的关系，对量表的内容效度进行进一步分析。如表 3-15 所示，心理适应因子 1 与心理适应因子 2 的相关系数为 0.470（$p=0.000 < 0.010$）；心理适应因子 1 与心理适应因子 3 的相关系数为 0.502（$p=0.000 < 0.010$）；心理适应因子 1 与心理适应因子 4 的相关系数为 0.194（$p=0.044 < 0.050$）；心理适应因子 2 与心理适应因子 3 的相关系数为 0.383（$p=0.000 < 0.010$）；心理适应因子 2 与心理适应因子 4 的相关系数为 0.190（$p=0.049 < 0.050$）；心理适应因子 3 与心理适应因子 4 的相关系数为 0.222（$p=0.021 < 0.050$）。由此可见，心理适应各因子间的相关系数基本呈中度相关性。

表 3-15 心理适应量表各因子之间的相关系数

心理适应因子	统计项	心理适应因子 1	心理适应因子 2	心理适应因子 3	心理适应因子 4
心理适应因子 1	皮尔逊相关性	1.000	0.470**	0.502**	0.194*
	Sig.（双尾）	—	0.000	0.000	0.044
	个案数	108	108	108	108

续表

心理适应因子	统计项	心理适应因子1	心理适应因子2	心理适应因子3	心理适应因子4
心理适应因子2	皮尔逊相关性	0.470**	1.000	0.383**	0.190*
	Sig.（双尾）	0.000	—	0.000	0.049
	个案数	108	108	108	108
心理适应因子3	皮尔逊相关性	0.502**	0.383**	1.000	0.222*
	Sig.（双尾）	0.000	0.000	—	0.021
	个案数	108	108	108	108
心理适应因子4	皮尔逊相关性	0.194*	0.190*	0.222*	1.000
	Sig.（双尾）	0.044	0.049	0.021	—
	个案数	108	108	108	108
	Sig.（双尾）	0.000	0.000	0.000	0.000
	个案数	108	108	108	108

注：①**指在0.010级别（双尾）相关性显著。
②*指在0.050级别（双尾）相关性显著。

另外，各个心理适应因子与心理适应总分的相关系数如下：心理适应因子1与心理适应总分间的相关系数为0.790（$p=0.000<0.010$），心理适应因子2与心理适应总分间的相关系数为0.779（$p=0.000<0.010$），心理适应因子3与心理适应总分间的相关系数为0.726（$p=0.000<0.010$），心理适应因子4与心理适应总分间的相关系数为0.398（$p=0.000<0.010$）（详见表3-16）。心理适应各因子与心理适应总分的相关系数基本呈中度和高度相关关系，以上结果显示心理适应量表具有较好的内容效度。

表3-16 心理适应因子与总量表之间的相关系数

心理适应总分	统计项	心理适应因子1	心理适应因子2	心理适应因子3	心理适应因子4
SDS总分	皮尔逊相关性	0.790**	0.779**	0.726**	0.398**
	Sig.（双尾）	0.000	0.000	0.000	0.000
	个案数	108	108	108	108

注：**指在0.010级别（双尾）相关性显著。

（三）量表维度

以往的研究发现Zung氏抑郁自评量表具有4个维度，分别为"精神性情感症状""躯体性障碍""精神运动性障碍"及"抑郁心理障碍"。近年来，也有研究发现不同的维度，如"心情情绪""兴趣态度""精神精力"和"生活习惯"（胡伟杰、印晓红，2023）。本研究采用主成分分析法和最大方差旋转法进行因子分析，以此考察量表的维度。从因子分析结果可以看出，该心理适应表可抽取出4个因子,即共建"一带一路"国家来华商人心理适应的4个维度。

第一个因子载荷不小于0.500的题项有4项,为题项12、题项13、题项16和题项18,即"经常做的事和之前差不多容易""我觉得自己头脑清晰""对我来说,做决定并不难"和"我的兴趣和从前差不多"。根据量表具体题项涉及的要素,将因子1命名为"兴趣习惯"。

第二个因子载荷不小于0.500的题项有4项,为题项1、题项4、题项7、题项8,即"我觉得不安,且平静不下来""我睡不好觉""和异性相处时,我的感觉和以前差不多"和"我有便秘问题"。根据量表具体题项涉及的要素,将因子2命名为"生理症状"。

第三个因子载荷不小于0.500的题项有3项,为题项11、题项17、题项19,即"我觉得不安,且平静不下来""我现在比较会生气和发火"和"我觉得自己比较有用"。根据量表具体题项涉及的要素,将因子3命名为"情感态度"。

第四个因子载荷不小于0.500的题项有2项,为题项3和题项6,即"早晨的时候我感觉最好"和"我觉得自己变轻了"。根据量表具体题项涉及的要素,将因子4命名为"精神精力"。

因此,本研究抽取归纳的4个维度分别为:"兴趣习惯""生理症状""情感态度"和"精神精力"(详见表3-17)。

表3-17 心理适应量表的维度和内容

因子		题号	题项内容
因子1	兴趣习惯	Z12	经常做的事和之前差不多容易
		Z13	我觉得自己头脑清晰
		Z16	对我来说,做决定并不难
		Z18	我的兴趣和从前差不多
因子2	生理症状	Z1	我觉得自己情绪低落
		Z4	我睡不好觉
		Z7	和异性相处时,我的感觉和以前差不多
		Z8	我有便秘问题
因子3	情感态度	Z11	我觉得不安,且平静不下来
		Z17	我现在比较会生气和发火
		Z19	我觉得自己比较有用
因子4	精神精力	Z3	早晨的时候我感觉最好
		Z6	我觉得自己变轻了

二、感知文化距离量表分析

（一）量表信度

本研究对108位调查对象的感知文化距离量表进行信度分析。如表3-18所示，该量表的克隆巴赫α为0.898，信度较好，表示使用该量表获取的数据可用于分析共建"一带一路"国家在华商人在生活、工作中感知的文化差异情况。

表3-18 感知文化距离量表的整体信度

克隆巴赫α	基于标准化项的克隆巴赫α	项数
0.898	0.899	14

本问卷删除各单项后的整体的克隆巴赫α如表3-19所示："饮食习惯"项删除后的克隆巴赫α为0.897，"气候"项删除后的克隆巴赫α为0.895，"服装"项删除后的克隆巴赫α为0.892，"居住条件"项删除后的克隆巴赫α为0.891，"娱乐活动"项删除后的克隆巴赫α为0.887，"工作方式"项删除后的克隆巴赫α为0.888，"交际方式"项删除后的克隆巴赫α为0.884，"世界观"项删除后的克隆巴赫α为0.889，"价值观"项删除后的克隆巴赫α为0.888，"公共交通"项删除后的克隆巴赫α为0.894，"政府部门"项删除后的克隆巴赫α为0.888，"法律制度"项删除后的克隆巴赫α为0.895，"医院"项删除后的克隆巴赫α为0.889，"银行"项删除后的克隆巴赫α为0.895。结果为删除各单项后的整体克隆巴赫α均小于删除单项前的克隆巴赫α，则表明各项目之间具有较强的一致性，本研究使用的感知文化距离量表单项信度比较好。

表3-19 感知文化距离量表删除单项后的信度

题项内容	删除项后的标度平均值	删除项后的标度方差	修正后的项与总计相关性	删除项后的克隆巴赫α
饮食习惯	45.583	86.694	0.444	0.897
气候	45.583	85.273	0.491	0.895
服装	45.870	83.291	0.569	0.892
居住条件	45.963	84.354	0.587	0.891
娱乐活动	45.861	82.868	0.682	0.887
工作方式	46.056	82.558	0.653	0.888
交际方式	46.028	79.859	0.728	0.884
世界观	45.722	83.604	0.633	0.889
价值观	45.917	82.956	0.664	0.888
公共交通	45.963	84.073	0.526	0.894
政府部门	45.426	83.574	0.672	0.888
法律制度	45.657	86.040	0.490	0.895

续表

| 医院 | 45.926 | 82.780 | 0.618 | 0.889 |
| 银行 | 46.139 | 85.149 | 0.484 | 0.895 |

此外，本研究对感知文化距离量表的折半信度进行分析。如表3-20所示，该量表的斯皮尔曼-布朗系数为0.737，格特曼折半系数为0.737，两个系数皆大于0.700，此量表分半信度程度较高。

表3-20 感知文化距离量表折半信度

克隆巴赫 α	第一部分	值	0.863
		项数	7a
	第二部分	值	0.856
		项数	7b
	总项数		14
形态之间的相关性			0.583
斯皮尔曼-布朗系数	等长		0.737
	不等长		0.737
格特曼折半系数			0.737

注：①a项为：饮食习惯，气候，服装，居住条件，娱乐活动，工作方式，交际方式。
②b项为：世界观，价值观，公共交通，政府部门，法律制度，医院，银行。

（二）量表效度

本研究感知文化距离问卷的KMO系数=0.822＞0.700，且巴特利特球形检验卡方统计值$p<0.050$（详见表3-21），表明该问卷的结构效度合理。本研究通过该问卷获取的在华商人感知文化差异的数据可用于分析和研究，适合进行因子分析。

表3-21 感知文化距离量表KMO和巴特利特球形检验

KMO系数		0.822
巴特利特球形检验	近似卡方	783.613
	自由度	91
	显著性	0.000

1.因子分析

本研究使用探索性因子分析法对在华商人的感知文化距离变量进行因子提取。首先，对原始的14个题项进行降维处理和因子旋转，以特征值大于1且碎石检验准则中碎石出现明显坡度为因子抽取标准。同时，根据各个因子上载荷小于0.500的题项和在将两个及以上因子均具有较高载荷的题项进行删除的标准，重复进行探索性因子分析。最终抽取到保留12个题项的3个公共因子，剔除的 2 两个题项分别为"工作方式"和"政府部门"。

对剩余的 12 个题项进行 KMO 系数和巴特利特球形检验，发现 KMO=0.793 > 0.700，且巴特利特球形检验卡方统计值 $p < 0.050$（详见表 3-22），表明该量表剩余题项的结构效度合理，依然适合进行因子分析。

表 3-22　感知文化距离量表（12 题项）KMO 和巴特利特球形检验

KMO 系数		0.793
巴特利特球形检验	近似卡方	634.563
	自由度	66
	显著性	0.000

如表 3-23 所示，本研究抽取到的 3 个公共因子的特征值分别为 5.158、1.866 和 1.126，方差解释率分别为 42.983%、15.549% 和 9.379%，这 3 个因子的累计方差解释率高达 67.911%，具有较高的方差解释贡献率，同时碎石图的拐点显示也符合 3 个因子解释（见图 3-3）。

表 3-23　感知文化距离量表（12 题项）总方差解释率

因子	总计/%	初始特征值方差百分比/%	累计/%	总计/%	提取载荷平方和方差百分比/%	累计/%	总计/%	旋转载荷平方和方差百分比/%	累计/%
1	5.158	42.983	42.983	5.158	42.983	42.983	2.998	24.983	24.983
2	1.866	15.549	58.532	1.866	15.549	58.532	2.681	22.344	47.326
3	1.126	9.379	67.911	1.126	9.379	67.911	2.470	20.585	67.911
4	0.704	5.867	73.778						
5	0.608	5.066	78.844						
6	0.596	4.970	83.814						
7	0.451	3.758	87.572						
8	0.442	3.682	91.253						
9	0.425	3.543	94.796						
10	0.238	1.983	96.780						
11	0.230	1.914	98.693						
12	0.157	1.307	100.000						

注：提取方法为主成分分析法。

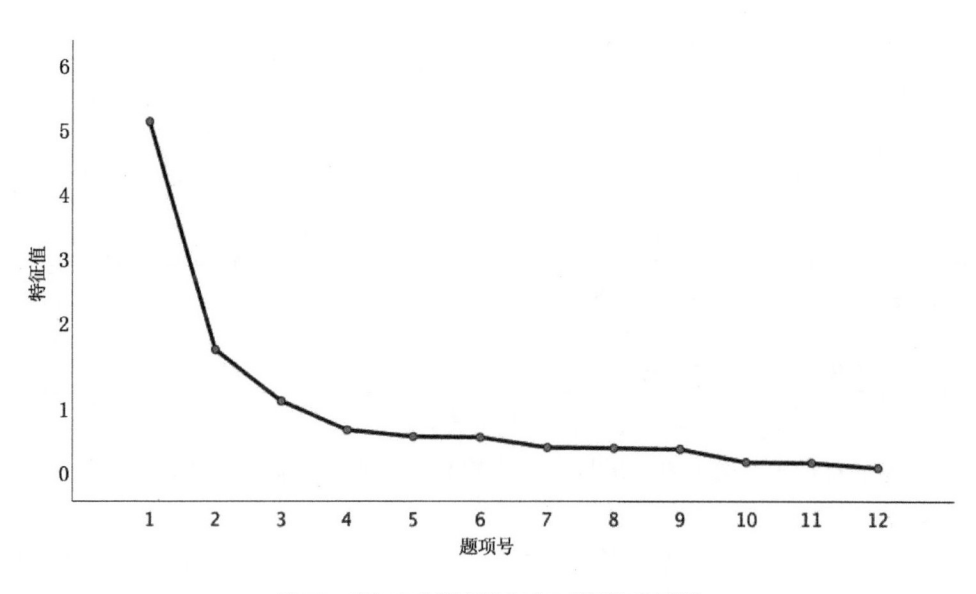

图 3-3 感知文化距离量表（12 题项）碎石图

同时，使用正交旋转得到旋转因子载荷矩阵（详见表 3-24），发现 12 个题项在 2 个因子上的载荷值符合只在 1 个因子上大于 0.500 的标准，这 12 个题项中载荷值最高为 0.855，最低为 0.657，12 个题项的载荷值全部高于 0.600。因子 1 包括 5 个题项，其中"C9 价值观"的载荷为 0.808，"C8 世界观"的载荷为 0.802，"C4 居住条件"的载荷为 0.718，"C7 交际方式"的载荷为 0.688，"C5 娱乐活动"的载荷为 0.657；因子 2 包括 4 个题项，其中"C12 法律制度"的载荷为 0.804，"C14 银行"的载荷为 0.803，"C10 公共交通"的载荷为 0.752，"C13 医院"的载荷为 0.703；因子 3 包括 3 个题项，其中"C1 饮食习惯"的载荷为 0.855，"C2 气候"的载荷为 0.779，"C3 服装"的载荷为 0.772。

表 3-24 感知文化距离量表（12 题项）旋转后的因子矩阵

题号	题项内容	因子 1	因子 2	因子 3
C9	价值观	0.808	0.312	0.066
C8	世界观	0.802	0.333	−0.003
C4	居住条件	0.718	0.059	0.323
C7	交际方式	0.688	0.268	0.381
C5	娱乐活动	0.657	0.136	0.448
C12	法律制度	0.131	0.804	0.076
C14	银行	0.218	0.803	−0.061
C10	公共交通	0.164	0.752	0.158

续表

题号	题项内容	因子 1	因子 2	因子 3
C13	医院	0.285	0.703	0.219
C1	饮食习惯	0.086	0.058	0.855
C2	气候	0.204	0.076	0.779
C3	服装	0.246	0.140	0.772

注：①提取方法为主成分分析法。
②旋转方法为凯撒正态化最大方差法。
③a旋转在5次迭代后已收敛。

2. 各因子与整体感知文化距离量表相关系数

为了对量表的内容效度进行进一步检验，本研究检验感知文化距离各因子与总量表间的相关性。

如表3-25所示，感知文化距离因子1与因子2的相关系数为0.530（$p=0.000<0.010$）；感知文化距离因子1与因子3的相关系数为0.510（$p=0.000<0.010$）；感知文化距离因子2与因子3的相关系数为0.268（$p=0.005<0.010$），可见感知文化距离各因子间的相关系数基本呈中度相关关系。

表3-25 感知文化距离量表各因子之间的相关系数

感知文化距离因子	统计项	感知文化距离因子1	感知文化距离因子2	感知文化距离因子3
感知文化距离因子1	皮尔逊相关性	1.000	0.530**	0.510**
	Sig.（双尾）	—	0.000	0.000
	个案数	108	108	108
感知文化距离因子2	皮尔逊相关性	0.530**	1.000	0.268**
	Sig.（双尾）	0.000	—	0.005
	个案数	108	108	108
感知文化距离因子3	皮尔逊相关性	0.510**	0.268**	1.000
	Sig.（双尾）	0.000	0.005	—
	个案数	108	108	108

注：**指在0.010级别（双尾）相关性显著。

此外，各个因子与感知文化距离总分的相关系数如表3-26所示：因子1与总分间的相关系数为0.890（$p=0.000<0.010$），因子2与总分间的相关系数为0.761（$p=0.000<0.010$），因子3与总分间的相关系数为0.695（$p=0.000<$

0.010）。感知文化距离各因子与感知文化距离总分的相关系数基本呈中高度相关关系，且各因子之间的相关系数均小于因子与总分的相关系数。上述结果显示，感知文化距离量表具有良好的内容效度。

表 3-26　感知文化距离量因子与总量表之间的相关系数

感知文化距离	统计项	感知文化距离因子 1	感知文化距离因子 2	感知文化距离因子 3
感知文化距离总分	皮尔逊相关性	0.890**	0.761**	0.695**
	Sig.（双尾）	0.000	0.000	0.000
	个案数	108	108	108

注：**指在 0.010 级别（双尾）相关性显著。

（三）量表维度

对感知文化距离问卷进行数次因子分析后，得到 3 个公共因子，同时保留了 12 个题项，详见表 3-27。根据各个题项所涉及的具体内容，本研究对 3 个因子进行归纳与命名。

表 3-27　感知文化距离量表的维度和内容

因子	维度	题号	题项内容
因子 1	文化观念	C4	居住条件
		C5	娱乐活动
		C7	交际方式
		C8	世界观
		C9	价值观
因子 2	基础服务	C10	公共交通
		C12	法律制度
		C13	医院
		C14	银行
因子 3	生活日常	C1	饮食习惯
		C2	气候
		C3	服装

因子 1 包含 5 个题项，分别为"居住条件""娱乐活动""交际方式""世界观"和"价值观"。如表 3-28 所示，"居住条件"与因子 1 的相关系数为 0.768，与因子 2 的相关系数为 0.305，与因子 3 的相关系数为 0.445；"娱乐活动"与因子 1 的相关系数为 0.786，与因子 2 的相关系数为 0.372，与因子 3 的相关系数为 0.516；"交际方式"与因子 1 的相关系数为 0.835，与因子 2 的相关系数为 0.462，与因子 3 的相关系数为 0.515；"世界观"与因子 1 的相关系数为

0.810，与因子2的相关系数为0.498，与因子3的相关系数为0.253；"价值观"与因子1的相关系数为0.831，与因子2的相关系数为0.497，与因子3的相关系数为0.314。可见，"居住条件""娱乐活动""交际方式""世界观"和"价值观"5项均与因子1相关系数最高，因此该维度命名为"文化观念"。

因子2包含4个题项，分别为"公共交通""法律制度""医院"和"银行"。"公共交通"与因子1的相关系数为0.410，与因子2的相关系数为0.778，与因子3的相关系数为0.267；"法律制度"与因子1的相关系数为0.377，与因子2的相关系数为0.803，与因子3的相关系数为0.177；"医院"与因子1的相关系数为0.516，与因子2的相关系数为0.793，与因子3的相关系数为0.304；"银行"与因子1的相关系数为0.389，与因子2的相关系数为0.823，与因子3的相关系数为0.106。"公共交通""法律制度""医院"和"银行"这4项均与因子2相关系数最高，因此该维度命名为"基础服务"。

因子3包含3个题项，分别为"饮食习惯""气候"和"服装"。"饮食习惯"与因子1的相关系数为0.361，与因子2的相关系数为0.184，与因子3的相关系数为0.836；"气候"与因子1的相关系数为0.432，与因子2的相关系数为0.212，与因子3的相关系数为0.833；"服装"与因子1的相关系数为0.485，与因子2的相关系数为0.275，与因子3的相关系数为0.848。"饮食习惯""气候"和"服装"这3项均与因子3相关系数最高，因此该维度命名为"日常生活"。

表3-28 感知文化距离各题项与因子间的相关系数

感知文化距离题项	统计项	感知文化距离因子1	感知文化距离因子2	感知文化距离因子3
饮食习惯	皮尔逊相关性	0.361**	0.184	0.836**
	Sig.（双尾）	0.000	0.057	0.000
	个案数	108	108	108
气候	皮尔逊相关性	0.432**	0.212*	0.833**
	Sig.（双尾）	0.000	0.028	0.000
	个案数	108	108	108
服装	皮尔逊相关性	0.485**	0.275**	0.848**
	Sig.（双尾）	0.000	0.004	0.000
	个案数	108	108	108
居住条件	皮尔逊相关性	0.768**	0.305**	0.445**
	Sig.（双尾）	0.000	0.001	0.000
	个案数	108	108	108
娱乐活动	皮尔逊相关性	0.786**	0.372**	0.516**
	Sig.（双尾）	0.000	0.000	0.000
	个案数	108	108	108

续表

感知文化距离题项	统计项	感知文化距离因子 1	感知文化距离因子 2	感知文化距离因子 3
交际方式	皮尔逊相关性	0.835**	0.462**	0.515**
	Sig.（双尾）	0.000	0.000	0.000
	个案数	108	108	108
世界观	皮尔逊相关性	0.810**	0.498**	0.253**
	Sig.（双尾）	0.000	0.000	0.008
	个案数	108	108	108
价值观	皮尔逊相关性	0.831**	0.497**	0.314**
	Sig.（双尾）	0.000	0.000	0.001
	个案数	108	108	108
公共交通	皮尔逊相关性	0.410**	0.778**	0.267**
	Sig.（双尾）	0.000	0.000	0.005
	个案数	108	108	108
法律制度	皮尔逊相关性	0.377**	0.803**	0.177
	Sig.（双尾）	0.000	0.000	0.067
	个案数	108	108	108
医院	皮尔逊相关性	0.516**	0.793**	0.304**
	Sig.（双尾）	0.000	0.000	0.001
	个案数	108	108	108
银行	皮尔逊相关性	0.389**	0.823**	0.106
	Sig.（双尾）	0.000	0.000	0.277
	个案数	108	108	108

注：①**指在 0.010 级别（双尾）相关性显著。
②*指在 0.050 级别（双尾）相关性显著。

三、社会文化适应量表分析

（一）量表信度

如表 3-29 所示，文化适应量表的克隆巴赫 α 为 0.891，说明该量表信度较高，通过该量表所获得的在华商人的社会文化适应情况具有较高的可靠性。

表 3-29　社会文化适应量表整体信度

克隆巴赫 α	基于标准化项的克隆巴赫 α	项数
0.891	0.891	18

通过检验删除各单项后的克隆巴赫 α，笔者对社会文化适应量表内部各项之间的一致性进行考察，具体结果详见表 3-30。结果表明，删除各单项后的整体克隆巴赫 α 均小于删除单项前的克隆巴赫 α，说明该社会文化适应量表各项目

之间具有较强的一致性，单项信度较好。

表 3-30　社会文化适应量表删除单项后的信度

题号	题项内容	删除项后的标度平均值	删除项后的标度方差	修正后的项与总计相关性	删除项后的克隆巴赫 α
B1	交朋友	37.750	118.900	0.385	0.889
B2	找到喜欢的饮食	37.833	114.907	0.446	0.888
B3	坐车、开车	38.333	117.589	0.463	0.887
B4	购物	38.611	119.754	0.446	0.887
B5	买房、租房或住宾馆	38.176	118.614	0.463	0.887
B6	看病、买药	37.556	117.427	0.391	0.890
B7	与中国人交流	37.593	118.655	0.379	0.890
B8	适应中国的气候	37.509	111.729	0.606	0.882
B9	理解中国的文化	37.759	112.147	0.684	0.880
B10	理解中国的法律制度	37.639	110.401	0.680	0.879
B11	理解中国的价值观	37.704	112.210	0.649	0.881
B12	参加社交活动、聚会	37.861	113.747	0.632	0.881
B13	在政府部门办事	37.306	117.205	0.428	0.888
B14	与不同族群相处	37.954	116.755	0.507	0.885
B15	适应工作环境	37.870	114.768	0.530	0.885
B16	与中国朋友相处	37.824	114.688	0.573	0.883
B17	理解文化差异	37.880	112.275	0.639	0.881
B18	从中国人的角度看问题	37.630	114.235	0.573	0.883

同时对社会文化适应量表的折半信度进行检验，发现该量表的折半信度也在可接受范围。如表 3-31 所示，本研究社会文化适应量表的斯皮尔曼-布朗系数为 0.824，格特曼折半系数为 0.818，两个系数均大于 0.700，说明此量表内部一致性可以接受。

表 3-31　社会文化适应量表的折半信度

克隆巴赫 α	第一部分	值	0.773
		项数	9a
	第二部分	值	0.859
		项数	9b
总项数			18
形态之间的相关性			0.700
斯皮尔曼-布朗系数	等长		0.824
	不等长		0.824
格特曼折半系数			0.818

注：①a 项为：交朋友，找到喜欢的饮食，坐车或者开车，购物，买房、租房或住宾馆，

看病或买药，与中国人交流，适应中国的气候，理解中国的文化。

②b项为：理解中国的法律制度，理解中国的价值观，参加社交活动、聚会，在政府部门办事，与不同种族的人相处，适应工作环境，与中国朋友相处，理解文化差异，从中国人的角度看问题。

（二）量表效度

本研究采用探索性因子分析方法，对社会文化适应量表进行效度分析。首先，需要检验数据是否符合因子分析的条件。由表3-32可知，社会文化适应量表的KMO系数为0.809＞0.700，说明该量表各个变量之间的相关性较强，巴特利特球形检验卡方统计值p=0.000＜0.050，表明该量表具有较好的结构效度，符合因子分析的要求。

表3-32 社会文化适应量表KMO和巴特利特球形检验

KMO 系数		0.809
巴特利特球形检验	近似卡方	863.514
	自由度	153
	显著性	0.000

1.因子分析

为探究共建"一带一路"国家在华商人社会文化适应的综合变量，本研究对18个原始变量进行因子分析。因子分析采用主成分分析法提取因子，并通过方差最大正交旋转法对因子进行旋转处理。提取的因子要求一般取特征值大于1且碎石检验准则中碎石出现明显坡度（见图3-4）。

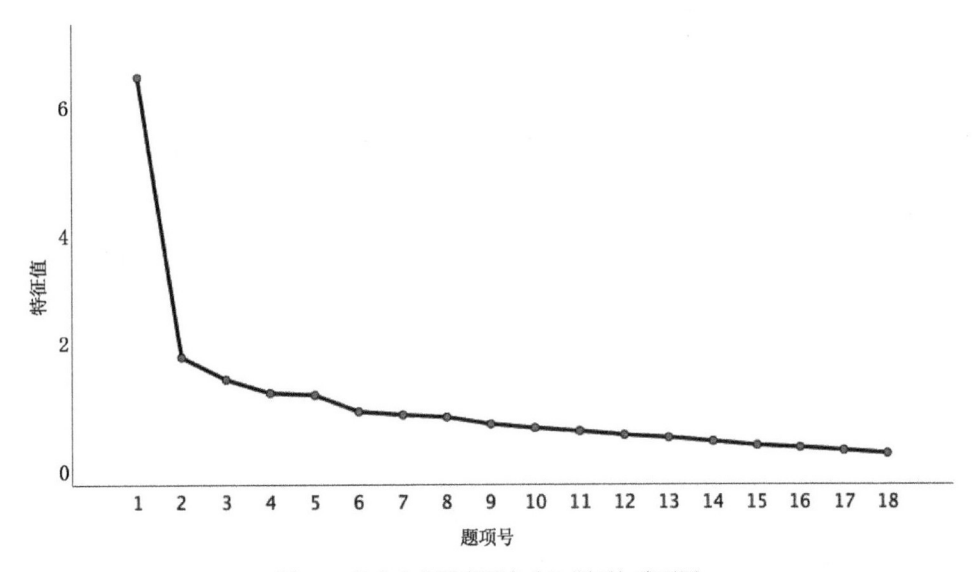

图3-4 社会文化适应量表（18题项）碎石图

在社会文化适应原始的18个题项中，共抽取出5个特征值大于1.000的公共因子，特征值分别为6.479、1.761、1.384、1.158、1.123，方差解释率分别为35.994%、9.785%、7.687%、6.433%、6.242%，5个因子累计方差解释率高达66.140%（详见表3-33）。同时，碎石检验准则中也出现5个坡度明显的因子，但5个因子具体包含的题项成分需要通过旋转后的成分矩阵得出。

表3-33 社会文化适应量表（18题项）总方差解释率

因子	总计/%	初始特征值方差百分比/%	累计/%	总计	提取载荷平方和方差百分比/%	累计/%	总计	旋转载荷平方和方差百分比/%	累计/%
1	6.479	35.994	35.994	6.479	35.994	35.994	3.725	20.696	20.696
2	1.761	9.785	45.779	1.761	9.785	45.779	2.301	12.782	33.478
3	1.384	7.687	53.466	1.384	7.687	53.466	2.272	12.621	46.099
4	1.158	6.433	59.899	1.158	6.433	59.899	2.094	11.636	57.735
5	1.123	6.242	66.141	1.123	6.242	66.141	1.513	8.405	66.140
6	0.843	4.684	70.825						
7	0.788	4.377	75.202						
8	0.747	4.151	79.353						
9	0.629	3.495	82.848						
10	0.563	3.126	85.974						
11	0.509	2.829	88.803						
12	0.446	2.479	91.282						
13	0.403	2.239	93.521						
14	0.338	1.876	95.397						
15	0.271	1.505	96.902						
16	0.235	1.306	98.208						
17	0.187	1.036	99.244						
18	0.136	0.756	100.000						

注：提取方法为主成分分析法。

如表3-34所示，在旋转后的成分矩阵中，可发现"B6看病、买药"题项的因子载荷在5个因子中均低于0.500，"B10理解中国的法律制度""B11理解中国的价值观"和"B12参加社交活动、聚会"3个题项的因子载荷同时在2个因子中均超过0.500，因此需要将这4项排除，并重新进行数据分析和检验。

表3-34 社会文化适应量表（18题项）旋转后的因子矩阵

题号	题项内容	因子1	因子2	因子3	因子4	因子5
B14	与不同族群相处	0.718	0.128	0.267	−0.090	−0.081

续表

题号	题项内容	因子1	因子2	因子3	因子4	因子5
B18	从中国人的角度看问题	0.680	0.095	0.023	0.262	0.141
B8	适应中国的气候	0.672	0.251	0.245	0.074	−0.013
B10	理解中国的法律制度	0.627	0.200	0.076	0.584	−0.118
B9	理解中国的文化	0.615	0.448	−0.066	0.415	−0.031
B11	理解中国的价值观	0.613	0.045	0.083	0.543	0.152
B15	适应工作环境	0.610	0.017	0.202	0.028	0.458
B17	理解文化差异	0.605	0.306	0.017	0.146	0.452
B7	与中国人交流	0.223	0.685	0.128	−0.168	0.017
B2	找到喜欢的饮食	0.052	0.667	0.198	0.219	0.066
B16	与中国朋友相处	0.382	0.623	−0.012	0.084	0.352
B3	坐车、开车	0.304	−0.094	0.806	0.134	0.024
B4	购物	0.150	0.156	0.726	0.023	0.260
B5	买房、租房或住宾馆	−0.055	0.422	0.718	0.231	−0.005
B6	看病、买药	0.170	0.242	0.473	0.347	−0.417
B13	在政府部门办事	0.075	−0.036	0.281	0.760	0.159
B12	参加社交活动、聚会	0.238	0.505	0.092	0.536	0.238
B1	交朋友	0.061	0.216	0.156	0.207	0.763

注：①提取方法为主成分分析法。
②旋转方法为凯撒正态化最大方差法。
③a旋转在11次迭代后已收敛。

排除"B6 看病、买药""B10 理解中国的法律制度""B11 理解中国的价值观"和"B12 参加社交活动、聚会"这4个题项后，本研究对保留的14个社会文化适应题项进行KMO系数和巴特利特球形检验，发现KMO系数为 0.754＞0.700，且巴特利特球形检验卡方统计值 $p=0.000<0.050$（详见表3-35），处于可接受范围，依然适合进行因子分析。

表3-35 社会文化适应量表（14题项）KMO和巴特利特球形检验

KMO系数		0.754
巴特利特球形检验	近似卡方	544.754
	自由度	91
	显著性	0.000

笔者对剩余的14个题项进行主成分分析，结果显示，量表可抽取出4个公共因子，特征值分别为4.929、1.599、1.177、1.053，方差解释率分别为35.207、11.423、8.405和7.523，4个因子累计方差解释率高达62.558%，已超过60.000%（详见表3-36），并且碎石检验准则中出现与之符合的4个坡度明

显的因子（见图 3-5）。

表 3-36　社会文化适应量表（14 题项）总方差解释率

因子	总计/%	初始特征值方差百分比/%	累计/%	总计/%	提取载荷平方和方差百分比/%	累计/%	总计/%	旋转载荷平方和方差百分比/%	累计/%
1	4.929	35.207	35.207	4.929	35.207	35.207	3.032	21.658	21.658
2	1.599	11.423	46.630	1.599	11.423	46.630	2.170	15.500	37.158
3	1.177	8.405	55.035	1.177	8.405	55.035	2.050	14.641	51.799
4	1.053	7.523	62.558	1.053	7.523	62.558	1.506	10.759	62.558
5	0.925	6.606	69.164						
6	0.771	5.506	74.670						
7	0.743	5.307	79.977						
8	0.613	4.380	84.357						
9	0.559	3.993	88.350						
10	0.486	3.470	91.820						
11	0.403	2.877	94.697						
12	0.334	2.384	97.081						
13	0.242	1.729	98.810						
14	0.166	1.190	100.000						

注：提取方法为主成分分析法。

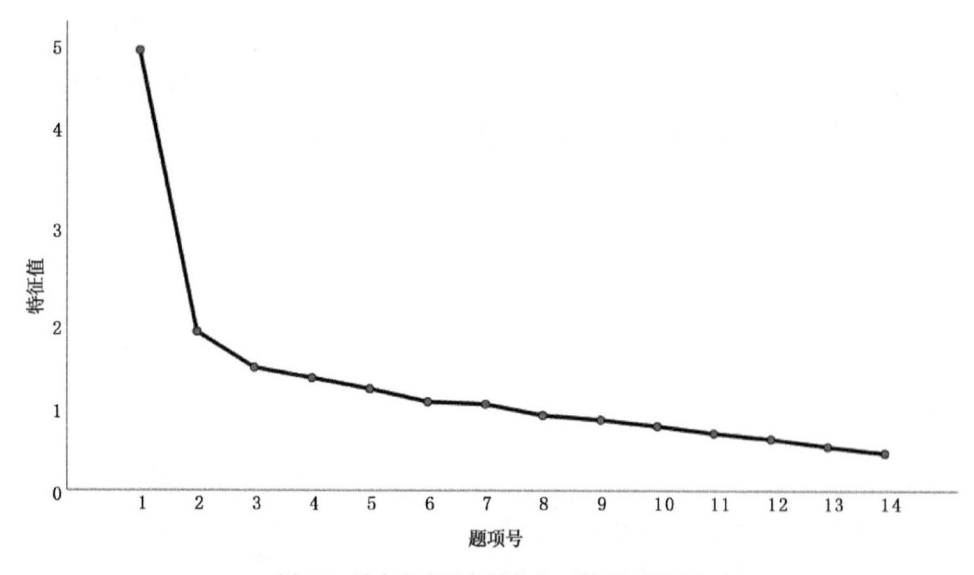

图 3-5　社会文化适应量表（14 题项）碎石图

此外，本研究使用正交旋转得到旋转因子载荷矩阵（详见表 3-37），因子

1包括6个题项,其中"B18 从中国人的角度看问题"的载荷为0.740,"B14 与不同族群相处"的载荷为0.705,"B15 适应工作环境"的载荷为0.676,"B17 理解文化差异"的载荷为0.638,"B8 适应中国的气候"的载荷为0.631,"B9 理解中国的文化"的载荷为0.621;因子2包含3个题项,其中"B3 坐车、开车"的载荷为0.822,"B5 买房、租房或住宾馆"的载荷为0.751,"B4 购物"的载荷为0.724;因子3包含3个题项,其中"B7 与中国人交流"的载荷为0.700,"B16 与中国朋友相处"的载荷为0.648,"B2 找到喜欢的饮食"的载荷为0.647;因子4包含2个题项,其中"B1 交朋友"的载荷为0.741,"B13 在政府部门办事"的载荷为0.593。可以看出,剩余的14个题项中所有题项在4个因子上的载荷值符合只在一个因子上大于0.500的标准,载荷值最高为0.822,最低为0.593,具有较好的结构效度。

表3-37 社会文化适应量表(14题项)旋转后的因子矩阵

题号	题项内容	因子1	因子2	因子3	因子4
B18	从中国人的角度看问题	0.740	0.024	0.087	0.275
B14	与不同族群相处	0.705	0.246	0.123	−0.211
B15	适应工作环境	0.676	0.135	0.014	0.319
B17	理解文化差异	0.638	−0.018	0.346	0.453
B8	适应中国的气候	0.631	0.306	0.333	−0.089
B9	理解中国的文化	0.621	0.048	0.458	0.133
B3	坐车、开车	0.322	0.822	−0.105	0.044
B5	买房、租房或住宾馆	−0.029	0.751	0.347	0.152
B4	购物	0.110	0.724	0.207	0.158
B7	与中国人交流	0.166	0.093	0.700	−0.055
B16	与中国朋友相处	0.389	−0.013	0.648	0.271
B2	找到喜欢的饮食	0.065	0.275	0.647	0.163
B1	交朋友	0.089	0.092	0.270	0.741
B13	在政府部门办事	0.180	0.372	−0.101	0.593

注:①提取方法为主成分分析法。
②旋转方法为凯撒正态化最大方差法。
③a 旋转在7次迭代后已收敛。

2.各因子与整体社会文化适应量表相关系数

通过检验社会文化适应各个因子与总量表之间的关系,本研究对量表的内容效度进行进一步的检验。如表3-38所示,社会文化适应因子1与因子2的相关系数为0.400(p=0.000<0.010);社会文化适应因子1与因子3的相关系数为0.557(p=0.000<0.010);社会文化适应因子1与因子4的相

关系数为 0.402（p=0.000 < 0.010）；社会文化适应因子 2 与因子 3 的相关系数为 0.355（p=0.000 < 0.010）；社会文化适应因子 2 与因子 4 的相关系数为 0.392（p=0.000 < 0.010）；社会文化适应因子 3 与因子 4 的相关系数为 0.331（p=0.000 < 0.010）。因此，社会文化适应各因子间的相关系数基本呈中度相关关系。

表 3-38 社会文化适应各因子之间的相关系数

社会文化适应因子	统计项	社会文化适应因子 1	社会文化适应因子 2	社会文化适应因子 3	社会文化适应因子 4
社会文化适应因子 1	皮尔逊相关性	1.000	0.400**	0.557**	0.402**
	Sig.（双尾）	—	0.000	0.000	0.000
	个案数	108	108	108	108
社会文化适应因子 2	皮尔逊相关性	0.400**	1.000	0.355**	0.392**
	Sig.（双尾）	0.000	—	0.000	0.000
	个案数	108	108	108	108
社会文化适应因子 3	皮尔逊相关性	0.557**	0.355**	1.000	0.331**
	Sig.（双尾）	0.000	0.000	—	0.000
	个案数	108	108	108	108
社会文化适应因子 4	皮尔逊相关性	0.402**	0.392**	0.331**	1.000
	Sig.（双尾）	0.000	0.000	0.000	—
	个案数	108	108	108	108

注：** 指在 0.010 级别（双尾）相关性显著。

另外，各个社会文化适应因子与总分的相关系数如下：社会文化适应因子 1 与总分间的相关系数为 0.886（p=0.000 < 0.010），社会文化适应因子 2 与总分间的相关系数为 0.636（p=0.000 < 0.010），社会文化适应因子 3 与总分间的相关系数为 0.718（p=0.000 < 0.010），社会文化适应因子 4 与总分间的相关系数为 0.614（p=0.000 < 0.010）（详见表 3-39）。由此可以看出，社会文化适应各因子与社会文化适应总分的相关系数基本呈中度和高度相关性。同时，以上结果均显示社会文化适应量表具有较好的内容效度。

表 3-39 社会文化适应各因子与总分的相关系数

社会文化适应	统计项	社会文化适应因子 1	社会文化适应因子 2	社会文化适应因子 3	社会文化适应因子 4
社会文化适应总分	皮尔逊相关性	0.886**	0.636**	0.718**	0.614**
	Sig.（双尾）	0.000	0.000	0.000	0.000
	个案数	108	108	108	108

注：** 指在 0.010 级别（双尾）相关性显著。

(三)量表维度

本研究采用主成分分析法和最大方差旋转法进行因子分析,以此考察量表的维度。从因子分析结果来看,共建"一带一路"国家在华商人的社会文化适应共析出 4 个公共因子,对应其社会文化适应的 4 个维度(详见表 3-40)。

第一个因子载荷不小于 0.500 的题项有 6 个,为题项 B8、题项 B9、题项 B14、题项 B15、题项 B17 和题项 B18,即"适应中国的气候""理解中国的文化""与不同族群相处""适应工作环境""理解文化差异"和"从中国人的角度看问题"。结合每个题项具体表述的内容,第 1 个因子被命名为"文化认同与工作适应"。

第二个因子载荷不小于 0.500 的题项有 3 个,为题项 B3、题项 B4 和题项 B5,即"坐车、开车""购物"和"买房、租房或住宾馆"。结合每个题项具体表述的内容,第 2 个因子被命名为"日常生活适应"。

第三个因子载荷不小于 0.500 的题项有 3 个,为题项 B2、题项 B7、题项 B16,即"找到喜欢的饮食""与中国人交流"和"与中国朋友相处"。结合每个题项具体表述的内容,第 3 个因子被命名为"人际交往适应"。

第四个因子载荷不小于 0.500 的题项有 2 个,为题项 B1 和题项 B13,即"交朋友"和"在政府部门办事"两项。结合每个题项具体表述的内容,第 4 个因子被命名为"社会支持与服务适应"。

表 3-40 社会文化适应量表的维度和内容

因子		题号	题项内容
因子 1	文化认同与工作适应	B8	适应中国的气候
		B9	理解中国的文化
		B14	与不同族群相处
		B15	适应工作环境
		B17	理解文化差异
		B18	从中国人的角度看问题
因子 2	日常生活适应	B3	坐车、开车
		B4	购物
		B5	买房、租房或住宾馆
因子 3	人际交往适应	B2	找到喜欢的饮食
		B7	与中国人交流
		B16	与中国朋友相处
因子 4	社会支持与服务适应	B1	交朋友
		B13	在政府部门办事

第三节 调查对象分析

本研究对共建"一带一路"国家的在华商人进行详尽调查，以下依据回收的 108 份在华商人的人口学、统计学问卷信息，对调查对象的基本情况逐一进行分析，统计情况包括国别地区、性别、年龄、性格、汉语语言水平、跨文化经历等。

一、调查对象的基本情况

（一）国别与地区

从在华商人的国籍情况来看，调查对象来自 19 个国家（详见表 3-41），分别为阿联酋、阿曼、埃及、巴林、哈萨克斯坦、吉尔吉斯斯坦、科威特、黎巴嫩、沙特阿拉伯、塔吉克斯坦、土耳其、土库曼斯坦、乌兹别克斯坦、叙利亚、也门、伊拉克、伊朗、以色列、约旦。其中，人数最多的国家是埃及，有 10 人（占总数的 9.3%）；其次是哈萨克斯坦和土耳其，皆为 9 人（占总数的 8.3%）；再次是土库曼斯坦，有 8 人（占总数的 7.4%）；在华人数最少的国家为阿联酋和也门，各为 3 人（占总数的 2.8%）。

表 3-41 调查对象国别情况

国籍	地区	人数/人	百分比/%
哈萨克斯坦	中亚	9	8.3
吉尔吉斯斯坦	中亚	6	5.6
塔吉克斯坦	中亚	7	6.5
土库曼斯坦	中亚	8	7.4
乌兹别克斯坦	中亚	6	5.6
阿曼	西亚	4	3.7
阿联酋	西亚	3	2.8
巴林	西亚	4	3.7
科威特	西亚	5	4.6
黎巴嫩	西亚	5	4.6
沙特阿拉伯	西亚	6	5.6
土耳其	西亚	9	8.3
叙利亚	西亚	5	4.6
也门	西亚	3	2.8
伊拉克	西亚	4	3.7
伊朗	西亚	5	4.6
以色列	西亚	5	4.6

续表

国籍	地区	人数/人	百分比/%
约旦	西亚	4	3.7
埃及	北非	10	9.3
总计		108	100.0

从国家分布的地区来看，如图3-6所示，这些国家分布在三个地区，为北非、西亚和中亚，来自西亚地区的人数最多，有62人（占总数的57.4%）；其次为中亚，有36人（占总数的33.3%），最少的为北非，共10人（占总数的9.3%）。

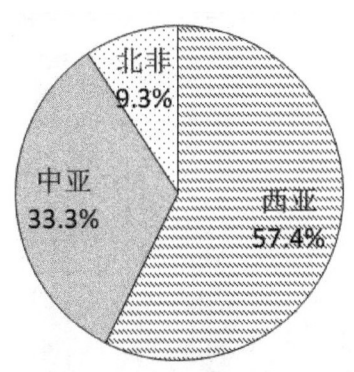

图3-6 调查对象地区分布情况

（二）性　别

如表3-42所示，在性别上，本次调查的108名在华商人中，男性有101人（占总数的93.5%），女性只有7人（占总数的6.5%）。可见，来自共建"一带一路"国家的在华商人中，男性占大多数。

表3-42 调查对象性别情况

性别	人数/人	百分比/%
男性	101	93.5
女性	7	6.5
总计	108	100.0

（三）年　龄

从年龄来看，本研究涉及的共建"一带一路"国家在华商人中，如表3-43所示，18—25岁的来华商人有14人，占总数的13.0%；26—30岁的来华商人有37人，占总数的34.2%；31—40岁的来华商人有41人，占总数的38.0%；41岁及以上的来华商人有16人，占总数的14.8%。可见，26—40岁的在华商人人数最多，年龄较小和稍大的在华商人相对较少（详见图3-7）。本研究显示，在中国从事商业贸易活动的共建"一带一路"国家商人基本为中青年群体，他们是参与共建"一带一路"的主力军。

表 3-43　调查对象年龄情况

年龄	人数/人
18—25 岁	14
26—30 岁	37
31—40 岁	41
41 岁及以上	16
总计	108

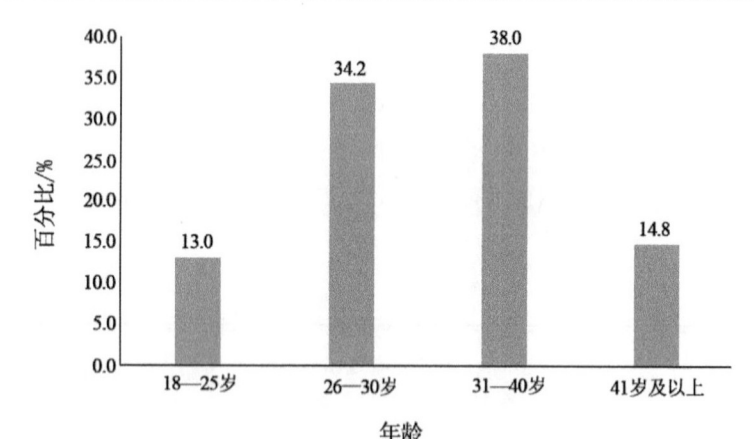

图 3-7　调查对象年龄分布情况

（四）性　格

从性格来看，本次调查的调查对象中自评性格非常内向的有 11 人，占总数的 10.2%；性格比较内向的有 41 人，占总数的 38.0%；比较外向的有 44 人，占总数的 40.7%；非常外向的有 12 人，占总数的 11.1%（详见表 3-44）。总体来看，共建"一带一路"国家的在华商人自评性格为内向和外向的人数相当，大多为中等内向和中等外向，少数为非常内向和非常外向。

表 3-44　调查对象性格情况

性格	人数/人	百分比/%
非常内向	11	10.2
比较内向	41	38.0
比较外向	44	40.7
非常外向	12	11.1
总计	108	100.0

（五）语言水平

在汉语语言水平方面，本研究对在华商人来华前的汉语水平和当前的汉语水平分别进行调查。就来华前的汉语水平而言，53.7%的在华商人认为自己的汉语水平非常低，31.5%认为不高，14.8%认为还可以，但没有人认为自己来华前的汉语水平不错或很高（详见表3-45）。总体上，超过一半的商人认为，来华前自己的汉语水平非常低。

就现在的汉语水平而言，13.9%的在华商人认为自己现在的汉语水平很高，40.7%认为不错，38.9%认为还可以，5.6%认为不高，只有0.9%（1人）认为非常低（详见表3-45）。总体上，在中国生活和工作一段时间后，大多数商人都认为自己的汉语水平处于还可以及以上的水平，有部分商人认为其汉语水平达到了很高的水平，只有极个别商人认为自身的汉语水平非常低。

对比来华前的汉语水平和来华后当前的汉语水平，可以发现来自共建"一带一路"国家的商人在中国生活、工作、交际一段时间后，对中国社会文化有了更深的了解，其汉语水平整体大幅提高。

表3-45 调查对象来华前后汉语水平情况

汉语水平	来华前的汉语水平		现在的汉语水平	
	人数/人	百分比/%	人数/人	百分比/%
非常低	58	53.7	1	0.9
不高	34	31.5	6	5.6
还可以	16	14.8	42	38.9
不错	0	0	44	40.7
很高	0	0	15	13.9
总计	108	100.0	108	100.0

（六）在华时间

如图3-8所示，就"在华时间"这一变量而言，在华2—5年的商人最多，有36人，占总数的33.3%；在华1—2年的有32人，占总数的29.6%；在华3—6个月的有12人，占总数的11.1%；在华6—12个月和在华5—10年的各有8人，占总数的7.4%；在华1个月以下的有7人，占6.5%；在华10年以上和在华1—3个月的最少，分别为3人（占总数的2.8%）和2人（占总数的1.9%）。整体上，来自共建"一带一路"国家的商人在中国生活的时间基本为1—5年。

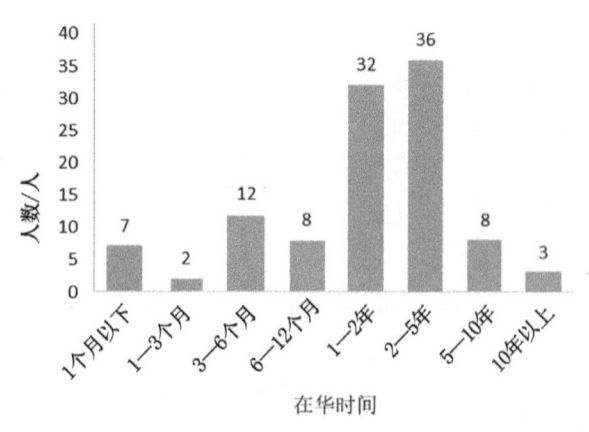

图 3-8 调查对象在华时间情况

（七）跨文化经历

如图 3-9 所示，本研究调查的在华商人中，没有跨文化经历的占总数的 61.1%（66 人），有 3 个月以下跨文化经历的占总数的 12.0%（13 人），有 3—6 个月跨文化经历的占总数的 2.8%（3 人），有 6 个月以上跨文化经历的占总数的 24.1%（26 人）。可见，本次调查的 108 位在华商人中，超过半数的个体都没有跨文化经历。

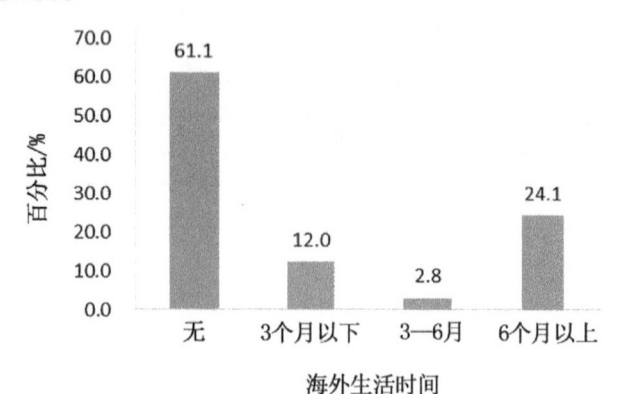

图 3-9 调查对象跨文化经历情况

（八）对中国的了解程度

本研究对共建"一带一路"国家的商人来华前对中国的了解程度以及来华后对中国的了解程度进行调查。其中，来华前对中国的了解程度这一方面，从一点也不了解至非常了解为 1 分至 5 分。来华前对中国的了解情况为一点也不了解的有 31 人，占总数的 28.7%；一点点了解的有 37 人，占总数的 34.3%；有些了解的有33人，占总数的30.5%；比较了解的有4人，占总数的3.7%；非常了解的有3人，占总数的2.8%（详见表3-46）。整体上，在来华前，共建"一带一路"国家的在华商人对中国的了解较少，整体平均值为2.176分，对中国的了解程度为一点点了解（详见表3-47）。

表3-46 调查对象来华前对中国的了解情况

来华前对中国的了解情况	人数/人	百分比/%
一点也不了解	31	28.7
一点点了解	37	34.3
有些了解	33	30.5
比较了解	4	3.7
非常了解	3	2.8
总计	108	100.0

本研究将这些商人来华后对中国的了解程度也分为5级，从一点也不了解到非常了解，分值为1分至5分。108位调查对象的整体平均值为3.097分，对中国的整体了解程度为有些了解。如表3-47所示，108位在华商人目前对中国文化的了解情况平均值为3.333分，对中国政治的了解情况平均值为2.509分，对中国经济的了解情况平均值为3.417分，对中国社会的了解情况平均值为3.130分。其中，对中国了解程度最低的为政治方面，最为了解的是经济方面。其原因可能为，本研究的调查对象均为商人，他们在中国主要从事商业贸易，故对中国的经济发展较为关注与了解，对其他方面的关注则相对较少。

表3-47 调查对象来华前后对中国的了解情况

统计项	来华前对中国的了解情况	现在对中国文化的了解情况	现在对中国政治的了解情况	现在对中国经济的了解情况	现在对中国社会的了解情况
平均值	2.176	3.333	2.509	3.417	3.130
标准偏差	0.984	0.843	0.942	0.918	0.918
个案数	108	108	108	108	108

另外，对比来华前后共建"一带一路"国家商人对中国的了解程度后可以看出，整体上这些商人对中国的各个方面都有了更为全面的认识和了解。如图3-10所示，在华商人现在对中国政治、经济、文化、社会四个方面的了解，基本处于一点点了解、有些了解以及比较了解的程度；且在文化、经济和社会方面，只有极个别存在一点也不了解的情况。

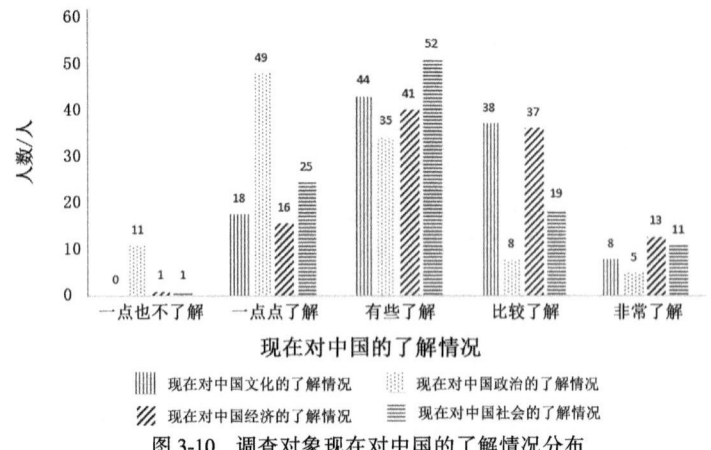

图 3-10 调查对象现在对中国的了解情况分布

（九）社会支持

从是否与家人一起来中国的情况看，如图 3-11 所示，108 位商人中有 30.6%（33 人）是与家人一起来到中国的，69.4% 的商人没有同家人一起生活在中国。整体上，超过半数以上的商人独自在中国生活和工作，其原因可能为当时受新冠疫情影响，国际旅行受到一定的限制。此外，这些商人的家人可能需要在自己国家照顾长辈和孩子，无法随行。

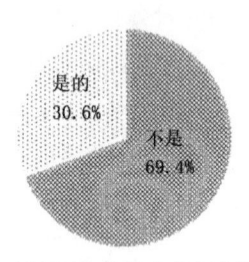

图 3-11 调查对象是否有家人陪伴的情况

另外，本研究同时对 108 位在华商人的社会支持来源类型进行调查。调查数据显示，这 108 位调查对象在心理适应出现困难和问题时，求助对象主要为"家人""在自己国家的朋友""在中国的本国朋友"和"中国朋友"。这一部分是多选题，但求助对象为单一选择的商人占总数的 36.1%，其中 22.2% 的商人只选择向"家人"寻求支持，3.7% 的商人只选择求助"在中国的本国朋友"和"医生"，只选择"其他"和"在自己国家的朋友"的商人分别占总数的 2.8% 和 1.9%，只选择"中国朋友"和"在中国的外国朋友"的最少，皆为 0.9%。此外，75.2% 的在华商人在心理适应出现困难时的求助对象包括"家人"，27.9% 的在华商人的求助对象中包括"在中国的本国朋友"。可见，在华商人在心理适应过程中遇见困难和问题时，普遍会寻求"家人"和"在中国的本国朋友"的支持和帮助，也就是说他们主要从自己最亲近和最信任的人那里获取情感支持。

在社会文化适应过程中出现困难时，在华商人的求助对象主要为"家人""在自己国家的朋友""在中国的本国朋友"和"中国朋友"，这部分也是多选题。求助对象为单一选择的群体占总数的55.5%，其中17.6%的商人只选择向"家人"寻求支持，12%的商人只选择"在自己国家的朋友"，只选择"在中国的本国朋友""中国朋友"和"在中国的外国朋友"的商人皆为总数的7.4%，只选择"靠自己"的商人占总数的3.7%。此外，在华商人在社会文化适应出现困难时的求助对象中有"家人"和"在自己国家的朋友"的均为40.8%，其次有39.6%的商人的选项中包括"在中国的本国朋友"，34.3%的商人的选项中有"中国朋友"。

（十）感知文化距离

本次研究对这108位在华商人的感知文化距离情况进行调查，如图3-12所示，其感知文化距离总分整体呈正态分布。

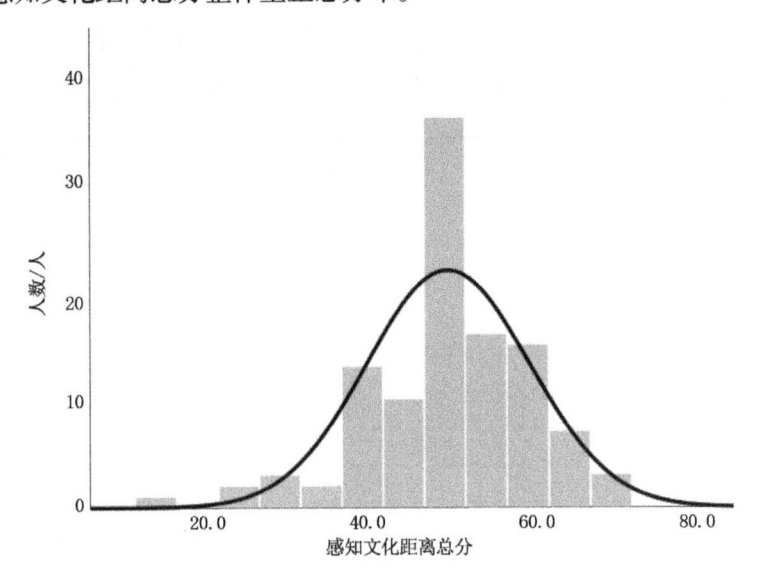

图3-12 感知文化距离总分分布

如表3-48所示，在华商人感知文化距离总分的平均值为49.361分，整体上感知中国文化的差异非常大。其中，总分为47.000分的人数最多，有12人；其次为总分49.000分的人数，有11人。

表3-48　感知文化距离总分情况

统计项	统计值
个案数	108
平均值	49.361
标准偏差	9.8194
众数	47

从在华商人感知文化距离单项情况来看，如表3-49所示，整体上所有题项的平均值皆超过了3.000分。单项平均值大于或等于3.500分的有6项，分别为"C5娱乐活动"平均值3.500分，"C8世界观"平均值3.639分，"C12法律制度"平均值3.704分，"C1饮食习惯"平均值3.778分，"C2气候"平均值3.778分，"C11政府部门"平均值3.935分。在感知文化距离问卷的14个题项中，平均值最高的是"政府部门"，为3.935分；平均值最低的是"银行"，为3.222分。

表3-49　感知文化距离单项描述统计

题号	题项内容	平均值	标准偏差	个案数
C1	饮食习惯	3.778	1.044	108
C2	气候	3.778	1.097	108
C3	服装	3.491	1.140	108
C4	居住条件	3.398	1.023	108
C5	娱乐活动	3.500	1.009	108
C6	工作方式	3.306	1.072	108
C7	交际方式	3.333	1.168	108
C8	世界观	3.639	1.018	108
C9	价值观	3.444	1.026	108
C10	公共交通	3.398	1.143	108
C11	政府部门	3.935	0.969	108
C12	法律制度	3.704	1.025	108
C13	医院	3.435	1.105	108
C14	银行	3.222	1.122	108

从感知文化距离的3个因子来看，如表3-50所示，平均值得分最高的为因子3"生活日常"，得分为3.682分。结合表3-49，我们可以发现该因子包含的3个题项平均值得分分别为"C1饮食习惯"3.778分，"C2气候"3.778分和"C3服装"3.491分；平均值最低的为因子2"基础服务"，得分为3.440分，该因子包含的4个题项平均值得分分别为"C10公共交通"3.398分，"C12法律制度"3.704分，"C13医院"3.435分和"C14银行"3.222分。产生上述结果

的原因可能是本次调查的对象来自西亚和北非，他们在自己国家的日常生活，尤其是饮食习惯、气候等因素出于地理位置和自然条件等原因，与中国的差异比较大。在基础服务方面，尤其是该因子中的公共交通、医院和银行都显示出相对较低的差异程度，可见中国当前的公共服务和支持日趋完善和现代化，能较好地满足不同背景的外国旅居者的日常生活和工作需求。另外，因子1"文化观念"的平均值得分为3.463分，包含的5个题项的平均值得分分别为"C4居住条件"3.398分，"C5娱乐活动"3.500分，"C7交际方式"3.333分，"C8世界观"3.639分和"C9价值观"3.444分。

表3-50 感知文化距离因子描述统计

感知文化距离因子	平均值	标准偏差	个案数
感知文化距离因子1	3.463	0.846	108
感知文化距离因子2	3.440	0.878	108
感知文化距离因子3	3.682	0.918	108

二、调查对象差异情况

为更综合、深入地了解共建"一带一路"国家在华商人的情况，本研究对本次调查的调查对象数据进行交叉分析，主要从不同地区人口统计情况的汉语水平、对中国了解程度及感知文化距离的差异情况进行分析。

（一）语言水平差异

本研究对在华商人来华前后的汉语水平进行调查，划分为5个分值，分别为1=非常低、2=不高、3=还可以、4=不错、5=很高，现从不同地区、性别、年龄、性格、在华时间、是否有家人陪伴等方面进行差异分析。

从来自三个不同地区的在华商人的汉语水平看，如表3-51所示，三个地区的在华商人来华前汉语水平的自测平均值分别为西亚1.532分、中亚1.750分、北非1.600分，平均值表现皆在"非常低"与"不高"之间，中亚商人的汉语水平整体上略高。他们当前的汉语水平自测平均值分别为西亚3.597分、中亚3.528分、北非4.000分，可见在中国生活、工作一段时间后，三个地区的在华商人汉语水平皆大幅提高，平均值表现位于"还可以"与"不错"，其中北非的在华商人的汉语水平增幅最大。

表3-51 不同地区群体语言水平情况

地区	统计项	来华前的汉语水平	现在的汉语水平
西亚	平均值	1.532	3.597
	标准偏差	0.695	0.799

续表

地区	统计项	来华前的汉语水平	现在的汉语水平
中亚	平均值	1.750	3.528
	标准偏差	0.806	0.910
北非	平均值	1.600	4.000
	标准偏差	0.699	0.667
总计	平均值	1.611	3.611
	标准偏差	0.734	0.830

从不同性别群体的汉语水平看，如表 3-52 所示，就来华前的汉语水平来说，男性平均值为 1.614 分，女性平均值为 1.571 分，两者差异不大，平均值表现为"非常低"与"不高"之间，男性略高于女性。就现在的汉语水平而言，男性平均值为 3.663 分，水平位于"还可以"与"不错"之间，女性平均值为 2.857 分，水平位于"不高"与"还可以"之间，男性现在的汉语水平较高。可能在中国生活和工作期间，男性外籍商人参加社交和社会活动普遍更为频繁，接触和使用汉语的场景也更加丰富多样，故男性的汉语水平较女性提高更为明显。

表 3-52 不同性别群体语言水平情况

性别	统计项	来华前的汉语水平	现在的汉语水平
男性	平均值	1.614	3.663
	个案数	101	101
	标准偏差	0.721	0.765
女性	平均值	1.571	2.857
	个案数	7	7
	标准偏差	0.976	1.345
总计	平均值	1.611	3.611
	个案数	108	108
	标准偏差	0.734	0.830

从不同年龄段群体的汉语水平来看，如表 3-53 所示，来华前汉语水平最高的为 18—25 岁年龄段的外籍商人，平均值为 2.143 分；其次为 26—30 岁和 31—40 岁的群体，平均值分别为 1.622 分和 1.585 分；水平最低的为 41 岁及以上的商人群体，平均值为 1.188 分。可见，来华前的汉语水平是年龄越大，汉语水平越低。现在的汉语水平最高的是 31—40 岁年龄段的外籍商人，平均值为 3.829 分；其次为 26—30 岁和 18—25 岁的商人，平均值分别为 3.514 分和 3.500 分；水平最低的为 41 岁及以上的商人群体，平均值为 3.375 分。结果发现，来华前后的汉语水平，不同年龄群体呈现不同特征。在中国生活工作一段时间后，31—40 岁群体的汉语水平较其他年龄段提升最大，可能此年龄段的商人是参与

商贸活动的主要群体，较其他年龄群体参加的社交和商务活动更多，在日常工作中汉语能力得到极大锻炼，故其提升最快、最明显。

表 3-53 不同年龄群体语言水平情况

年龄	统计项	来华前的汉语水平	现在的汉语水平
18—25 岁	平均值	2.143	3.500
	个案数	14	14
	标准偏差	0.663	0.855
26—30 岁	平均值	1.622	3.514
	个案数	37	37
	标准偏差	0.758	0.804
31—40 岁	平均值	1.585	3.829
	个案数	41	41
	标准偏差	0.706	0.771
41 岁及以上	平均值	1.188	3.375
	个案数	16	16
	标准偏差	0.544	0.957
总计	平均值	1.611	3.611
	个案数	108	108
	标准偏差	0.734	0.830

从不同性格群体的汉语水平来看，如表 3-54 所示，来华前的汉语水平从高到低依次为性格比较内向的群体（1.732 分）、非常外向的群体（1.667 分）、比较外向的群体（1.523 分）、非常内向的群体（1.455 分）。现在的汉语水平从高到低依次为非常外向的群体（4.000 分）、比较内向的群体（3.732 分）、比较外向的群体（3.477 分）、非常内向的群体（3.273 分）。从调查数据可得，来华前后的汉语水平基本呈现这一趋势：性格为越内向，则水平越低。可能外向性格的群体更愿意主动沟通和交流，在语言使用上更为积极和频繁，故其汉语水平较内向群体更高。

表 3-54 不同性格群体语言水平情况

性格	统计项	来华前的汉语水平	现在的汉语水平
非常内向	平均值	1.455	3.273
	个案数	11	11
	标准偏差	0.688	0.786
比较内向	平均值	1.732	3.732
	个案数	41	41
	标准偏差	0.867	0.708

续表

性格	统计项	来华前的汉语水平	现在的汉语水平
比较外向	平均值	1.523	3.477
	个案数	44	44
	标准偏差	0.628	0.849
非常外向	平均值	1.667	4.000
	个案数	12	12
	标准偏差	0.651	1.044
总计	平均值	1.611	3.611
	个案数	108	108
	标准偏差	0.734	0.830

就在华不同时间的群体现在的汉语水平来看，如表3-55所示，水平最高的是在华时间10年以上的群体，平均值达4.667分，位于"不错"和"很高"之间；水平最低的为在华时间1个月以下的群体，平均值为2.714分；在华时间6—12个月、1—2年、2—5年和5—10年的汉语水平略有区别。可见，在中国生活时间越长，汉语水平越高。

表3-55　不同在华时间群体语言水平情况

在华时间	统计项	现在的汉语水平
1个月以下	平均值	2.714
	个案数	7
	标准偏差	0.951
1—3个月	平均值	3.000
	个案数	2
	标准偏差	0.000
3—6个月	平均值	3.000
	个案数	12
	标准偏差	0.603
6—12个月	平均值	3.625
	个案数	8
	标准偏差	0.744
1—2年	平均值	3.625
	个案数	32
	标准偏差	0.751
2—5年	平均值	3.889
	个案数	36
	标准偏差	0.750

续表

5—10年	平均值	3.750
	个案数	8
	标准偏差	0.886
10年以上	平均值	4.667
	个案数	3
	标准偏差	0.577

从是否有家人一起在中国的商人群体现在的汉语水平来看，如表3-56所示，没有家人陪伴的商人的语言水平平均值为3.667分，有家人陪伴的商人的语言水平平均值为3.485分。可见，没有家人一起在中国的在华商人汉语水平较高，可能此群体独自在中国生活和工作，与有家人陪伴的商人相比，更需要在更多方面寻求当地人的帮助，与当地人建立的联系更多，使用汉语进行交流的环境和条件也更多，这些情况都有利于汉语水平的提升。

表3-56　不同社会支持语言水平情况

是否与家人一起来中国	统计项	现在汉语水平
否	平均值	3.667
	个案数	75
	标准偏差	0.811
是	平均值	3.485
	个案数	33
	标准偏差	0.870
总计	平均值	3.611
	个案数	108
	标准偏差	0.830

（二）对中国了解程度差异

本研究对在华商人来华前后对中国的了解程度进行调查，对应选择和分值分别为1=一点也不了解、2=一点点了解、3=有些了解、4=比较了解、5=非常了解，现从不同地区、性别、年龄、性格、在华时间、是否有家人陪伴以及语言水平等方面进行差异分析。

从三个不同地区的商人来华前对中国的了解程度来看，如表3-57所示，来华前对中国了解程度最高的是来自中亚的商人，平均值为2.444分；其次为来自西亚的商人，平均值为2.177分；对中国了解程度最低的为北非商人，平均值为1.200分。综合来看，在来华之前，中亚地区的商人对中国最为了解，而北非地区的商人对中国几乎一点也不了解。从现在对中国文化、政治、经济和社会四个方面的了解程度来看，除了政治方面，三个地区对中国文化、经济和社会的了解程度平均值皆达到 3.000 分以上，达到"有些了解"的程度。

表 3-57 不同地区对中国了解程度情况

地区	统计项	来华前对中国的了解情况	现在对中国文化的了解情况	现在对中国政治的了解情况	现在对中国经济的了解情况	现在对中国社会的了解情况
西亚	平均值	2.177	3.323	2.371	3.371	3.081
	标准偏差	0.950	0.805	0.834	0.927	0.874
中亚	平均值	2.444	3.278	2.611	3.417	3.139
	标准偏差	0.998	0.882	1.022	0.874	0.931
北非	平均值	1.200	3.600	3.000	3.700	3.400
	标准偏差	0.422	0.966	1.155	1.059	1.174
总计	平均值	2.176	3.333	2.509	3.417	3.130
	标准偏差	0.984	0.843	0.942	0.918	0.918

从不同性别的商人来华前对中国的了解程度来看，如表 3-58 所示，男性来华前对中国的了解程度平均值为 2.218 分，女性的平均值为 1.571 分，男性较女性对中国更为了解。从现在对中国文化、政治、经济和社会四个方面的了解程度来看，男性和女性的了解程度的平均值皆有提高。在文化方面的了解程度上，男性平均值为 3.386 分，女性为 2.571 分；在政治方面的了解程度上，男性平均值为 2.545 分，女性为 2.000 分；在经济方面的了解程度上，男性平均值为 3.495 分，女性为 2.286 分；在社会方面的了解程度上，男性平均值为 3.208 分，女性为 2.000 分。整体上，男性在四个方面均表现出比女性更为了解中国的情况。

表 3-58 不同性别对中国的了解情况

性别	统计项	来华前对中国的了解情况	现在对中国文化的了解情况	现在对中国政治的了解情况	现在对中国经济的了解情况	现在对中国社会的了解情况
男性	平均值	2.218	3.386	2.545	3.495	3.208
	个案数	101	101	101	101	101
	标准偏差	0.986	0.824	0.954	0.879	0.887
女性	平均值	1.571	2.571	2.000	2.286	2.000
	个案数	7	7	7	7	7
	标准偏差	0.787	0.787	0.577	0.756	0.577
总计	平均值	2.176	3.333	2.510	3.417	3.130
	个案数	108	108	108	108	108
	标准偏差	0.984	0.843	0.942	0.918	0.918

从不同年龄段的商人在来华前对中国的了解程度来看，如表 3-59 所示，了解程度平均值从高到低依次为 41 岁及以上的群体（2.375 分）、26—30 岁的群

体（2.216分）、18—25岁的群体（2.143分）、31—40岁的群体（2.073分），年龄最大的商人对中国最为了解的原因可能与这些商人的阅历有关，因为他们与中国进行贸易往来的时间普遍较长，故相对最为了解中国。从现在对中国的了解程度来看，在文化方面的了解程度平均值从高到低分别为41岁及以上的群体（3.375分）、18—25岁的群体（3.357分）、26—30岁的群体（3.324分）、31—40岁的群体（3.317分）；在政治方面的了解程度平均值从高到低分别为26—30岁的群体（2.838分）、41岁及以上的群体（2.688分）、31—40岁的群体（2.341分）、18—25岁的群体（1.929分）；在经济方面的了解程度平均值从高到低分别为41岁及以上的群体（3.563分）、26—30岁的群体（3.514分）、31—40岁的群体（3.341分）、18—25岁的群体（3.214分）；在社会方面的了解程度平均值从高到低分别为41岁及以上的群体（3.438分）、18—25岁的群体（3.286分）、26—30岁的群体（3.135分）、31—40岁的群体（2.951分）。

综合分析可得，在文化和社会方面，18—25岁年龄段的群体了解平均值较高，在政治方面平均值最高的为26—30岁年龄段的群体，平均值最低的为18—25岁年龄段的群体。分析其中原因，可能不同年龄组对感兴趣的内容有所差异，比如较年轻的群体对文化和社会感兴趣，而较年长的群体可能对政治和经济更感兴趣，会主动了解和咨询相关信息，故在年龄段上对中国不同方面的了解程度呈现一定的差异。

表3-59 不同年龄对中国的了解情况

年龄	统计项	来华前对中国的了解情况	现在对中国文化的了解情况	现在对中国政治的了解情况	现在对中国经济的了解情况	现在对中国社会的了解情况
18—25岁	平均值	2.143	3.357	1.929	3.214	3.286
	个案数	14	14	14	14	14
	标准偏差	0.864	0.842	0.730	0.975	1.069
26—30岁	平均值	2.216	3.324	2.838	3.514	3.135
	个案数	37	37	37	37	37
	标准偏差	1.058	0.915	0.986	0.989	0.976
31—40岁	平均值	2.073	3.317	2.341	3.341	2.951
	个案数	41	41	41	41	41
	标准偏差	0.959	0.850	0.855	0.911	0.865
41岁及以上	平均值	2.375	3.375	2.688	3.563	3.438
	个案数	16	16	16	16	16
	标准偏差	1.025	0.719	0.946	0.727	0.727

续表

年龄	统计项	来华前对中国的了解情况	现在对中国文化的了解情况	现在对中国政治的了解情况	现在对中国经济的了解情况	现在对中国社会的了解情况
总计	平均值	2.176	3.333	2.509	3.417	3.130
	个案数	108	108	108	108	108
	标准偏差	0.984	0.843	0.942	0.918	0.918

从不同性格群体在来华前对中国的了解程度来看，如表3-60所示，对中国了解程度最高的为比较外向的群体（2.409分），其次为非常外向的（2.250分）和比较内向的群体（2.049分），最后为非常内向的群体（1.636分）。从现在对中国文化、政治、经济和社会四个方面的了解程度来看，在文化方面，了解程度从高到低依次为非常外向的群体（3.833分）、非常内向的群体（3.455分）、比较内向的群体（3.268分）、比较外向的群体（3.227分）；在政治方面，了解程度从高到低依次为非常外向的群体（3.083分）、比较外向的群体（2.591分）、比较内向的群体（2.317分）、非常内向的群体（2.273分）；在经济方面，了解程度从高到低依次为非常外向的群体（4.083分）、比较外向的群体（3.432分）、比较内向的群体（3.317分）、非常内向的群体（3.000分）；在社会方面，了解程度从高到低依次为非常外向的群体（3.833分）、非常内向的群体（3.273分）、比较外向的群体（3.023分）、比较内向的群体（3.000分）。分析可得，性格较为外向的群体整体上呈现出对中国各方面的了解程度较高的特征。

表3-60 不同性格对中国的了解情况

性格	统计项	来华前对中国的了解情况	现在对中国文化的了解情况	现在对中国政治的了解情况	现在对中国经济的了解情况	现在对中国社会的了解情况
非常内向	平均值	1.636	3.455	2.273	3.000	3.273
	个案数	11	11	11	11	11
	标准偏差	0.924	0.688	0.786	0.632	0.786
比较内向	平均值	2.049	3.268	2.317	3.317	3.000
	个案数	41	41	41	41	41
	标准偏差	0.921	0.775	0.722	0.934	0.837
比较外向	平均值	2.409	3.227	2.591	3.432	3.023
	个案数	44	44	44	44	44
	标准偏差	0.844	0.831	0.996	0.873	0.902
非常外向	平均值	2.250	3.833	3.083	4.083	3.833
	个案数	12	12	12	12	12
	标准偏差	1.485	1.115	1.311	0.996	1.115

续表

性格	统计项	来华前对中国的了解情况	现在对中国文化的了解情况	现在对中国政治的了解情况	现在对中国经济的了解情况	现在对中国社会的了解情况
总计	平均值	2.176	3.333	2.509	3.417	3.130
	个案数	108	108	108	108	108
	标准偏差	0.984	0.843	0.942	0.918	0.918

从不同在华时间的群体现在对中国文化、政治、经济和社会的了解程度来看，如表3-61所示，在文化上，了解程度最高的为10年以上的群体（4.333分），了解程度最低的为1个月以下的群体（2.571分）；在政治上，了解程度最高的为10年以上的群体（3.667分），了解程度最低的为1个月以下的群体（2.000分）和1—3个月的群体（2.000分）；在经济上，了解程度最高的为10年以上的群体（4.333分），了解程度最低的为1—3个月的群体（2.000分）；在社会上，了解程度最高的为10年以上的群体（4.000分），了解程度最低的为1个月以下的群体（2.286分）。分析可得，对中国文化、政治、经济和社会的了解程度整体上均呈现这一趋势：在华时间越长，了解程度越高。

表3-61 不同在华时间对中国的了解情况

在华时间	统计项	现在对中国文化的了解情况	现在对中国政治的了解情况	现在对中国经济的了解情况	现在对中国社会的了解情况
1个月以下	平均值	2.571	2.000	2.429	2.286
	个案数	7	7	7	7
	标准偏差	0.787	0.816	0.535	0.756
1—3个月	平均值	3.000	2.000	2.000	2.500
	个案数	2	2	2	2
	标准偏差	0.000	0.000	1.414	0.707
3—6个月	平均值	3.333	2.583	3.333	2.833
	个案数	12	12	12	12
	标准偏差	0.651	0.669	0.888	0.718
6—12个月	平均值	3.500	2.625	3.625	3.125
	个案数	8	8	8	8
	标准偏差	0.926	1.598	0.744	0.991
1—2年	平均值	3.188	2.344	3.563	3.156
	个案数	32	32	32	32
	标准偏差	0.896	0.865	0.948	1.051
2—5年	平均值	3.417	2.639	3.361	3.306
	个案数	36	36	36	36
	标准偏差	0.806	0.798	0.798	0.749

续表

在华时间	统计项	现在对中国文化的了解情况	现在对中国政治的了解情况	现在对中国经济的了解情况	现在对中国社会的了解情况
5—10年	平均值	3.750	2.500	3.875	3.250
	个案数	8	8	8	8
	标准偏差	0.707	1.195	0.991	1.035
10年以上	平均值	4.333	3.667	4.333	4.000
	个案数	3	3	3	3
	标准偏差	0.577	1.528	0.577	1.000

从不同社会支持的在华商人现在对中国文化、政治、经济和社会了解程度来看，如表3-62所示，在文化上，没有家人一起来中国的商人的平均值为3.267分，有家人一起来中国的商人的平均值为3.485分；在政治上，没有家人一起来中国的商人的平均值为2.493分，有家人一起来中国的商人的平均值为2.545分；在经济上，没有家人一起来中国的商人的平均值为3.387分，有家人一起来中国的商人的平均值为3.485分；在社会上，没有家人一起来中国的商人的平均值为3.147分，有家人一起来中国的商人的平均值为3.091分。

可见，在文化、政治和经济方面，有家人一起来中国的商人的了解程度均略高于没有家人一起来中国的商人，但在社会方面，没有家人一起来中国的商人的了解程度更高。其中的原因可能是，没有家人一起在中国的外籍商人在平时的社会生活上需要更多地接触当地人，以获取适应当地生活的更多讯息，更了解当地的风俗习惯，故可能对这一方面的了解程度要高于有家人一起来中国的外籍商人。

表3-62 不同社会支持对中国的了解情况

是否与家人一起来中国	统计项	现在对中国文化的了解情况	现在对中国政治的了解情况	现在对中国经济的了解情况	现在对中国社会的了解情况
否	平均值	3.267	2.493	3.387	3.147
	个案数	75	75	75	75
	标准偏差	0.859	0.950	0.914	0.896
是	平均值	3.485	2.545	3.485	3.091
	个案数	33	33	33	33
	标准偏差	0.795	0.938	0.939	0.980
总计	平均值	3.334	2.509	3.417	3.130
	个案数	108	108	108	108
	标准偏差	0.843	0.942	0.918	0.918

从来华前不同语言水平的外籍商人在来华前对中国的了解程度来看，如表3-63所示，来华前汉语水平为"非常低"的群体的了解程度平均值为2.034分，

汉语水平为"不高"的平均值为2.206分,汉语水平为"还可以"的平均值为2.625分。可见,来华前汉语水平越高的外籍商人在来华前对中国的了解程度越高,这可能是因为语言水平较高的商人可以通过中文互联网或社交媒体获取更多有关中国的信息,这有助于提高他们对中国的了解。

表3-63 不同语言水平(来华前)对中国的了解情况

来华前汉语水平	统计项	来华前对中国的了解情况
非常低	平均值	2.034
	个案数	58
	标准偏差	0.991
不高	平均值	2.206
	个案数	34
	标准偏差	0.880
还可以	平均值	2.625
	个案数	16
	标准偏差	1.088
总计	平均值	2.176
	个案数	108
	标准偏差	0.984

从来华后不同语言水平的外籍商人现在对中国的了解程度来看,如表3-64所示。在文化方面,了解程度最高的群体为汉语水平很高的群体(3.867分),了解程度最低的为汉语水平不高的群体(2.667分);在政治方面,了解程度最高的群体为汉语水平很高的群体(3.067分),了解程度最低的为汉语水平不高的群体(2.167分);在经济方面,了解程度最高的群体为汉语水平很高的群体(3.733分),了解程度最低的为汉语水平不高的群体(2.667分);在社会方面,了解程度最高的群体为汉语水平很高的群体(4.067分),了解程度最低的也是汉语水平不高的群体(2.500分)。可见,汉语水平越高的在华商人对中国各方面了解程度越高。

表3-64 不同语言水平(现在)对中国的了解情况

现在汉语水平	统计项	现在对中国文化的了解情况	现在对中国政治的了解情况	现在对中国经济的了解情况	现在对中国社会的了解情况
不高	平均值	2.667	2.167	2.667	2.500
	个案数	6	6	6	6
	标准偏差	0.516	1.472	0.816	0.837
还可以	平均值	3.238	2.405	3.333	2.857
	个案数	42	42	42	42
	标准偏差	0.656	0.767	0.874	0.683

续表

现在汉语水平	统计项	现在对中国文化的了解情况	现在对中国政治的了解情况	现在对中国经济的了解情况	现在对中国社会的了解情况
不错	平均值	3.364	2.500	3.523	3.182
	个案数	44	44	44	44
	标准偏差	0.865	0.928	0.876	0.922
很高	平均值	3.867	3.067	3.733	4.067
	个案数	15	15	15	15
	标准偏差	1.060	1.033	1.033	0.884

（三）感知文化距离差异

本研究对共建"一带一路"国家在华商人的感知文化距离情况进行调查，涉及14个领域，分值分别为1=完全相同，2=非常相同，3=有点相同 4=非常不同，5=完全不同，现从不同地区、性别、年龄、性格、在华时间、是否有家人陪伴、跨文化经历以及语言水平等方面进行差异分析。

从来自三个不同地区的商人的感知文化距离来看，如表3-65所示，在感知文化距离总分平均值上，来自西亚的商人感知自己国家与中国的文化差异最大，分值为51.065分；其次为北非地区的商人，分值为48.900分；感知文化距离最小的为中亚商人，分值为46.556分。从感知文化距离的3个维度来看，在维度1文化观念上，感知差异从大到小的地区依次为西亚、北非、中亚，平均值分别为3.548分、3.420分、3.328分；在维度2基础服务上，感知差异从大到小依次为西亚、中亚、北非，平均值分别为3.617分、3.201分、3.200分；在维度3生活日常上，感知差异从大到小依次为西亚、北非、中亚，平均值分别为3.839分、3.733分、3.398分。综合来看，在整体感知文化距离及3个维度上，中亚商人对本国和中国之间的文化差异感知最小。

表3-65　不同地区感知文化距离

地区	统计项	感知文化距离因子1	感知文化距离因子2	感知文化距离因子3	感知文化距离总分
西亚	平均值	3.548	3.617	3.839	51.065
	个案数	62	62	62	62
	标准偏差	0.768	0.844	0.880	9.124
中亚	平均值	3.328	3.201	3.398	46.556
	个案数	36	36	36	36
	标准偏差	0.987	0.931	0.922	10.914
北非	平均值	3.420	3.200	3.733	48.900
	个案数	10	10	10	10
	标准偏差	0.774	0.675	0.979	8.198

续表

地区	统计项	感知文化距离因子1	感知文化距离因子2	感知文化距离因子3	感知文化距离总分
总计	平均值	3.463	3.440	3.682	49.362
	个案数	108	108	108	108
	标准偏差	0.846	0.878	0.918	9.819

从不同性别的商人感知文化距离来看，如表3-66所示，在感知文化距离总分平均值上，男性群体的总分平均值为49.624分，女性群体的总分平均值为45.571分。从感知文化距离的3个维度来看，在维度1"文化观念"上，男性感知差异平均值为3.471分，女性平均值为3.343分；在维度2"基础服务"上，男性感知差异平均值为3.453分，女性平均值为3.250分；在维度3"生活日常"上，男性感知差异平均值为3.729分，女性平均值为3.000分。可见，在整体感知文化距离及3个维度上，男性感知差异均大于女性。

表3-66 不同性别感知文化距离

性别	统计项	感知文化距离因子1	感知文化距离因子2	感知文化距离因子3	感知文化距离总分
男性	平均值	3.471	3.453	3.729	49.624
	个案数	101	101	101	101
	标准偏差	0.845	0.877	0.901	9.829
女性	平均值	3.343	3.250	3.000	45.571
	个案数	7	7	7	7
	标准偏差	0.929	0.935	0.943	9.554
总计	平均值	3.463	3.440	3.682	49.361
	个案数	108	108	108	108
	标准偏差	0.846	0.878	0.918	9.819

从不同年龄段的商人感知文化距离来看，如表3-67所示，在感知文化距离总分平均值上，感知差异从大到小依次为31—40岁年龄段的群体（52.073分），41岁及以上年龄段的群体（50.250分），26—30岁年龄段的群体（47.216分），18—25岁年龄段的群体（46.071分）。从感知文化距离的3个维度来看，在维度1"文化观念"上，感知差异从大到小依次为31—40岁年龄段的群体（3.737分），26—30岁年龄段的群体（3.303分），41岁及以上年龄段的群体（3.288分），18—25岁年龄段的群体（3.286分）；在维度2"基础服务"上，感知差异从大到小依次为41岁及以上年龄段的群体（3.641分），31—40岁年龄段的群体（3.543分），18—25岁年龄段的群体（3.375分），26—30岁年龄段的群体（3.264分）；在维度3"生活日常"上，感知差异从大到小依次为41岁及以上年龄段的群体（3.958分），31—40岁年龄段的群体（3.870分），26—30

岁年龄段的群体（3.568 分），18—25 岁年龄段的群体（3.119 分）。由此我们可以发现，在整体感知文化距离及 3 个维度上，基本为年龄越大感知差异越大，年龄越小感知的差异越小，这可能是因为年龄较小的群体较易接受和理解新文化，而年龄较大的群体对其本身文化的习惯更稳定、深入，在新文化及新环境中更易感受到差异。

表 3-67　不同年龄感知文化距离

年龄	统计项	感知文化距离因子 1	感知文化距离因子 2	感知文化距离因子 3	感知文化距离总分
18—25 岁	平均值	3.286	3.375	3.119	46.071
	个案数	14	14	14	14
	标准偏差	1.078	1.013	1.026	12.688
26—30 岁	平均值	3.303	3.264	3.568	47.216
	个案数	37	37	37	37
	标准偏差	0.886	0.876	0.962	9.687
31—40 岁	平均值	3.737	3.543	3.870	52.073
	个案数	41	41	41	41
	标准偏差	0.636	0.756	0.836	7.795
41 岁及以上	平均值	3.288	3.641	3.958	50.250
	个案数	16	16	16	16
	标准偏差	0.897	1.045	0.708	10.890
总计	平均值	3.463	3.440	3.682	49.361
	个案数	108	108	108	108
	标准偏差	0.846	0.878	0.918	9.819

从不同性格的商人感知文化距离来看，如表 3-68 所示，在感知文化距离总分平均值上，感知差异最大的为非常内向的群体（52.091 分），感知差异最小的为非常外向的群体（47.833 分）。从感知文化距离的 3 个维度来看，在维度 1 "文化观念"上，感知差异最大的为比较内向的群体（3.620 分），感知差异最小的为非常外向的群体（3.217 分）；在维度 2 "基础服务"上，感知差异最大的为非常外向的群体（3.625 分），感知差异最小的为比较外向的群体（3.341 分）；在维度 3 "生活日常"上，感知差异最大的为非常内向的群体（4.000 分），感知差异最小的为非常外向的群体（3.417 分）。可见，在感知文化距离总分和维度 1 "兴趣习惯"、维度 3 "生活日常"上整体为性格越外向的群体感知差异较小，但在维度 2 "基础服务"上，性格非常外向的群体感知差异较大，不同性格的群体在感知不同方面的差异存在不同。

表 3-68　不同性格感知文化距离

性格	统计项	感知文化距离因子 1	感知文化距离因子 2	感知文化距离因子 3	感知文化距离总分
非常内向	平均值	3.600	3.477	4.000	52.091
	个案数	11	11	11	11
	标准偏差	0.743	1.040	1.065	11.379
比较内向	平均值	3.620	3.482	3.626	50.073
	个案数	41	41	41	41
	标准偏差	0.845	0.916	1.001	11.005
比较外向	平均值	3.350	3.341	3.727	48.432
	个案数	44	44	44	44
	标准偏差	0.892	0.863	0.851	9.103
非常外向	平均值	3.217	3.625	3.417	47.833
	个案数	12	12	12	12
	标准偏差	0.726	0.687	0.698	6.365
总计	平均值	3.463	3.440	3.682	49.361
	个案数	108	108	108	108
	标准偏差	0.846	0.878	0.918	9.819

从不同在华时间的商人感知文化距离来看，如表 3-69 所示，在感知文化距离总分平均值上，感知差异最大的为在华 2—5 年的群体（54.222 分），感知差异最小的为在华时间 1—3 个月的群体（36.500 分）。从感知文化距离的 3 个维度来看，在维度 1 "文化观念"上，感知差异最大的在华 5—10 年的群体（3.900 分），感知差异最小的为在华时间 1—3 个月的群体（2.800 分）；在维度 2 "基础服务"上，感知差异最大的为在华 2—5 年的群体（3.764 分），感知差异最小的为在华时间 1—3 个月的群体（2.625 分）；在维度 3 "生活日常"上，感知差异最大的为在华 2—5 年的群体（4.130 分），感知差异最小的为在华时间 1 个月以下的群体（2.952 分）。综合可得，在华时间越短，外籍商人感知文化差异在整体和各个维度上均较小，可能在外籍人士刚刚进入不同的文化环境时，还未深入接触和了解当地的文化习俗和生活习惯，故对其本国和中国在各个方面的差异还没有明显感知。

表 3-69　不同在华时间感知文化距离

在华时间	统计项	感知文化距离因子 1	感知文化距离因子 2	感知文化距离因子 3	感知文化距离总分
1 个月以下	平均值	2.857	2.821	2.952	40.857
	个案数	7	7	7	7
	标准偏差	0.526	0.732	0.651	6.414

续表

在华时间	统计项	感知文化距离因子1	感知文化距离因子2	感知文化距离因子3	感知文化距离总分
1—3个月	平均值	2.800	2.625	3.000	36.500
	个案数	2	2	2	2
	标准偏差	0.000	0.177	0.000	0.707
3—6个月	平均值	3.317	3.542	2.972	46.417
	个案数	12	12	12	12
	标准偏差	0.959	0.629	0.870	8.806
6—12个月	平均值	3.200	3.094	3.167	44.000
	个案数	8	8	8	8
	标准偏差	1.014	0.925	1.155	13.638
1—2年	平均值	3.300	3.352	3.708	48.125
	个案数	32	32	32	32
	标准偏差	0.802	0.886	0.747	9.370
2—5年	平均值	3.783	3.764	4.130	54.222
	个案数	36	36	36	36
	标准偏差	0.761	0.882	0.825	8.219
5—10年	平均值	3.900	3.281	3.958	53.000
	个案数	8	8	8	8
	标准偏差	0.725	0.700	1.061	6.024
10年以上	平均值	3.333	3.417	3.667	49.000
	个案数	3	3	3	3
	标准偏差	1.301	1.507	0.333	14.107
总计	平均值	3.463	3.440	3.682	49.361
	个案数	108	108	108	108
	标准偏差	0.846	0.878	0.918	9.819

　　从是否有家人一起来中国的商人的感知文化距离来看，如表3-70所示，在感知文化距离总分平均值上，没有家人一起来中国的总分平均值为49.267分，有家人一起来中国的总分平均值为49.576分。从感知文化距离的3个维度来看，在维度1"文化观念"上，没有家人一起来中国的平均值为3.443分，有家人一起来中国的平均值为3.509分；在维度2"基础服务"上，没有家人一起来中国的平均值为3.453分，有家人一起来中国的平均值为3.409分；在维度3"生活日常"上，没有家人一起来中国的平均值为3.729分，有家人一起来中国的平均值为3.576分。分析发现，在整体感知文化距离及维度1"文化观念"上，有家人一起来中国的商人感知差异更大，可能有家人一起在中国生活的商人在习俗习惯上会受家人的影响，更多伴随着本国的文化价值观念，故其在这一方面会有更直观、更直接的差异感受。

表 3-70　不同社会支持感知文化距离

是否与家人一起来中国	统计项	感知文化距离因子 1	感知文化距离因子 2	感知文化距离因子 3	感知文化距离总分
否	平均值	3.443	3.453	3.729	49.267
	个案数	75	75	75	75
	标准偏差	0.859	0.895	0.907	10.389
是	平均值	3.509	3.409	3.576	49.576
	个案数	33	33	33	33
	标准偏差	0.826	0.850	0.947	8.529
总计	平均值	3.463	3.440	3.682	49.361
	个案数	108	108	108	108
	标准偏差	0.846	0.878	0.918	9.819

从不同海外生活经历的商人的感知文化距离来看，如表 3-71 所示，在感知文化距离总分平均值上，感知差异从大到小的群体依次为在海外生活 6 个月以上的 (50.577 分)、3 个月以下的 (49.769 分)、没有海外生活经历的 (49.409 分)、3—6 月的群体 (36.000 分)。从感知文化距离的 3 个维度来看，在维度 1 "文化观念"上，感知差异从大到小的群体依次为在海外生活 6 个月以上的 (3.554 分)、没有海外生活经历的 (3.485 分)、3 个月以下的 (3.446 分)、3—6 月的 (2.267 分)；在维度 2 "基础服务"上，感知差异从大到小的群体依次为没有在海外生活经历的 (3.515 分)、6 个月以上的 (3.375 分)、3 个月以下的 (3.365 分)、3—6 月的群体 (2.667 分)；在维度 3 "生活日常"上，感知差异从大到小的群体依次为在海外生活 3 个月以下的 (4.000 分)、6 个月以上的 (3.897 分)、没有在海外生活经历的 (3.561 分)、3—6 月的群体 (3.111 分)。综合分析来看，没有跨文化经历或有极短暂和较长海外生活经历的在华商人在整体感知文化距离和各个维度上的差异均较大。

表 3-71　不同跨文化经历感知文化距离

海外生活经历	统计项	感知文化距离因子 1 均值	感知文化距离因子 2 均值	感知文化距离因子 3 均值	感知文化距离总分
无	平均值	3.485	3.515	3.561	49.409
	个案数	66	66	66	66
	标准偏差	0.760	0.716	0.875	8.725
3 个月以下	平均值	3.446	3.365	4.000	49.769
	个案数	13	13	13	13
	标准偏差	0.845	1.078	0.828	10.841

续表

海外生活经历	统计项	感知文化距离因子1均值	感知文化距离因子2均值	感知文化距离因子3均值	感知文化距离总分
3—6月	平均值	2.267	2.667	3.111	36.000
	个案数	3	3	3	3
	标准偏差	1.137	1.443	1.895	19.287
6个月以上	平均值	3.554	3.375	3.897	50.577
	个案数	26	26	26	26
	标准偏差	0.967	1.071	0.903	10.273
总计	平均值	3.463	3.440	3.682	49.361
	个案数	108	108	108	108
	标准偏差	0.846	0.878	0.918	9.819

第四节　本章小结

本章对研究问卷进行质量分析，对三个主要量表进行因子提取，并对本次调查对象基本情况进行整理和交叉分析。

通过主成分分析，发现在华商人的心理适应包含4个因子，分别为"兴趣习惯""生理症状""情感态度"和"精神精力"。其中，"兴趣习惯"维度包含题项有"经常做的事和之前差不多容易""我觉得自己头脑清晰""对我来说，做决定并不难"和"我的兴趣和从前差不多"；"生理症状"维度包含题项有"我觉得自己情绪低落""我睡不好觉""和异性相处时，我的感觉和以前差不多"和"我有便秘问题"；"情感态度"维度包含的题项有"我觉得不安，且平静不下来""我现在比较会生气和发火"和"我觉得自己比较有用"；"精神精力"维度包含的题项为"早晨的时候我感觉最好"和"我觉得自己变轻了"。

从共建"一带一路"国家在华商人的感知文化距离提取出3个维度，分别为"文化观念""基础服务"和"生活日常"。其中，"文化观念"维度包含5个题项，分别为居住条件、娱乐活动、交际方式、世界观和价值观；"基础服务"维度包含4个题项，分别为公共交通、法律制度、医院和银行；"生活日常"维度包含3个题项，分别为饮食习惯、气候和服装。

在华商人的社会文化适应包含4个维度，其中维度1为"文化认同与工作适应"，包含题项为"适应中国的气候""理解中国的文化""与不同族群相处""适应工作环境""理解文化差异"和"从中国人的角度看问题"；维度2为"日常生活适应"，包含的题项有"坐车、开车""购物"和"买房、租房或住宾馆"；维度3为"人际交往适应"，包含题项为"找到喜欢的饮食""与中国人交流"和"与中国朋友相处"；维度4为"社会支持与服务适应"，包含题项为"交朋友"和"在政府部门办事"。

本研究的调查对象的基本情况具体如下：

地区：调查对象来自19个国家，分布于三个地区，来自西亚地区的商人最多，有62人，其次为中亚，有36人，最少的为北非，有10人。

性别：本次的调查数据男性有101人，女性只有7人。

年龄：年龄在26—40岁之间的人数最多，年龄较小和稍大的在华商人相对较少。

性格：本次调查的调查对象中，自评性格大多数为比较内向或者比较外向，少数为非常内向和非常外向。

汉语语言水平：对于来华前的汉语水平，超过一半的商人自评汉语水平为"非常低"；来华后，大多数商人都认为自己当前的汉语水平在"还可以及以上"。

在华时间：在华2—5年的商人最多，有36人（占总数33.3%），在华10年以上和在华1—3个月的最少，分别为3人（占总数2.8%）和2人（占总数1.9%），整体上，108位商人在中国的生活时间基本为1—5年。

跨文化经历：在本次调查的108位在华商人中，超过半数的个体都没有跨文化经历。

对中国的了解程度：108位商人来华前对中国的了解程度整体上为"一点点了解"。来华后，他们对中国了解程度最少的是政治方面，最了解的是经济方面。

是否与家人一起来中国：调查对象中，有超过半数的商人是独自在中国生活和工作，没有家人一起在中国。

感知文化距离：在华商人的感知文化距离总分平均分为49.361分，整体上感知与中国文化的差异为非常大。从单项情况来看，在14个题项中平均值最高的为感知"政府部门"差异，平均值最低的为感知"银行"差异。从3个维度来看，平均值得分最高的为维度3"生活日常"，平均值最低的为维度2"基础服务"。

此外，调查对象在语言水平、对中国了解程度和感知文化距离方面的差异情况分别如下：在语言水平方面的差异上，来自中亚的来华前汉语水平最高，在中国生活工作一段时间后，来自北非的在华商人的汉语水平增幅最大；性别方面，男性的汉语水平较女性更高；在不同年龄上，不同群体呈现不同汉语水平，且在中国生活工作一段时间后，31—40岁群体的汉语水平较其他年龄段提升最快；在不同性格上，表现性格越内向则来华前后的汉语水平越低；从不同在华时间来看，在中国生活时间越长，汉语水平越低；在是否有家人一起在中国方面，没有家人一起来中国的外籍商人的汉语水平较高。

在对中国了解程度方面，来自不同地区的商人中，中亚地区的商人在来华之前对中国最为了解，而北非地区的商人对中国的了解程度是几乎一点也不了解；在不同性别上，男性较女性对中国更为了解，从现在对中国文化、政治、经济和社会四个方面的了解程度来看，男性也均表现出比女性更为了解中国；从不同年龄来看，在文化和社会方面，18—25岁年龄段的群体了解情况较好，而在政治方面，26—30岁年龄段的群体了解情况较好；从不同性格来看，对中国了解程度最高的为比较外向的群体；从不同在华时间来看，在对中国文化、政治、经济和社会方面的了解程度整体上均呈现在华时间越长则了解程度越高的趋势；在是否有家人一起来中国方面，从文化、政治和经济方面来看，有家人一起来中国的商人的了解程度均略高于没有家人一起来中国的商人，但在中国社会方面，没有家人一起来中国的外籍商人对此了解程度更高；在不同语言水平上，汉语水平越高的外籍商人对中国的了解程度越高。

在感知文化距离上，来自不同地区的商人中，中亚地区的商人对本国和中国之间的文化差异感知最少；在不同性别上，男性对于文化差异的感知要大于女性；在不同年龄上，年龄越大的群体感知文化差异越大，年龄越小的感知差异越小；在不同性格上，性格越外向的群体在感知整体文化距离和维度1"兴趣习惯"、维度3"生活日常"上差异较小，但在维度2"基础服务"上，性格非常外向的群体感知差异较大；在不同在华时间上，在华时间越短的外籍商人感知文化差异较小；从是否有家人一起来中国来看，有家人一起来中国的商人在感知整体文化距离及维度1"文化观念"上差异更大；从跨文化经历来看，没有跨文化经历或有极短暂和较长海外生活经历的在华外籍商人感知的文化差异较大。

第四章 共建"一带一路"国家在华商人心理适应

随着"一带一路"建设不断推进与"双循环"新发展格局的部署，我国与共建"一带一路"国家的商贸活动日益密切，但对来自共建"一带一路"国家在华商人的心理状况了解却较为匮乏，同时个体间的差异也可能使其心理适应存在不同程度的差别。本研究主要通过人口统计学变量（如在华商人的国别地区、性别、年龄、语言水平等）、社会支持变量、感知文化距离变量等对其在华心理适应的情况进行深入考察分析。

第一节 心理适应现状

一、心理适应整体描述性分析

本研究所使用的问卷为Zung氏抑郁自测量表，该问卷采用李克特四度量表计算分值，得分越高说明抑郁程度越高，个体心理适应越差。该问卷满分为80分，由表4-1可得，在华商人的心理适应总分平均值为44.231分，总得分范围在29分与62分之间，最高分62分，仅有1人，最低分29分，有2人，平均抑郁指数为0.553，说明本次调查中来自共建"一带一路"国家在华商人的心理适应水平总体为轻度抑郁。另外，如图4-1所示，此次受访的在华商人的整体抑郁指数呈正态分布，表明本次调查的数据较为合理。

表4-1 整体心理适应水平描述性统计

统计项	SDS总分	抑郁指数
个案数	108	108
平均值	44.231	0.553

续表

统计项	SDS总分	抑郁指数
标准偏差	6.661	0.0833
最小值	29.000	0.363
最大值	62.000	0.775

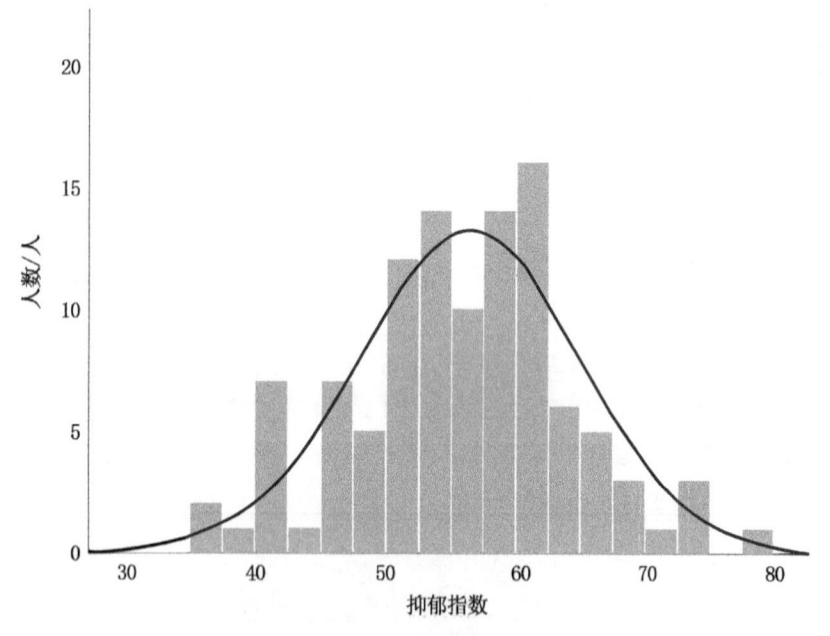

图 4-1　调查对象抑郁指数分布

在调查的 108 名在华商人中，心理适应总分为 41 分、46 分和 49 分的，各有 9 人。另外，如图 4-2 和图 4-3 所示，心理适应得分在 40 分及以下的有 26 人，占总数的 24.1%，为无抑郁症状；得分在 41—48 分的有 54 人，占总数的 50.0%，为轻度抑郁；得分在 49—56 分的有 23 人，占总数的 21.3%，为中等抑郁程度；得分在 57 分及以上的有 5 人，占总数的 4.6%，为重度抑郁。可见，本研究所调查的 108 名共建"一带一路"国家在华商人中，有 7 成以上的商人存在抑郁心理，这在一定程度上说明此群体在中国生活、工作期间容易出现心理健康问题，是抑郁高发群体之一，亟待引起重视。

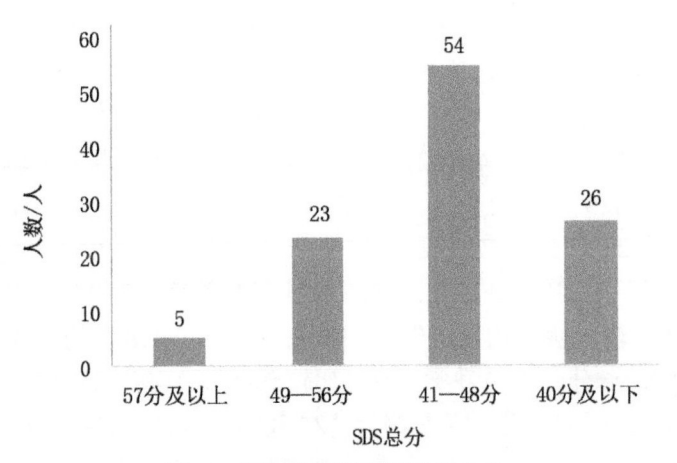

图 4-2　调查对象抑郁程度人数分布

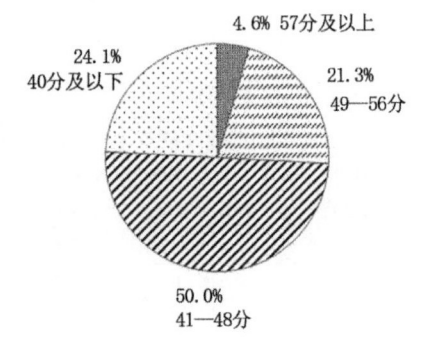

图 4-3　调查对象抑郁程度人数百分比

二、心理适应单项描述性分析

从心理适应各个单项的平均值来看，如表 4-2 所示，20 个题项的平均值皆小于 3.000 分，其中"Z2 哭泣或有想哭的感觉""Z9 我的心跳加速"和"Z20 我觉得没了我，别人可以过得更好"这 3 个题项的平均值低于 2.000 分，分别为 1.944 分、1.731 分、1.648 分，发生频率介于"不会这样"和"有时这样"之间。平均值大于 2.500 分的仅有 2 个题项，分别为"Z12 经常做的事和之前差不多容易"和"Z16 对我来说，做决定并不难"，平均值分别为 2.546 分和 2.685 分，发生频率介于"有时这样"和"经常这样"之间。结果发现，外籍商人在华期间较为突出的问题主要表现在以下方面：在日常生活和工作中做决定时有困难，而在情绪情感管理及严重的消极精神表现上较好。

其余 15 个题项的平均值介于 2.000 分和 2.500 分之间，分别为"Z1 我觉得自己情绪低落"平均值 2.019 分,"Z3 早晨的时候我感觉最好"平均值 2.398 分,"Z4 我睡不好觉"平均值 2.287 分,"Z5 我的胃口和从前差不多"平均值 2.481 分,"Z6 我觉得自己变轻了"平均值 2.037 分,"Z7 和异性相处时,我的感觉和以前差不多"平均值 2.343 分,"Z8 我有便秘问题"平均值 2.074 分,"Z10 我觉得比较疲惫、乏力"平均值 2.204 分,"Z11 我觉得不安,且平静不下来"平均值 2.037 分,"Z13 我觉得自己头脑清晰"平均值 2.454 分,"Z14 我的生活很有趣"平均值 2.361 分,"Z15 我对未来充满了希望"平均值 2.222 分,"Z17 我现在比较会生气和发火"平均值 2.111 分,"Z18 我的兴趣和从前差不多"平均值 2.296 分,"Z19 我觉得自己比较有用"平均值 2.352 分。

这 15 个题项中相对平均值较高为"Z5 我的胃口和从前差不多",可能是因为调查对象基本来自西亚地区,不管是在食物食材还是饮食文化习惯上,西亚地区都与中国存在较大差异,故调查对象在与饮食相关的心理层面会产生一定的适应困难。

表 4-2 心理适应单项描述性统计

题号	题项内容	个案数	平均值	标准偏差	最小值	最大值
Z1	我觉得自己情绪低落	108	2.019	0.580	1.000	3.000
Z2	哭泣或有想哭的感觉	108	1.944	0.544	1.000	3.000
Z3	早晨的时候我感觉最好	108	2.398	0.595	1.000	3.000
Z4	我睡不好觉	108	2.287	0.627	1.000	4.000
Z5	我的胃口和从前差不多	108	2.481	0.572	1.000	4.000
Z6	我觉得自己变轻了	108	2.037	0.655	1.000	4.000
Z7	和异性相处时,我的感觉和以前差不多	108	2.343	0.629	1.000	4.000
Z8	我有便秘问题	108	2.074	0.575	1.000	3.000
Z9	我的心跳加速	108	1.731	0.635	1.000	3.000
Z10	我觉得比较疲惫、乏力	108	2.204	0.608	1.000	3.000
Z11	我觉得不安,且平静不下来	108	2.037	0.595	1.000	3.000
Z12	经常做的事和之前差不多容易	108	2.546	0.632	1.000	4.000
Z13	我觉得自己头脑清晰	108	2.454	0.661	1.000	4.000
Z14	我的生活很有趣	108	2.361	0.648	1.000	4.000
Z15	我对未来充满了希望	108	2.222	0.646	1.000	3.000
Z16	对我来说,做决定并不难	108	2.685	0.636	1.000	4.000
Z17	我现在比较会生气和发火	108	2.111	0.569	1.000	3.000
Z18	我的兴趣和从前差不多	108	2.296	0.551	1.000	3.000
Z19	我觉得自己比较有用	108	2.352	0.631	1.000	3.000
Z20	我觉得没了我,别人可以过得更好	108	1.648	0.646	1.000	3.000

三、心理适应维度描述性分析

从心理适应各个维度的平均值来看，如表4-3所示，心理适应的4个维度中，平均值最高的是维度1"兴趣习惯"，为2.495分，该维度包含的题项内容为"经常做的事和之前差不多容易"（2.546分）、"我觉得自己头脑清晰"（2.454分）、"对我来说，做决定并不难"（2.685分）和"我的兴趣和从前差不多"（2.296分），这四项均高于2.000分，其中有两项高于2.500分。其次为维度4"精神精力"，平均值为2.218分，该维度包含的题项内容为"早晨的时候我感觉最好"（2.398分）和"我觉得自己变轻了"（2.037分），这两项平均值均在2.500分以下。再者为维度2"生理症状"，平均值为2.181分，该维度包含的题项内容为"我觉得自己情绪低落"（2.019分）、"我睡不好觉"（2.287分）、"和异性相处时，我的感觉和以前差不多"（2.343分）和"我有便秘问题"（2.074分），这4个维度的平均值均在2.500分以下，其中有两项平均值比较低。维度3"情感态度"的平均值最低，为2.167分，该维度包含的题项内容为"我感到担心，因此内心无法平静"（2.037分）、"我现在比较会生气和发火"（2.111分）和"我觉得自己比较有用"（2.352分）。

综合在华商人心理适应的4个维度的平均值表现，其在生理症状和情感态度方面适应较好，较少出现问题，但兴趣态度和精神精力方面的平均值比较高，说明在华商人的生活兴趣和习惯方面出现一定的适应问题。可能由于身在异国，生活方式和思维方式发生改变，带来一定的适应压力和生活困难，同时也会导致其精神状态感知的改变。

表4-3 心理适应维度描述性统计

统计项	心理适应维度1	心理适应维度2	心理适应维度3	心理适应维度4
个案数	108	108	108	108
平均值	2.495	2.181	2.167	2.218
标准偏差	0.459	0.432	0.457	0.485

第二节 心理适应差异分析

为进一步探索共建"一带一路"国家在华商人的心理适应情况，本研究结合人口统计学因素及社会支持等变量对个体的心理适应差异情况进行调查分析，主要采用的方法为描述性统计，方差齐性检验（homogeneity of variance test），独

立样本 t 检验（independent-sample t-test），单因素方差分析（one-way ANOVA）及多重比较（multiple comparisons）。

一、不同地区群体在心理适应上的差异分析

本研究对来自不同地区的在华商人在心理适应及各个维度上的差异情况进行分析，调查对象主要来自三个地区，分别为中亚、西亚和北非。首先从心理适应总分来看，如表4-4所示，来自北非地区的商人总分最高（46.600分），其次为西亚的商人（44.387分），最低的为中亚商人（43.306分）。

表4-4 不同地区组心理适应总分描述性统计

地区	平均值	标准偏差	平均值的95%置信区间 下限	平均值的95%置信区间 上限	最小值	最大值
西亚	44.387	6.619	42.706	46.068	29.000	59.000
中亚	43.306	5.181	41.552	45.059	29.000	54.000
北非	46.600	10.783	38.887	54.313	32.000	62.000

从心理适应的4个维度的均值来看，如表4-5所示，维度1"兴趣习惯"平均值最高的为来自北非的商人（2.725分），其次为来自西亚的商人（2.484分），平均值最低的为来自中亚的商人（2.451分）；维度2"生理症状"平均值最高的为来自北非的商人（2.375分），其次为西亚商人（2.177分），平均值最低的是中亚商人（2.132分）；维度3"情感态度"平均值最高的为来自北非的商人（2.200分），其次为西亚商人（2.194分），平均值最低的是来自中亚的商人（2.111分）；维度4"精神精力"平均值最高的为来自中亚的商人（2.236分），其次为来自西亚的商人（2.226分），平均值最低的为北非商人（2.100分）。

表4-5 不同地区组心理适应维度描述性统计

心理适应维度	地区	平均值	标准偏差	平均值的95%置信区间 下限	平均值的95%置信区间 上限	最小值	最大值
心理适应维度1	西亚	2.484	0.429	2.375	2.593	1.250	3.250
心理适应维度1	中亚	2.451	0.442	2.302	2.601	1.500	3.250
心理适应维度1	北非	2.725	0.650	2.260	3.190	2.000	3.750
心理适应维度2	西亚	2.177	0.411	2.073	2.282	1.500	3.250
心理适应维度2	中亚	2.132	0.330	2.020	2.244	1.500	2.750
心理适应维度2	北非	2.375	0.775	1.821	2.929	1.500	3.500

续表

心理适应维度	地区	平均值	标准偏差	平均值的95%置信区间 下限	平均值的95%置信区间 上限	最小值	最大值
心理适应维度3	西亚	2.194	0.454	2.078	2.309	1.000	3.000
心理适应维度3	中亚	2.111	0.458	1.956	2.266	1.000	3.000
心理适应维度3	北非	2.200	0.502	1.841	2.559	1.333	2.667
心理适应维度4	西亚	2.226	0.510	2.096	2.355	1.000	3.500
心理适应维度4	中亚	2.236	0.439	2.088	2.385	1.500	3.000
心理适应维度4	北非	2.100	0.516	1.731	2.469	1.500	3.000

综上，心理适应总分以及心理适应维度1"兴趣习惯"、维度2"生理症状"和维度3"情感态度"的平均值情况最好的都是来自中亚的商人，最差的是北非商人。可见整体上心理适应较好的为来自中亚的商人，适应情况较为不理想的是来自北非的商人，可能是因为北非不管地理位置、自然条件还是生活习惯上，相对西亚和中亚地区，与中国的差异最大，导致北非商人在中国生活工作压力更大，生活适应更为困难，进而造成心理健康方面有更为突出的问题和适应困难。而中亚文化自古具有多元性的特点，在民族心理上相对宽容，其商人在适应不同文化时可能更具包容性，适应相对更为顺利，但中亚商人在维度4"精神精力"上适应相对较差。

为进一步对在华商人在地区上的差异进行心理适应差异分析，笔者以地区为自变量，以心理适应的总分及4个维度得分为因变量展开研究。本研究的地区组别为3组，需进行单因素方差分析。在分析心理适应差异性之前，首先需要对调查对象数据进行莱文方差齐性检验。方差齐性检验结果如表4-6所示，维度1"兴趣习惯"、维度3"情感态度"和维度4"精神精力"的显著性$p > 0.050$，认为根据地区划分的几组数据之间的方差不存在差异，即认定数据满足方差齐性，可进一步进行单因素方差分析，而维度2"生理症状"和心理适应总分的$p < 0.050$，说明方差非齐性，故该两组数据的差异显著情况需再参考非参数检验结果。

表4-6 不同地区组心理适应莱文方差齐性分析

心理适应维度	F	显著性
心理适应维度1	2.313	0.104
心理适应维度2	11.951	0.000
心理适应维度3	0.321	0.726
心理适应维度4	0.365	0.695
SDS总分	7.745	0.001

根据以上的莱文方差齐性检验，对心理适应的各个维度以及总得分进行单因素方差分析，结果如表4-7所示，其中在维度1"兴趣习惯"上$F=1.451$，$p=0.239>0.050$；在维度2"生理症状"上$F=1.248$，$p=0.291>0.050$；在维度3"情感态度"上$F=0.396$，$p=0.674>0.050$；在维度4"精神精力"上$F=0.325$，$p=0.723>0.050$；在心理适应总分上$F=0.997$，$p=0.372>0.050$。另外，由于维度2"生理症状"和心理适应总分方差非齐性，我们通过克鲁斯卡—沃里斯H检验（Kruskal Wallis Test）进行非参数检验，结果均为保留原假设，说明不同地区群体在维度2"生理症状"和心理适应总分上的差异不显著。综合可得，在不同地区，心理适应总分和各个维度在统计学意义上差异均不显著。

表4-7 不同地区组心理适应单因素方差分析

心理适应维度	平方和	自由度	均方	F	显著性
心理适应维度1	0.605	2	0.303	1.451	0.239
心理适应维度2	0.464	2	0.232	1.248	0.291
心理适应维度3	0.167	2	0.084	0.396	0.674
心理适应维度4	0.155	2	0.077	0.325	0.723
SDS总分	88.464	2	44.232	0.997	0.372

二、不同性别群体在心理适应上的差异分析

本研究对不同性别的在华商人在心理适应及各个维度上的差异情况进行分析。如表4-8所示，从心理适应总分来看，男性总分平均值为44.198分，女性总分平均值为44.714分，男性比女性的整体心理适应水平略高些，两者差别不大。

表4-8 不同性别组心理适应总分描述性统计

性别	平均值	标准偏差	标准误差平均值
男性	44.198	6.745	0.671
女性	44.714	5.707	2.157

如表4-9所示，从心理适应4个维度的平均值得分来看，维度1"兴趣习惯"上男性平均值为2.498分，女性为2.464分；维度2"生理症状"男性平均值为2.181分，女性为2.179分；维度3"情感态度"男性平均值为2.162分，女性为2.238分；维度4"精神精力"平均值为2.208分，女性为2.357分。

表 4-9 不同性别组心理适应维度描述性统计

心理适应维度	性别	平均值	标准偏差	标准误差平均值
心理适应维度 1	男性	2.498	0.452	0.045
	女性	2.464	0.585	0.221
心理适应维度 2	男性	2.181	0.442	0.044
	女性	2.179	0.278	0.105
心理适应维度 3	男性	2.162	0.451	0.045
	女性	2.238	0.568	0.215
心理适应维度 4	男性	2.208	0.470	0.047
	女性	2.357	0.690	0.261

在 4 个维度中，维度 1 "兴趣习惯"和维度 2 "生理症状"，男性的适应情况略差，可能是因为在生活习惯和兴趣适应上，女性更趋于包容和理解，在解决实际困难时更易积极寻求他人支持和帮助。而在维度 3 "情感态度"和维度 4 "精神精力"，男性的适应水平高于女性，其中的原因可能为女性较男性更为感性，在情绪和情感管理方面更容易受不同文化和环境的刺激，更易产生情绪波动。综上，可见在心理适应总分及维度上，男性和女性的心理适应存在一定程度的差异，在不同的维度上，不同性别的适应表现不一。

为进一步对在华商人在性别上的心理适应差异进行分析，本研究把性别因素作为分组变量，对心理适应各维度的得分以及总分进行独立样本 t 检验。首先对各维度以及总量表的莱文方差齐性进行检验，结果如表 4-10 所示，p 均大于 0.050，说明不同性别的调查对象在心理适应各维度以及总量表得分数据满足方差齐性，可以进行下一步的独立样本 t 检验。

表 4-10 不同性别组心理适应莱文方差齐性分析

心理适应维度	F	显著性
心理适应维度 1	1.016	0.316
心理适应维度 2	1.538	0.218
心理适应维度 3	0.029	0.864
心理适应维度 4	2.372	0.127
SDS 总分	0.653	0.421

t 检验结果如表 4-11 所示，其中在总分上 $p=0.844 > 0.050$，维度 1 "兴趣习惯"上 $p=0.854 > 0.050$，维度 2 "生理症状"上 $p=0.990 > 0.050$，维度 3 "情感态度"上 $p=0.671 > 0.050$，维度 4 "精神精力"上 $p=0.433 > 0.050$，可见性别对心理适应各维度以及总量表得分的影响并不存在统计学上的显著差异。因此，不同性别调查对象的心理适应及各个维度之间并没有显著差异。

表 4-11　不同性别组心理适应独立样本 t 检验

心理适应维度	t	自由度	Sig.(双尾)	平均值差值	标准误差差值	差值95%置信区间 下限	差值95%置信区间 上限
心理适应维度1	0.185	106	0.854	0.033	0.180	−0.324	0.390
心理适应维度2	0.013	106	0.990	0.002	0.170	−0.334	0.339
心理适应维度3	−0.426	106	0.671	−0.076	0.179	−0.432	0.279
心理适应维度4	−0.786	106	0.433	−0.149	0.190	−0.525	0.227
SDS总分	−0.197	106	0.844	−0.516	2.615	−5.701	4.668

三、不同年龄群体在心理适应上的差异分析

本书研究的共建"一带一路"国家在华商人年龄分为 4 个阶段，分别为 18—25 岁、26—30 岁、31—40 岁和 41 岁及以上。在心理适应总分上（详见表 4-12），4 个年龄段的心理适应总分平均值从高到低依次为 18—25 岁（SDS总分=46.714 分）、41 岁及以上（SDS总分=45.063 分）、31—40 岁（SDS总分=44.415 分）和 26—30 岁（SDS总分=42.730 分），可见心理适应情况最好的为 26—30 岁年龄段，其次为 31—40 岁和 41 岁及以上，心理适应情况最差的为 18—25 岁年龄段。分析其中原因，可能 26—30 岁的群体身心已较为成熟，各种生理活动和价值观相对稳定，身体素质较好，在异文化环境中适应接纳能力比较强。

表 4-12　不同年龄组心理适应总分描述性统计

年龄	平均值	标准偏差	平均值的95%置信区间 下限	平均值的95%置信区间 上限	最小值	最大值
18—25 岁	46.714	4.286	44.239	49.189	41.000	58.000
26—30 岁	42.730	6.822	40.455	45.004	29.000	59.000
31—40 岁	44.415	6.961	42.218	46.612	31.000	62.000
41 岁及以上	45.063	6.894	41.389	48.736	29.000	54.000

从心理适应各个维度来看，如表 4-13 所示，不同的年龄段呈现不同的适应水平。在维度 1 "兴趣习惯"上，4 个年龄段的适应平均值从高到低依次为 18—25 岁（2.786 分）、41 岁及以上（2.547 分）、31—40 岁（2.476 分）、26—30 岁（2.385 分）。在维度 2 "生理症状"上，4 个年龄段的适应平均值从高到低依次为 41 岁及以上（2.266 分）、18—25 岁（2.250 分）、31—40 岁（2.213 分）、26—30 岁（2.081 分）。在维度 3 "情感态度"上，4 个年龄段的适应平均值从高到低依次为 31—40 岁（2.244 分）、18—25 岁（2.238 分）、41 岁及以上（2.125 分）、26—30 岁（2.072 分）。在维度 4 "精神精力"上，4 个年龄段的适应平均值从高到低依次为 41 岁及以上（2.406 分）、31—40 岁（2.207 分）、

26—30岁（2.189分），18—25岁（2.107分）。

表4-13 不同年龄组心理适应维度描述性统计

心理适应维度	年龄	平均值	标准偏差	平均值的95%置信区间 下限	平均值的95%置信区间 上限	最小值	最大值
心理适应维度1	18—25岁	2.786	0.414	2.546	3.025	2.250	3.750
	26—30岁	2.385	0.427	2.243	2.528	1.500	3.250
	31—40岁	2.476	0.474	2.326	2.625	1.250	3.500
	41岁及以上	2.547	0.449	2.307	2.786	1.500	3.250
心理适应维度2	18—25岁	2.250	0.367	2.038	2.462	1.500	3.000
	26—30岁	2.081	0.396	1.949	2.213	1.500	3.250
	31—40岁	2.213	0.479	2.062	2.365	1.500	3.500
	41岁及以上	2.266	0.433	2.035	2.496	1.500	3.000
心理适应维度3	18—25岁	2.238	0.331	2.047	2.429	1.667	2.667
	26—30岁	2.072	0.516	1.900	2.244	1.000	3.000
	31—40岁	2.244	0.428	2.109	2.379	1.000	3.000
	41岁及以上	2.125	0.469	1.875	2.375	1.333	3.000
心理适应维度4	18—25岁	2.107	0.401	1.876	2.339	1.500	3.000
	26—30岁	2.189	0.505	2.021	2.358	1.000	3.000
	31—40岁	2.207	0.487	2.054	2.361	1.000	3.500
	41岁及以上	2.406	0.491	2.145	2.668	1.500	3.000

如图4-4所示，在维度2"生理症状"和维度4"精神精力"上，适应相对最差的都是41岁及以上年龄段，其中原因可能为这一群体相对年龄较大，身体机能开始衰退，同时精力也大不如前，在不同的文化环境中更易出现生理方面的问题和精神不济等困扰。在维度1"兴趣习惯"和维度3"情感态度"上，18—25岁年龄段适应结果最差。分析其中原因，可能这一年龄群体刚刚迈入成年期不久，还没有较为成熟稳定的情绪和心智，在跨文化环境中可能情感波动比较大，易受周围环境的刺激和影响。

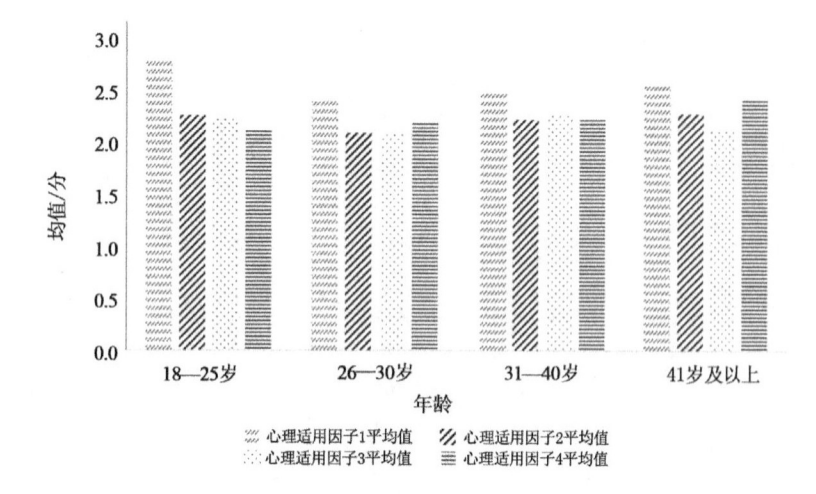

图 4-4　不同年龄组心理适应维度平均值

为进一步对在华商人在不同年龄段的心理适应差异进行分析，本研究以年龄为自变量，以心理适应的总分及 4 个维度得分为因变量，使用单因素方差分析进行检验。首先，对调查对象数据进行莱文方差齐性检验。方差齐性检验结果如表 4-14 所示，心理适应总分及 4 个维度的显著性 p 值全部大于 0.050，认为根据年龄段划分的 4 组数据之间的方差不存在差异，可进一步进行单因素方差分析。

表 4-14　不同年龄组心理适应莱文方差齐性分析

心理适应维度	F	显著性
心理适应维度 1	0.220	0.882
心理适应维度 2	1.051	0.373
心理适应维度 3	1.818	0.148
心理适应维度 4	0.808	0.492
SDS 总分	1.303	0.278

对该量表的各个维度以及总得分进行单因素方差分析，结果如表 4-15 所示，其中在总分上的 $F=1.383$，$p=0.252>0.050$；在维度 1 "兴趣习惯"上 $F=2.813$，$p=0.043<0.050$；在维度 2 "生理症状"上 $F=1.062$，$p=0.369>0.050$；在维度 3 "情感态度"上 $F=1.080$，$p=0.361>0.050$；在维度 4 "精神精力"上 $F=1.102$，$p=0.352>0.050$。综上，在年龄组别上，心理适应总分和心理适应维度 2 "生理症状"、维度 3 "情感态度"、维度 4 "精神精力"的统计学差异不显著。但是，在维度 1 "兴趣习惯"上的 p 值小于 0.050，说明各个年龄段在该维度上的适应存在显著差异。

表 4-15　不同年龄组心理适应单因素方差分析

心理适应维度	平方和	自由度	均方	F	显著性
心理适应维度 1	1.688	3	0.563	2.813*	0.043
心理适应维度 2	0.594	3	0.198	1.062	0.369
心理适应维度 3	0.675	3	0.225	1.080	0.361
心理适应维度 4	0.774	3	0.258	1.102	0.352
SDS 总分	182.170	3	60.723	1.383	0.252

注：*指平均值差值的显著性水平为 0.050。

通过单因素方差分析显示，在心理适应维度 1 "兴趣习惯"上，4 个年龄段的调查对象至少有一组存在着显著差异。为进一步探索在维度 1 "兴趣习惯"上各个年龄段之间的差异显著情况，需要进行 LSD 多重检验。从多重比较检验中可以看出（详见表 4-16），18—25 岁年龄段与 26—30 岁年龄段（$p=0.005 < 0.010$）在心理适应维度 1 "兴趣习惯"上存在显著差异，18—25 岁年龄段与 31—40 年龄段（$p=0.027 < 0.050$）的差异也很显著。

表 4-16　心理适应维度 1 不同年龄组多重比较

（I）年龄	（J）年龄	平均值差值（I—J）	标准错误	显著性	95% 置信区间 下限	95% 置信区间 上限
18—25 岁	26—30 岁	0.401**	0.140	0.005	0.122	0.679
	31—40 岁	0.310*	0.138	0.027	0.036	0.585
	41 岁及以上	0.239	0.164	0.148	−0.086	0.563
26—30 岁	18—25 岁	−0.401**	0.140	0.005	−0.679	−0.122
	31—40 岁	−0.090	0.101	0.374	−0.292	0.111
	41 岁及以上	−0.162	0.134	0.230	−0.427	0.104
31—40 岁	18—25 岁	−0.310*	0.138	0.027	−0.585	−0.036
	26—30 岁	0.090	0.101	0.374	−0.111	0.292
	41 岁及以上	−0.071	0.132	0.590	−0.333	0.190
41 岁及以上	18—25 岁	−0.239	0.164	0.148	−0.563	0.086
	26—30 岁	0.162	0.134	0.230	−0.104	0.427
	31—40 岁	0.071	0.132	0.590	−0.190	0.333

注：①**指在 0.010 级别（双尾）相关性显著。
②*指在 0.050 级别（双尾）相关性显著。

四、不同性格群体在心理适应上的差异分析

本研究从性格方面，考察共建"一带一路"国家在华商人心理适应及各个维度上的差异情况。本研究将调查对象的性格分成 4 个组别，如表 4-17 所

示，心理适应总分由高到低分别为非常内向（SDS总分=50.091分）、比较内向（SDS总分=45.488）、比较外向（SDS总分=43.295分）和非常外向（SDS总分=38.000分）。整体上，性格越内向群体的心理适应情况越差，反之则适应水平越高。可见，个体越内向，其在不同文化环境中越容易出现心理健康问题，适应也相对越为困难；越外向的个体在异文化环境中，可能越善于倾诉和表达自己，在遇见适应困难时趋于主动寻求帮助和支持，不易产生心理健康问题。

表4-17　不同性格组心理适应总分描述性统计

性格	平均值	标准偏差	平均值的95%置信区间 下限	平均值的95%置信区间 上限	最小值	最大值
非常内向	50.091	4.908	46.794	53.388	41.000	58.000
比较内向	45.488	6.112	43.559	47.417	33.000	62.000
比较外向	43.295	5.994	41.473	45.118	31.000	54.000
非常外向	38.000	6.876	33.632	42.368	29.000	53.000

从心理适应各个维度来看，如表4-18所示，不同的年龄段呈现不同的适应水平。在维度1"兴趣习惯"上，4组性格的适应平均值从高到低依次为非常内向（2.841分）、比较内向（2.567分）、比较外向（2.472分）、非常外向（2.021分）；在维度2"生理症状"上，4组性格的适应平均值从高到低也依次为非常内向、比较内向、比较外向、非常外向，平均值依次为2.500分、2.262分、2.102分、1.896分；在维度3"情感态度"上，4组性格的适应平均值从高到低也依次为非常内向、比较内向、比较外向、非常外向，平均值依次为2.485分、2.244分、2.106分、1.833分；在维度4"精神精力"上，4组性格的适应平均值从高到低也依次为非常内向（2.318分）、比较外向（2.261分）、比较内向（2.171分）、非常外向（2.125分）。心理适应的4个维度基本遵循这一规律：在华商人的性格越内向，则心理适应越困难。

表4-18　不同性格组心理适应维度描述性统计

心理适应维度	性格	平均值	标准偏差	平均值的95%置信区间 下限	平均值的95%置信区间 上限	最小值	最大值
心理适应维度1	非常内向	2.841	0.340	2.612	3.070	2.500	3.750
心理适应维度1	比较内向	2.567	0.395	2.442	2.692	1.750	3.500
心理适应维度1	比较外向	2.472	0.439	2.338	2.605	1.500	3.250
心理适应维度1	非常外向	2.021	0.482	1.714	2.327	1.250	3.000

续表

心理适应维度	性格	平均值	标准偏差	平均值的95%置信区间 下限	平均值的95%置信区间 上限	最小值	最大值
心理适应维度2	非常内向	2.500	0.371	2.251	2.749	2.000	3.000
	比较内向	2.262	0.451	2.120	2.404	1.750	3.500
	比较外向	2.102	0.367	1.991	2.214	1.500	3.000
	非常外向	1.896	0.432	1.621	2.171	1.500	3.000
心理适应维度3	非常内向	2.485	0.311	2.276	2.694	2.000	3.000
	比较内向	2.244	0.472	2.095	2.393	1.333	3.000
	比较外向	2.106	0.412	1.981	2.231	1.000	2.667
	非常外向	1.833	0.461	1.541	2.126	1.000	2.667
心理适应维度4	非常内向	2.318	0.462	2.008	2.629	1.500	3.000
	比较内向	2.171	0.520	2.007	2.335	1.000	3.500
	比较外向	2.261	0.500	2.109	2.413	1.000	3.000
	非常外向	2.125	0.311	1.928	2.322	1.500	2.500

为进一步对在华商人在性格上的心理适应差异进行分析，本研究以性格为自变量，以心理适应的总分及4个维度得分为因变量，使用单因素方差分析进行检验。首先，对调查对象数据进行莱文方差齐性检验。方差齐性检验结果如表4-19所示，心理适应总分及4个维度的显著性p值全部大于0.050，认为根据性格划分的4组数据之间的方差不存在差异，可进一步进行单因素方差分析。

表4-19 不同性格组心理适应莱文方差齐性分析

心理适应维度	F	显著性
心理适应维度1	1.283	0.284
心理适应维度2	0.110	0.954
心理适应维度3	0.654	0.582
心理适应维度4	1.566	0.202
SDS总分	0.596	0.619

对心理适应各个维度以及总得分进行单因素方差分析，结果如表4-20所示，在维度1"兴趣习惯"上$F=8.077$，$p<0.010$；维度2"生理症状"上$F=5.274$，$p=0.002<0.010$；在维度3"情感态度"上$F=5.077$，$p=0.003<0.010$；在维度4"精神精力"上$F=0.544$，$p=0.653>0.050$；在心理适应总分上$F=8.638$，$p<0.010$。综上，在不同性格组别上，心理适应总分和心理适应维度1"兴趣习惯"、维度2"生理症状"、维度3"情感态度"的p小于0.010，说明在不同性格上，心理适应总分和心理适应维度1"兴趣习惯"、维度2"生理症状"、维度3"情感态度"存在显著差异。

表 4-20　不同性格组心理适应单因素方差分析

心理适应维度	平方和	自由度	均方	F	显著性
心理适应维度 1	4.251	3	1.417	8.077**	0.000
心理适应维度 2	2.638	3	0.879	5.274**	0.002
心理适应维度 3	2.853	3	0.951	5.077**	0.003
心理适应维度 4	0.389	3	0.130	0.544	0.653
SDS 总分	946.901	3	315.634	8.638**	0.000

注：**指平均值差值的显著性水平为 0.010。

通过单因素方差分析显示在心理适应总分和心理适应维度 1"兴趣习惯"、维度 2"生理症状"、维度 3"情感态度"上，不同性格组别中的调查对象至少一组存在着显著差异。为进一步探索不同性格之间的差异显著具体情况，本研究进行了多重比较检验。检验结果显示如下，从表 4-21 可见，在心理适应维度 1"兴趣习惯"上，非常内向群体与比较外向群体之间（p=0.010 < 0.050），非常内向群体与非常外向群体之间（p=0.000 < 0.010），比较内向群体与非常外向群体之间（p=0.000 < 0.010），以及比较外向群体与非常外向群体之间（p=0.001 < 0.010）存在显著差异。

表 4-21　心理适应维度 1"兴趣习惯"不同性格组多重比较

(I) 性格	(J) 性格	平均值差值（I—J）	标准错误	显著性	95% 置信区间 下限	95% 置信区间 上限
非常内向	比较内向	0.274	0.142	0.057	−0.008	0.556
	比较外向	0.369*	0.141	0.010	0.089	0.649
	非常外向	0.820**	0.175	0.000	0.473	1.167
比较内向	非常内向	−0.274	0.142	0.057	−0.556	0.008
	比较外向	0.095	0.091	0.296	−0.085	0.276
	非常外向	0.546**	0.137	0.000	0.274	0.819
比较外向	非常内向	−0.369**	0.141	0.010	−0.649	−0.089
	比较内向	−0.095	0.091	0.296	−0.276	0.085
	非常外向	0.451**	0.136	0.001	0.180	0.721
非常外向	非常内向	−0.820**	0.175	0.000	−1.167	−0.473
	比较内向	−0.546**	0.137	0.000	−0.819	−0.274
	比较外向	−0.451**	0.136	0.001	−0.721	−0.180

注：①**指在 0.010 级别（双尾）相关性显著。
②*指在 0.050 级别（双尾）相关性显著。

从表 4-22 可见，在心理适应维度 2"生理症状"上，非常内向群体与比较外向群体之间（p=0.005 < 0.010），非常内向群体与非常外向群体之间

（p=0.001＜0.010），以及比较内向群体和非常外向群体之间（p=0.007＜0.010）存在显著差异。

表4-22 心理适应维度2"生理症状"不同性格组多重比较

（I）性格	（J）性格	平均值差值（I—J）	标准错误	显著性	95% 置信区间 下限	95% 置信区间 上限
非常内向	比较内向	0.238	0.139	0.089	−0.037	0.513
	比较外向	0.398**	0.138	0.005	0.125	0.671
	非常外向	0.604**	0.170	0.001	0.266	0.942
比较内向	非常内向	−0.238	0.139	0.089	−0.513	0.037
	比较外向	0.160	0.089	0.074	−0.016	0.336
	非常外向	0.366**	0.134	0.007	0.101	0.632
比较外向	非常内向	−0.398**	0.138	0.005	−0.671	−0.125
	比较内向	−0.160	0.089	0.074	−0.336	0.016
	非常外向	0.206	0.133	0.124	−0.057	0.470
非常外向	非常内向	−0.604**	0.170	0.001	−0.942	−0.266
	比较内向	−0.366**	0.134	0.007	−0.632	−0.101
	比较外向	−0.206	0.133	0.124	−0.470	0.057

注：**指平均值差值的显著性水平为0.010。

从表4-23可见，在心理适应维度3"情感态度"上，非常内向群体与比较外向群体之间（p=0.011＜0.050），非常内向群体与非常外向群体之间（p=0.000＜0.010），以及比较内向群体和非常外向群体之间（p=0.005＜0.010）存在显著差异。

表4-23 心理适应维度3"情感态度"不同性格组多重比较

（I）性格	（J）性格	平均值差值（I—J）	标准错误	显著性	95% 置信区间 下限	95% 置信区间 上限
非常内向	比较内向	0.241	0.147	0.104	−0.050	0.532
	比较外向	0.379*	0.146	0.011	0.089	0.668
	非常外向	0.652**	0.181	0.000	0.293	1.010
比较内向	非常内向	−0.241	0.147	0.104	−0.532	0.050
	比较外向	0.138	0.094	0.145	−0.048	0.324
	非常外向	0.411**	0.142	0.005	0.129	0.692
比较外向	非常内向	−0.379*	0.146	0.011	−0.668	−0.089
	比较内向	−0.138	0.094	0.145	−0.324	0.048
	非常外向	0.273	0.141	0.056	−0.007	0.552

续表

（I）性格	（J）性格	平均值差值（I—J）	标准错误	显著性	95%置信区间 下限	95%置信区间 上限
非常外向	非常内向	−0.652**	0.181	0.000	−1.010	−0.293
	比较内向	−0.411**	0.142	0.005	−0.692	−0.129
	比较外向	−0.273	0.141	0.056	−0.552	0.007

注：①**指在0.010级别（双尾）相关性显著。
②*在0.050级别（双尾）相关性显著。

从表4-24可见，在心理适应总分上，非常内向群体与比较内向群体之间（$p=0.027<0.050$），非常内向群体与比较外向群体之间（$p=0.001<0.010$），非常内向群体与非常外向群体之间（$p=0.000<0.010$），比较内向群体与非常外向群体之间（$p=0.000<0.010$），以及比较外向群体与非常外向群体之间（$p=0.008<0.010$）存在显著差异。

表4-24 心理适应总分不同性格组多重比较

（I）性格	（J）性格	平均值差值（I—J）	标准错误	显著性	95%置信区间 下限	95%置信区间 上限
非常内向	比较内向	4.603*	2.053	0.027	0.533	8.674
	比较外向	6.795**	2.038	0.001	2.755	10.836
	非常外向	12.091**	2.523	0.000	7.087	17.095
比较内向	非常内向	−4.603*	2.053	0.027	−8.674	−0.533
	比较外向	2.192	1.312	0.098	−0.410	4.794
	非常外向	7.488**	1.984	0.000	3.553	11.422
比较外向	非常内向	−6.795**	2.038	0.001	−10.836	−2.755
	比较内向	−2.192	1.312	0.098	−4.794	0.410
	非常外向	5.295**	1.969	0.008	1.392	9.199
非常外向	非常内向	−12.091**	2.523	0.000	−17.095	−7.087
	比较内向	−7.488**	1.984	0.000	−11.422	−3.553
	比较外向	−5.295**	1.969	0.008	−9.199	−1.392

注：①**指在0.010级别（双尾）相关性显著。
②*指在0.050级别（双尾）相关性显著。

五、不同汉语水平群体在心理适应上的差异分析

针对不同汉语水平的分析，本研究对来华商人来华前后的汉语水平进行了调查，以此分析不同语言水平的来华商人的心理适应差异情况。首先，对来华前的汉语水平及外籍商人群体自评汉语水平分为3个类别，分别为"非常低""不高"和"还可以"。从心理适应总分来看，如表4-25所示，来华前汉

语水平"还可以"的群体的SDS总分平均值最高（45.625分），其次为汉语水平"非常低"的（44.241分），汉语水平为"不高"的SDS总分最低（43.559分）。

表4-25　来华前不同汉语水平组心理适应总分描述性统计

来华前汉语水平	平均值	标准偏差	平均值的95%置信区间 下限	平均值的95%置信区间 上限	最小值	最大值
非常低	44.241	5.995	42.665	45.818	29.000	57.000
不高	43.559	8.181	40.705	46.413	29.000	62.000
还可以	45.625	5.439	42.727	48.523	37.000	59.000

从心理适应的4个维度来看，如表4-26所示，在心理适应维度1"兴趣习惯"上，平均值最高的为来华前汉语水平还可以的群体（2.703分），其次为来华前汉语水平非常低的（2.478分），平均值最低的为来华前汉语水平不高的商人（2.426分）。在心理适应维度2"生理症状"上，平均值最高的为来华前汉语水平不高的群体（2.206分），其次为来华前汉语水平非常低的（2.177分），平均值最低的是来华前汉语水平还可以的商人（2.141分）。在心理适应维度3"情感态度"上，平均值最高的为来华前汉语水平非常低的群体（2.218分），其次为来华前汉语水平还可以的（2.146分），平均值最低的为来华前汉语水平不高的商人（2.088分）。在心理适应维度4"精神精力"上，平均值最高的为来华前汉语水平非常低的群体（2.250分），其次为来华前汉语水平还可以的（2.219分），平均值最低的为来华前汉语水平不高的商人（2.162分）。

表4-26　来华前不同汉语水平组心理适应维度描述性统计

心理适应维度	来华前汉语水平	平均值	标准偏差	平均值的95%置信区间 下限	平均值的95%置信区间 上限	最小值	最大值
心理适应维度1	非常低	2.478	0.425	2.367	2.590	1.500	3.250
	不高	2.426	0.549	2.235	2.618	1.250	3.750
	还可以	2.703	0.306	2.540	2.866	2.250	3.250
心理适应维度2	非常低	2.177	0.419	2.067	2.287	1.500	3.500
	不高	2.206	0.467	2.043	2.369	1.500	3.250
	还可以	2.141	0.428	1.913	2.369	1.750	3.250
心理适应维度3	非常低	2.218	0.444	2.102	2.335	1.000	3.000
	不高	2.088	0.508	1.911	2.265	1.000	3.000
	还可以	2.146	0.384	1.941	2.351	1.333	2.667
心理适应维度4	非常低	2.250	0.480	2.124	2.376	1.000	3.000
	不高	2.162	0.403	2.021	2.302	1.500	3.000
	还可以	2.219	0.657	1.868	2.569	1.000	3.500

从整体心理适应和各个维度的适应情况来看，来华前汉语水平为非常低的

在华商人，其适应情况相对较差，其原因可能为较低的汉语水平限制了他们来华初期的交流交际，造成适应阶段各方面问题无法及时沟通和解决，进而产生一定的焦虑、抑郁等心理问题。

本研究中对来华前汉语水平共设置了5个组别，实际调查数据为3个组别，本研究以来华前汉语水平为自变量，以心理适应的总分及4个维度得分为因变量，使用单因素方差分析进行检验。首先，对调查对象数据进行莱文方差齐性检验。方差齐性检验结果如表4-27所示，心理适应总分及4个维度的显著性p值全部大于0.050，各组方差一致，可进行单因素方差分析。

表4-27 来华前不同汉语水平组心理适应莱文方差齐性分析

心理适应维度	F	显著性
心理适应维度1	2.889	0.060
心理适应维度2	0.464	0.630
心理适应维度3	1.134	0.326
心理适应维度4	3.047	0.052
SDS总分	2.515	0.086

单因素方差分析结果如表4-28所示，在维度1"兴趣习惯"上$F=2.108$，$p=0.127>0.050$；在维度2"生理症状"上$F=0.127$，$p=0.881>0.050$；在维度3"情感态度"上$F=0.888$，$p=0.415>0.050$；在维度4"精神精力"上$F=0.351$，$p=0.705>0.050$；在心理适应总分上$F=0.519$，$p=0.597>0.050$。综合可得，在来华前不同的汉语水平组别上，心理适应总分和各个维度在统计学意义上差异并不显著。

表4-28 来华前不同汉语水平组心理适应单因素方差分析

心理适应维度	平方和	自由度	均方	F	显著性
心理适应维度1	0.869	2	0.434	2.108	0.127
心理适应维度2	0.048	2	0.024	0.127	0.881
心理适应维度3	0.371	2	0.186	0.888	0.415
心理适应维度4	0.167	2	0.083	0.351	0.705
SDS总分	46.460	2	23.230	0.519	0.597

就现在的汉语水平，外籍商人群体自评汉语水平分为5个类别分别为"非常低""不高""还可以""不错"和"很高"。由于"非常低"这一组别人数过少，只有1人，因此本研究予以剔除后再进行分析，即现在的汉语水平分为4个组别。从心理适应总分来看，如表4-29所示，现在汉语水平"不高"的群体，其SDS总分均值最高，为45.167分；其次为现在汉语水平"不错"和"还可以"，分别为44.591分和44.310分；现在汉语水平为"很高"的SDS总分均

值最低,为42.200分。

表4-29 现在不同汉语水平组心理适应总分描述性统计

现在汉语水平	平均值	标准偏差	平均值的95%置信区间 下限	平均值的95%置信区间 上限	最小值	最大值
不高	45.167	6.853	37.975	52.359	33.000	50.000
还可以	44.310	6.154	42.392	46.227	33.000	59.000
不错	44.591	7.497	42.312	46.870	29.000	62.000
很高	42.200	5.583	39.108	45.292	29.000	50.000

从心理适应的4个维度来看,如表4-30所示,在心理适应维度1"兴趣习惯"上,均值最高的为现在汉语水平"不错"的群体,为2.534分;其次为现在汉语水平"还可以"和"很高"的,分别为2.470分和2.450分;均值最低的为现在汉语水平"不高"的,为2.417分。在心理适应维度2"生理症状"上,均值最高的为现在汉语水平"不高"的群体,为2.375分;其次为现在汉语水平"还可以"和"不错"的,分别为2.214分和2.193分;均值最低的为现在汉语水平"很高"的,只有1.950分,与其他水平群体有较大的分数差距。在心理适应维度3"情感态度"上,均值最高的为现在汉语水平"不高"的群体,为2.222分;其次为现在汉语水平"还可以"和"不错"的,分别为2.190分和2.152分;均值最低的为现在汉语水平"很高"的,为2.089分。在心理适应维度4"精神精力"上,均值最高的为现在汉语水平"很高"的群体,为2.367分;其次为现在汉语水平"还可以"和"不错"的,分别为2.226分和2.170分;均值最低的为现在汉语水平"不高"的,为2.167分。

表4-30 现在不同汉语水平组心理适应维度描述性统计

心理适应维度	现在汉语水平	平均值	标准偏差	平均值的95%置信区间 下限	平均值的95%置信区间 上限	最小值	最大值
心理适应维度1	不高	2.417	0.563	1.826	3.007	1.500	3.000
心理适应维度1	还可以	2.470	0.442	2.332	2.608	1.250	3.250
心理适应维度1	不错	2.534	0.493	2.384	2.684	1.500	3.750
心理适应维度1	很高	2.450	0.380	2.239	2.661	1.750	3.000
心理适应维度2	不高	2.375	0.209	2.155	2.595	2.000	2.500
心理适应维度2	还可以	2.214	0.461	2.071	2.358	1.500	3.500
心理适应维度2	不错	2.193	0.441	2.059	2.327	1.500	3.250
心理适应维度2	很高	1.950	0.330	1.767	2.133	1.500	2.500

续表

心理适应维度	现在汉语水平	平均值	标准偏差	平均值的95%置信区间 下限	平均值的95%置信区间 上限	最小值	最大值
心理适应维度3	不高	2.222	0.689	1.500	2.945	1.000	3.000
	还可以	2.190	0.354	2.080	2.301	1.667	3.000
	不错	2.152	0.530	1.990	2.313	1.000	3.000
	很高	2.089	0.408	1.863	2.315	1.333	2.667
心理适应维度4	不高	2.167	0.258	1.896	2.438	2.000	2.500
	还可以	2.226	0.508	2.068	2.385	1.000	3.000
	不错	2.170	0.457	2.032	2.309	1.000	3.000
	很高	2.367	0.581	2.045	2.689	1.500	3.500

综上，从整体心理适应情况和各个维度中分析发现，现在汉语水平越高的在华商人在维度1"兴趣习惯"和维度4"精神精力"的适应水平越低，现在汉语水平越低的外籍商人在维度2"生理症状"、维度3"情感态度"和整体心理适应上的适应水平越低。分析其中原因，可能这些来华商人的汉语语言水平与其对中国与其本国的差异感知了解程度相关，汉语水平越高可能对中国的了解越多，对两种文化差异了解越深入，进而在生活习惯和习俗上产生的适应困难越多，易产生精神精力方面的心理问题。

本研究对现在不同汉语水平的分析数据分成4个组别，因此笔者以现在汉语水平为自变量，以心理适应的总分及4个维度得分为因变量，使用单因素方差分析进行检验。首先，需要对调查对象数据进行莱文方差齐性检验。方差齐性检验结果如表4-31所示，心理适应总分及维度1"兴趣习惯"、维度2"生理症状"、维度4"精神精力"的显著性p值全部大于0.050，各组方差一致，可进行单因素方差分析。而维度3"情感态度"的$p=0.044<0.050$，说明方差非齐性。

表4-31 现在不同汉语水平组心理适应莱文方差齐性分析

心理适应维度	F	显著性
心理适应维度1	0.420	0.739
心理适应维度2	1.206	0.312
心理适应维度3	2.790*	0.044
心理适应维度4	1.598	0.194
SDS总分	1.228	0.303

注：*指平均值差值的显著性水平为0.050。

对该心理适应量表4个维度以及总得分进行单因素方差分析，结果如表4-32所示，在维度1"兴趣习惯"上$F=0.246$，$p=0.864>0.050$；在维度2"生理症状"上 $F=1.969$, $p=0.123>0.050$；在维度3"情感态度"上 $F=0.220$, $p=0.882>0.050$；在维度4"精神精力"上 $F=0.626$, $p=0.600>0.050$；在心理适应总分上 $F=0.538$, $p=0.657>0.050$。另外，由于维度3"情感态度"方差非齐性，需再进行非参数检验。检验结果为保留原假设，说明现在不同汉语水平的群体在维度3"情感态度"上的适应差异不显著。综合可得，就现在不同的汉语水平的4个组别上，心理适应总分和各个维度在统计学意义上的差异均不显著。

表4-32　现在不同汉语水平组心理适应单因素方差分析

心理适应维度	平方和	自由度	均方	F	显著性
心理适应维度1	0.158	3	0.053	0.246	0.864
心理适应维度2	1.078	3	0.359	1.969	0.123
心理适应维度3	0.141	3	0.047	0.220	0.882
心理适应维度4	0.449	3	0.150	0.626	0.600
SDS总分	72.780	3	24.260	0.538	0.657

六、不同在华时间群体在心理适应上的差异分析

本研究的108位调查对象在华时间不同，其总体心理适应水平和心理适应各个维度的表现也存在一定的差异。首先从心理适应总分来看，如表4-33所示，心理适应总分平均值从高到低分别为在华1—3个月（SDS总分=52.000分）、在华5—10年（SDS总分=48.625分）、在华1个月以下（SDS总分=47.143分）、在华3—6个月（SDS总分=44.667分）、在华1—2年（SDS总分=44.063分）、在华6—12个月（SDS总分=43.500分）、在华2—5年（SDS总分=43.306分）、在华10年以上（SDS总分=33.667分）。

表4-33　不同在华时间组心理适应总分描述性统计

在华时间	平均值	标准偏差	标准错误	平均值的95%置信区间 下限	平均值的95%置信区间 上限	最小值	最大值
1个月以下	47.143	4.140	1.565	43.314	50.972	41.000	53.000
1—3个月	52.000	9.899	7.000	−36.943	140.943	45.000	59.000
3—6个月	44.667	5.280	1.524	41.312	48.021	33.000	50.000
6—12个月	43.500	6.803	2.405	37.812	49.188	31.000	53.000
1—2年	44.063	7.053	1.247	41.520	46.605	33.000	58.000
2—5年	43.306	4.695	0.783	41.717	44.894	33.000	53.000
5—10年	48.625	10.446	3.693	39.892	57.358	32.000	62.000
10年以上	33.667	8.083	4.667	13.588	53.746	29.000	43.000

如图 4-5 所示，整体上，在华时间越长的商人，其心理适应情况越好，抑郁总分越低，在华 10 年以上的群体其总分平均值只有 33.667 分，基本处于"未达抑郁程度"；在华 1—3 个月的群体抑郁总分平均值高达 52.000 分，为"中度抑郁"程度，属于心理适应问题较为严重的群体。

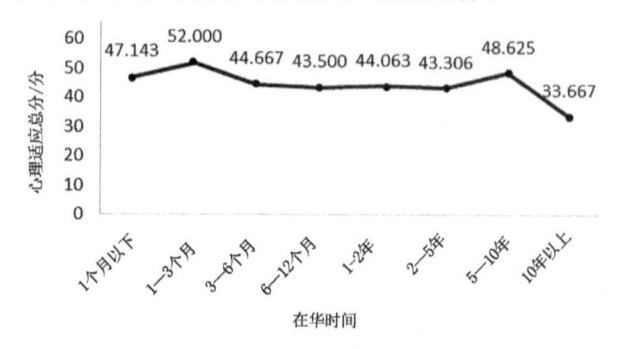

图 4-5　不同在华时间组心理适应总分平均值

从心理适应的各维度来看，如图 4-6 所示，在心理适应维度 1 "兴趣习惯"上，平均值最高的为在华 1—3 个月的商人群体（2.875 分），平均值最低的为在华 10 年以上的商人群体（1.833 分）；在心理适应维度 2 "生理症状"上，平均值最高的为在华 1—3 个月的商人群体（2.750 分），平均值最低的为在华 10 年以上的商人群体（1.500 分）；在心理适应维度 3 "情感态度"上，平均值最高的有在华 1 个月以下的、在华 1—3 个月的和在华 5—10 年的商人群体（2.333 分），平均值最低的为在华 10 年以上的商人群体（1.778 分）；在心理适应维度 4 "精神精力"上，平均值最高的为在华 1—3 个月的商人群体（2.500 分），平均值最低的为在华 3—6 个月的商人群体（2.000 分）。

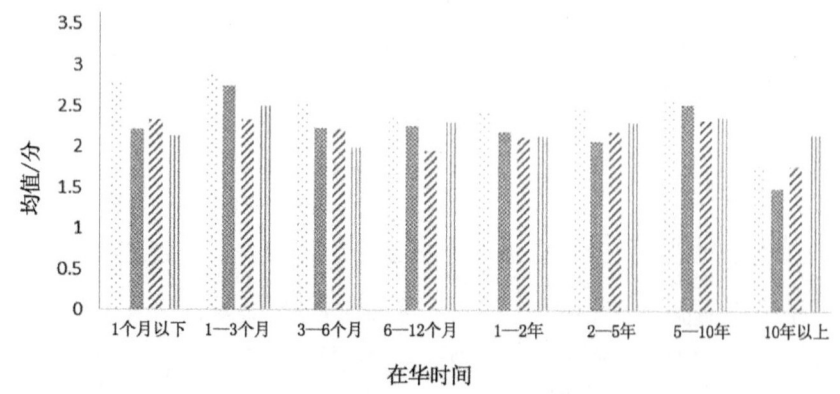

图 4-6　不同在华时间组心理适应维度平均值

从综合心理适应总分情况及各个维度来看，在华10年以上的商人群体不管是整体适应还是各个维度的适应均较好，而在华1—3个月的商人群体的适应表现欠佳，较易出现适应困难。其中的原因可能是，在华10年以上的商人已经在中国生活较长的时间，不管是对中国文化习俗的认知还是中国的生活习惯、工作习惯都已经比较熟悉和适应，而在华时间1—3个月的商人可能在刚到中国的新鲜兴奋期结束后，进入文化休克的挫折时期，此阶段易出现适应压力和问题。

另外，本研究进一步对在华商人的不同在华时间进行心理适应差异分析，以在华时间为自变量，以心理适应的总分及4个维度得分为因变量，进行单因素方差分析。首先，对调查对象数据进行莱文方差齐性检验。方差齐性检验结果如表4-34所示，维度1"兴趣习惯"、维度3"情感态度"和维度4"精神精力"的$p>0.050$，可认为根据在华时间划分的8组数据间的方差不存在差异，可进一步进行单因素方差分析，而维度2"生理症状"和心理适应总分的$p<0.050$，说明方差非齐性，故该2组数据的差异显著情况需再参考非参数检验结果。

表4-34　不同在华时间组心理适应莱文方差齐性分析

心理适应维度	F	显著性
心理适应维度1	1.115	0.360
心理适应维度2	5.815**	0.000
心理适应维度3	1.030	0.415
心理适应维度4	1.308	0.254
SDS 总分	2.766*	0.011

注：①**指在0.010级别（双尾）相关性显著。
②*指在0.050级别（双尾）相关性显著。

通过单因素方差分析结果显示（详见表4-35），在维度1"兴趣习惯"上$F=1.751$，$p=0.106>0.050$；在维度2"生理症状"上$F=3.028$，$p=0.006<0.010$；在维度3"情感态度"上$F=0.939$，$p=0.480>0.050$；在维度4"精神精力"上$F=0.915$，$p=0.498>0.050$；在心理适应总分上$F=2.503$，$p=0.021<0.050$。另外，由于维度2"生理症状"和心理适应总分方差非齐性，需再进行非参数检验，检验结果显示在维度2"生理症状"上为拒绝原假设，即不同在华时间群体在维度2"生理症状"上的差异显著；在心理适应总分上为保留原假设，即不同在华时间群体在心理适应总分上的差异不显著。

综合可得，在不同在华时间上，心理适应总分和维度1"兴趣习惯"、维度3"情感态度"、维度4"精神精力"在统计学意义上差异均不显著。但是，不同在华时间在维度2"生理症状"上的适应情况存在显著差异。为进一步探索不同性格之间的差异显著具体情况，本研究进行非参数检验的事后多重比较，检验结果为在心理适应维度2"生理症状"上，在华10年以上的群体同其他7个不同在华时间的群体均存在显著差异。

表4-35 不同在华时间组心理适应单因素方差分析

心理适应维度	平方和	自由度	均方	F	显著性
心理适应维度1	2.456	7	0.351	1.751	0.106
心理适应维度2	3.494	7	0.499	3.028**	0.006
心理适应维度3	1.378	7	0.197	0.939	0.480
心理适应维度4	1.513	7	0.216	0.915	0.498
SDS总分	707.634	7	101.091	2.503*	0.021

注：①**指在0.010级别（双尾）相关性显著。
②*指在0.050级别（双尾）相关性显著。

七、不同跨文化经历群体在心理适应上的差异分析

有无其他跨文化经历以及经历时间的长短，可能也会导致在华商人在中国的心理适应水平不同。本研究对共建"一带一路"国家在华商人之前的跨文化经历进行了调查，调查对象分为4组，分别为没有海外生活经历、3个月以下的海外经历、3—6个月的海外经历和6个月以上的海外经历。

首先从心理适应总分来看，如表4-36所示，没有海外生活经历的群体得分为43.364分，3个月以下的海外经历的群体得分为44.308分、3—6个月的海外经历的群体得分为45.000分、6个月以上的海外经历的群体得分为46.308分。其中，心理适应总分最高的为在海外生活6个月以上的群体，得分最低的为没有海外生活经历的群体。

表4-36 不同跨文化经历组心理适应总分描述性统计

海外生活经历	平均值	标准偏差	平均值的95%置信区间 下限	平均值的95%置信区间 上限	最小值	最大值
没有	43.364	6.501	41.765	44.962	29.000	59.000
3个月以下	44.308	6.088	40.629	47.987	33.000	53.000
3—6月	45.000	3.606	36.043	53.957	41.000	48.000
6个月以上	46.308	7.391	43.323	49.293	33.000	62.000

从心理适应的4个维度的平均值来看，如表4-37所示，维度1"兴趣习惯"平均值最高的为6个月以上海外经历的群体（2.567分），平均值最低的为"没有"海外生活经历的群体（2.462分）；维度2"生理症状"平均值最高的为6个月以上海外经历的群体（2.308分），平均值最低的为3—6个月海外经历的

群体（2.000分）；维度3"情感态度"平均值最高的为6个月以上海外经历的群体（2.346分），平均值最低的为"没有"海外生活经历的群体（2.091分）；维度4"精神精力"平均值最高的3—6个月海外经历的群体（2.500分），平均值最低的为6个月以上海外经历的群体（2.115分）。

表4-37　不同跨文化经历组心理适应维度描述性统计

心理适应维度	海外生活经历	平均值	标准偏差	平均值的95%置信区间 下限	平均值的95%置信区间 上限	最小值	最大值
心理适应维度1	没有	2.462	0.454	2.350	2.574	1.250	3.250
	3个月以下	2.519	0.314	2.330	2.709	2.000	3.000
	3—6月	2.500	0.500	1.258	3.742	2.000	3.000
	6个月以上	2.567	0.536	2.351	2.784	1.500	3.750
心理适应维度2	没有	2.144	0.425	2.039	2.248	1.500	3.500
	3个月以下	2.154	0.389	1.919	2.389	1.500	3.000
	3—6月	2.000	0.250	1.379	2.621	1.750	2.250
	6个月以上	2.308	0.476	2.115	2.500	1.500	3.250
心理适应维度3	没有	2.091	0.451	1.980	2.202	1.000	3.000
	3个月以下	2.205	0.586	1.851	2.559	1.000	3.000
	3—6月	2.111	0.192	1.633	2.589	2.000	2.333
	6个月以上	2.346	0.383	2.192	2.501	1.667	3.000
心理适应维度4	没有	2.205	0.504	2.081	2.328	1.000	3.500
	3个月以下	2.423	0.344	2.215	2.631	1.500	3.000
	3—6月	2.500	0.000	2.500	2.500	2.500	2.500
	6个月以上	2.115	0.496	1.915	2.316	1.000	3.000

综合心理适应总分和各个维度来看，整体上在海外生活时间越长的群体的得分越高，其适应情况越差，而没有跨文化经历或者曾经在海外生活过较短时间的外籍商人在中国适应较好。推测其中原因，在海外生活过较长时间的外籍人士，可能此前所在国家的文化环境及本国的文化环境都会对其在中国的生活和工作产生一定影响，故此群体的心理适应反而比没有或有较少跨文化经历的商人差。

为进一步对108位在华商人在不同跨文化经历方面的心理适应差异进行分析，需以其在海外生活时间为自变量，以心理适应的总分及4个维度平均值为因变量，进行单因素方差分析。首先，对调查对象的数据进行莱文方差齐性检验，结果如表4-38所示，心理适应总分及维度1"兴趣习惯"、维度2"生理症状"、维度3"情感态度"的显著性$p > 0.050$，数据满足方差齐性，可进一步进行单因素方差分析，而维度4"精神精力"的$p=0.012 < 0.050$，说明方差非齐性。

表 4-38 不同跨文化经历组心理适应莱文方差齐性分析

心理适应维度	F	显著性
心理适应维度 1	1.448	0.233
心理适应维度 2	0.828	0.481
心理适应维度 3	2.193	0.093
心理适应维度 4	3.822*	0.012
SDS 总分	0.603	0.614

注：*指平均值差值的显著性水平为 0.050。

通过单因素方差分析结果显示（详见表 4-39），在维度 1 "兴趣习惯" 上 $F=0.334$, $p=0.800>0.050$；在维度 2 "生理症状" 上 $F=1.103$, $p=0.352>0.050$；在维度 3 "情感态度" 上 $F=2.046$, $p=0.112>0.050$；在维度 4 "精神精力" 上 $F=1.543$, $p=0.208>0.050$；在心理适应总分上 $F=1.238$, $p=0.300>0.050$。另外，由于维度 4 "精神精力" 方差非齐性，需再进行非参数检验。检验的结果为保留原假设，说明不同跨文化经历的群体在维度 4 "精神精力" 上的差异不显著。

综合可得，在不同的跨文化经历方面，心理适应总分和各个维度在统计学意义上的差异均不显著。

表 4-39 不同跨文化经历组心理适应单因素方差分析

心理适应维度	平方和	自由度	均方	F	显著性
心理适应维度 1	0.215	3	0.072	0.334	0.800
心理适应维度 2	0.616	3	0.205	1.103	0.352
心理适应维度 3	1.245	3	0.415	2.046	0.112
心理适应维度 4	1.071	3	0.357	1.543	0.208
SDS 总分	163.633	3	54.544	1.238	0.300

八、对中国不同了解程度的群体在心理适应上的差异分析

本研究对在华商人在不同对华了解程度上的心理适应差异进行分析，调查的 108 名商人在来华前对中国的从 "一点也不了解" 至 "非常了解" 共分为 5 组，各组的心理适应数据详见表 4-40。

表 4-40 来华前对中国不同了解程度组心理适应总分描述性统计

对中国了解程度	平均值	标准偏差	平均值的95%置信区间 下限	平均值的95%置信区间 上限	最小值	最大值
一点也不了解	44.290	8.719	41.092	47.488	29.000	62.000
一点点了解	43.892	6.302	41.791	45.993	33.000	59.000
有些了解	44.879	5.447	42.947	46.810	31.000	54.000

续表

对中国了解程度	平均值	标准偏差	平均值的95%置信区间 下限	平均值的95%置信区间 上限	最小值	最大值
比较了解	44.000	3.464	38.488	49.512	41.000	49.000
非常了解	41.000	1.000	38.516	43.484	40.000	42.000

这五组调查对象在心理适应总分平均值方面，如图4-7所示，心理适应总分均值最高的为对中国"有些了解"的群体（SDS总分=44.879分），其次为"一点也不了解"的群体（SDS总分=44.290分），平均值最低的为"非常了解"的群体（SDS总分=41.000分）。可见，在整体心理适应水平方面，对中国非常了解的商人的心理适应情况比较理想，处于其他了解程度的商人适应情况差异不大。对中国越了解，在华商人在中国各方面的适应问题和压力相对较小，在心理健康方面产生的不良情绪与问题也较少。

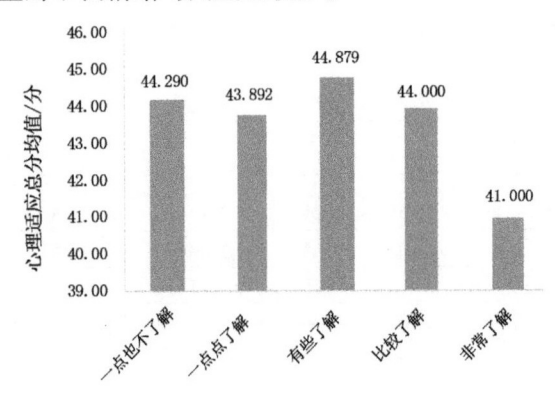

图4-7 来华前对中国不同了解程度组心理适应总分平均值

从心理适应4个维度来看，如表4-41所示，在维度1"兴趣习惯"上，平均值最高的为对中国了解程度为"比较了解"的群体，分值为2.563分，平均值最低的为"非常了解"的群体，分值为2.250分；在维度2"生理症状"上，平均值最高的为"有些了解"的群体，分值为2.227分，平均值最低的为"非常了解"的群体，分值为2.000分；在维度3"情感态度"上，平均值最高的为"非常了解"的群体，分值为2.333分，平均值最低的为"比较了解"的群体，分值为2.000分；在维度4"精神精力"上，平均值最高的为"比较了解"的群体，分值为2.500分，平均值最低的为"非常了解"的群体，分值为2.000分。整体上，在不同的维度，对中国不同了解程度的外籍商人的适应情况均有不同，在维度1"兴趣习惯"、维度2"生理症状"和维度4"精神精力"上，对中国了解程度较少的外籍商人相对适应较差，但在维度3"情感态度"上，对中国非常了解的外籍商人的适应情况最差。

表 4-41 来华前对中国不同了解程度组心理适应维度描述性统计

心理适应维度	对中国了解程度	平均值	标准偏差	平均值的95%置信区间 下限	平均值的95%置信区间 上限	最小值	最大值
心理适应维度1	一点也不了解	2.492	0.538	2.295	2.689	1.500	3.750
	一点点了解	2.486	0.482	2.326	2.647	1.250	3.250
	有些了解	2.523	0.382	2.387	2.658	1.750	3.250
	比较了解	2.563	0.239	2.182	2.943	2.250	2.750
	非常了解	2.250	0.433	1.174	3.326	2.000	2.750
心理适应维度2	一点也不了解	2.185	0.508	1.999	2.372	1.500	3.250
	一点点了解	2.149	0.451	1.998	2.299	1.500	3.500
	有些了解	2.227	0.366	2.097	2.357	1.750	3.000
	比较了解	2.188	0.315	1.687	2.688	1.750	2.500
	非常了解	2.000	0.250	1.379	2.621	1.750	2.250
心理适应维度3	一点也不了解	2.194	0.563	1.987	2.400	1.000	3.000
	一点点了解	2.180	0.413	2.043	2.318	1.333	3.000
	有些了解	2.131	0.416	1.984	2.279	1.000	2.667
	比较了解	2.000	0.471	1.250	2.750	1.333	2.333
	非常了解	2.333	0.333	1.505	3.161	2.000	2.667
心理适应维度4	一点也不了解	2.161	0.506	1.976	2.347	1.000	3.500
	一点点了解	2.203	0.463	2.048	2.357	1.000	3.000
	有些了解	2.273	0.501	2.095	2.451	1.500	3.000
	比较了解	2.500	0.408	1.850	3.150	2.000	3.000
	非常了解	2.000	0.500	0.758	3.242	1.500	2.500

本研究进一步对来华前对中国不同了解程度的在华商人进行心理适应差异分析，首先对调查对象数据进行莱文方差齐性检验。方差齐性检验结果如表4-42所示，心理适应4个维度的显著性p值均大于0.050，认为调查对象在对中国不同了解程度方面的心理适应维度上的方差不存在差异，即认定数据满足方差齐性，可进一步进行单因素方差分析，而心理适应总分的$p=0.004<0.010$，说明方差非齐性。

表 4-42 来华前对中国不同了解程度组心理适应莱文方差齐性分析

心理适应维度	F	显著性
心理适应维度1	1.343	0.259
心理适应维度2	1.529	0.199
心理适应维度3	2.013	0.098
心理适应维度4	0.502	0.734
SDS 总分	4.059**	0.004

注：**指平均值差值的显著性水平为 0.010。

根据以上的莱文方差齐性检验，对该量表的各个维度以及总得分进行单因素方差分析，结果如表4-43所示，其中在维度1"兴趣习惯"上$F=0.262$，$p=0.902 > 0.050$；在维度2"生理症状"上$F=0.271$，$p=0.896 > 0.050$；在维度3"情感态度"上$F=0.309$，$p=0.871 > 0.050$；在维度4"精神精力"上$F=0.703$，$p=0.592 > 0.050$；在心理适应总分上$F=0.273$，$p=0.895 > 0.050$。另外，由于心理适应总分方差非齐性，需再通过非参数检验。检验结果为保留原假设，说明来华前对中国了解程度不同的调查对象在心理适应总分上的差异并不显著。综合可得，在对中国不同了解程度方面，心理适应总分和各个维度在统计学意义上差异均不显著。

表4-43 来华前对中国不同了解程度组心理适应单因素方差分析

心理适应维度	平方和	自由度	均方	F	显著性
心理适应维度1	0.227	4	0.057	0.262	0.902
心理适应维度2	0.208	4	0.052	0.271	0.896
心理适应维度3	0.265	4	0.066	0.309	0.871
心理适应维度4	0.668	4	0.167	0.703	0.592
SDS总分	49.743	4	12.436	0.273	0.895

九、不同社会支持群体在心理适应上的差异分析

本研究对是否有家人一起来华的外籍商人在心理适应及各个维度上的差异情况进行分析，首先从心理适应总分来看，如表4-44所示，没有家人一起来中国的商人群体总分平均值为44.253分，有家人一起来中国的商人群体总分平均值为44.182分，两者差别不大，有家人陪伴的在华商人的整体心理适应水平略高。可能与家人一起在中国的商人群体在跨文化适应期间出现问题时，能从家人身上感受到更多情感和心理方面的支持和帮助，在一定程度上缓解适应压力。

表4-44 是否有家人陪伴组心理适应总分描述性统计

是否与家人一起来中国	平均值	标准偏差	标准误差平均值
否	44.253	6.096	0.704
是	44.182	7.900	1.375

从心理适应4个维度的平均值得分来看，如表4-45所示，在维度1"兴趣习惯"上，没有家人一起在中国的群体平均值为2.500分，有家人一起来华的平均值为2.485分；在维度2"生理症状"上，两个群体的平均值分别为2.173分和2.197分；在维度3"情感态度"上，两个群体的平均值分别为2.173分和2.152分；在维度4"精神精力"两个群体的得分分别为2.207分和2.242分。在

4个维度中，在维度1"兴趣习惯"和维度3"情感态度"上，没有家人一起在中国的平均值高于有家人一起的。而在维度2"生理症状"和维度4"精神精力"上，有家人一起在中国的平均值高于没有家人一起的。可见，没有家人一起来中国，导致情感支持不够，可能对在华外籍商人的心理适应存在较大影响。综合以上分析，不同程度的社会支持对在华商人的心理适应水平存在不同程度的影响。

表 4-45 是否有家人陪伴组心理适应维度描述性统计

心理适应维度	是否与家人一起来中国	平均值	标准偏差	标准误差平均值
心理适应维度 1	否	2.500	0.419	0.048
	是	2.485	0.545	0.095
心理适应维度 2	否	2.173	0.379	0.044
	是	2.197	0.540	0.094
心理适应维度 3	否	2.173	0.463	0.053
	是	2.152	0.449	0.078
心理适应维度 4	否	2.207	0.473	0.055
	是	2.242	0.517	0.090

为进一步分析有无家人陪伴的在华商人心理适应上的差异，把有无家人陪伴因素作为分组变量，对心理适应各维度的得分以及总分进行独立样本 t 检验。首先，莱文方差齐性检验结果如表 4-46 所示，维度1"兴趣习惯"、维度3"情感态度"、维度4"精神精力"和心理适应总分的 $p>0.050$，认为这几组数据之间的方差不存在差异，即认定数据满足方差齐性，而维度2生理症状的 $p=0.026<0.050$，说明方差非齐性。

表 4-46 是否有家人陪伴组心理适应莱文方差齐性分析

心理适应维度	F	显著性
心理适应维度 1	2.073	0.153
心理适应维度 2	5.114*	0.026
心理适应维度 3	0.006	0.940
心理适应维度 4	0.402	0.527
SDS 总分	2.698	0.103

注：*指平均值差值的显著性水平为 0.050。

t 检验结果如表 4-47 所示，其中在心理适应总分及4个维度上 p 值均大于0.050。同时结合维度2生理症状平均值的方差非齐性检验结果，对维度2"生理症状"数据进行非参数检验。检验结果显示为保留原假设，即为不同家人陪伴情况的外籍商人群体在维度2生理症状上的差异不显著。综合以上结果可得，是否有家人一起来华的群体的心理适应总分和各个维度在统计学意义上差异均不显著。

表 4-47　是否有家人陪伴组心理适应独立样本 t 检验

心理适应维度	t	自由度	Sig.(双尾)	平均值差值	标准误差差值	差值95% 置信区间 下限	差值95% 置信区间 上限
心理适应维度 1	0.157	106	0.875	0.015	0.096	-0.176	0.206
心理适应维度 2	-0.261	106	0.795	-0.024	0.091	-0.203	0.156
心理适应维度 3	0.228	106	0.820	0.022	0.096	-0.168	0.212
心理适应维度 4	-0.352	106	0.726	-0.036	0.102	-0.237	0.166
SDS 总分	0.051	106	0.959	0.072	1.398	-2.700	2.843

第三节　心理适应相关因素分析

心理适应对影响因素多样，不同学者从多方面、多角度进行研究和归类，提出人口统计学因素如性别、跨文化经历，时间长度（Haley et al., 1987; Ward & Bochner, 2005），以及文化距离等变量都在一定程度上影响适应水平。本研究基于调查数据，从人口学统计因素、文化距离和社会文化适应情况对共建"一带一路"国家在华商人的心理适应影响因素进行分析。

一、心理适应与人口学变量

人口统计学因素一般包含年龄、性别、性格等，这些变量与跨文化适应间的关系一直是研究者的关注重点。本研究主要从调查对象的地区、性别、是否与家人一起来中国、性格、年龄、在华时间、汉语水平、海外生活经历、对中国了解情况来分析与心理适应的相关情况。

如表 4-48 所示，从地区与心理适应总分和各个维度的相关性来看，与心理适应总分的相关系数为 0.030，$p=0.760 > 0.050$；与心理适应维度 1 "兴趣习惯"的相关系数为 0.093，$p=0.341 > 0.050$；与心理适应维度 2 "生理症状"的相关系数为 0.070，$p=0.473 > 0.050$；与心理适应维度 3 "情感态度"的相关系数为 -0.041，$p=0.672 > 0.050$；与心理适应维度 4 "精神精力"的相关系数为 -0.049，$p=0.614 > 0.050$。可见，地区变量与心理适应总分及各个维度没有显著相关性。

表 4-48 地区变量与心理适应相关性

变量	统计项	心理适应维度 1	心理适应维度 2	心理适应维度 3	心理适应维度 4	SDS 总分
地区	皮尔逊相关性	0.093	0.070	−0.041	−0.049	0.030
	Sig.（双尾）	0.341	0.473	0.672	0.614	0.760
	个案数	108	108	108	108	108

如表 4-49 所示，从性别与心理适应总分和各个维度的相关性来看，与心理适应总分的相关系数为 0.019，$p=0.844>0.050$；与心理适应维度 1 "兴趣习惯"的相关系数为 –0.018，$p=0.854>0.050$；与心理适应维度 2 "生理症状"的相关系数为 –0.001，$p=0.990>0.050$；与心理适应维度 3 "情感态度"的相关系数为 0.041，$p=0.671>0.050$；与心理适应维度 4 "精神精力"的相关系数为 0.076，$p=0.433>0.050$。可见，性别变量与心理适应总分及各个维度没有显著相关性。

表 4-49 性别变量与心理适应相关性

变量	统计项	心理适应维度 1	心理适应维度 2	心理适应维度 3	心理适应维度 4	SDS 总分
性别	皮尔逊相关性	−0.018	−0.001	0.041	0.076	0.019
	Sig.（双尾）	0.854	0.990	0.671	0.433	0.844
	个案数	108	108	108	108	108

如表 4-50 所示，从是否同家人一起来中国与心理适应总分和各个维度的相关性来看，与心理适应总分的相关系数为 –0.005，$p=0.959>0.050$；与心理适应维度 1 "兴趣习惯"的相关系数为 –0.015，$p=0.875>0.050$；与维度 2 "生理症状"的相关系数为 0.025，$p=0.795>0.050$；与维度 3 "情感态度"的相关系数为 –0.022，$p=0.820>0.050$；与维度 4 "精神精力"的相关系数为 0.034，$p=0.726>0.050$。可见，是否与家人一起来中国因素与心理适应总分及各个维度没有显著相关性。

表 4-50 是否与家人一起来中国与心理适应相关性

变量	统计项	心理适应维度 1	心理适应维度 2	心理适应维度 3	心理适应维度 4	SDS 总分
与家人一起来中国	皮尔逊相关性	−0.015	0.025	−0.022	0.034	−0.005
	Sig.（双尾）	0.875	0.795	0.820	0.726	0.959
	个案数	108	108	108	108	108

如表 4-51 所示，从性格与心理适应总分和各个维度的相关性来看，与心理适应总分的相关系数为 –0.434，$p=0.000<0.010$；与心理适应维度 1 "兴趣习惯"的相关系数为 –0.401，$p=0.000<0.010$；与维度 2 "生理症状"的相关

系数为–0.361，$p=0.000 < 0.010$；与维度3"情感态度"的相关系数为–0.351，$p=0.000 < 0.010$；与维度4"精神精力"的相关系数为–0.033，$p=0.736 > 0.050$。可见，性格变量与心理适应总分以及维度1"兴趣习惯"、维度2"生理症状"、维度3"情感态度"有显著相关性，而与维度4"精神精力"没有显著相关性。

表4-51　性格变量与心理适应相关性

变量	统计项	心理适应维度1	心理适应维度2	心理适应维度3	心理适应维度4	SDS总分
性格	皮尔逊相关性	–0.401**	–0.361**	–0.351**	–0.033	–0.434**
	Sig.（双尾）	0.000	0.000	0.000	0.736	0.000
	个案数	108	108	108	108	108

注：①**指在0.010级别（双尾）相关性显著。
②*指在0.050级别（双尾）相关性显著。

如表4-52所示，从年龄与心理适应总分和各个维度的相关性来看，与心理适应总分的相关系数为–0.001，$p=0.992 > 0.050$；与心理适应维度1"兴趣习惯"的相关系数为–0.073，$p=0.453 > 0.050$；与维度2"生理症状"的相关系数为0.074，$p=0.444 > 0.050$；与维度3"情感态度"的相关系数为0.019，$p=0.846 > 0.050$；与维度4"精神精力"的相关系数为0.153，$p=0.113 > 0.050$。可见，年龄变量与心理适应总分及各个维度没有显著相关性。

表4-52　年龄变量与心理适应相关性

变量	统计项	心理适应维度1	心理适应维度2	心理适应维度3	心理适应维度4	SDS总分
年龄	皮尔逊相关性	–0.073	0.074	0.019	0.153	–0.001
	Sig.（双尾）	0.453	0.444	0.846	0.113	0.992
	个案数	108	108	108	108	108

如表4-53所示，从在华时间与心理适应总分和各个维度的相关性来看，与心理适应总分的相关系数为–0.165，$p=0.087 > 0.050$；与心理适应维度1"兴趣习惯"的相关系数为–0.176，$p=0.068 > 0.050$；与维度2"生理症状"的相关系数为–0.138，$p=0.154 > 0.050$；与维度3"情感态度"的相关系数为–0.069，$p=0.475 > 0.050$；与维度4"精神精力"的相关系数为0.120，$p=0.216 > 0.050$。可见，在华时间变量与心理适应总分及各个维度没有显著相关性。

表 4-53　在华时间与心理适应相关性

变量	统计项	心理适应维度1	心理适应维度2	心理适应维度3	心理适应维度4	SDS 总分
在华时间	皮尔逊相关性	−0.176	−0.138	−0.069	0.120	−0.165
	Sig.（双尾）	0.068	0.154	0.475	0.216	0.087
	个案数	108	108	108	108	108

如表 4-54 所示，从汉语水平与心理适应总分和各个维度的相关性来看，与心理适应总分的相关系数为 −0.105，$p=0.278>0.050$；与心理适应维度 1 "兴趣习惯" 的相关系数为 −0.005，$p=0.961>0.050$；与维度 2 "生理症状" 的相关系数为 −0.213，$p=0.027<0.050$；与维度 3 "情感态度" 的相关系数为 −0.107，$p=0.271>0.050$；与维度 4 "精神精力" 的相关系数为 0.073，$p=0.453>0.050$。可见，汉语水平因素与心理适应总分及维度 1 "兴趣习惯"、维度 3 "情感态度"、维度 4 "精神精力" 没有显著相关性，但与维度 2 "生理症状" 有显著相关性。分析其中原因，可能在出现身体生理症状等问题时，汉语水平对于在华外籍商人在寻医、买药等场景的需求最凸显，故汉语水平与生理症状方面的适应的相关性较为显著。

表 4-54　汉语水平与心理适应相关性

变量	统计项	心理适应维度1	心理适应维度2	心理适应维度3	心理适应维度4	SDS 总分
现在汉语水平	皮尔逊相关性	−0.005	−0.213*	−0.107	0.073	−0.105
	Sig.（双尾）	0.961	0.027	0.271	0.453	0.278
	个案数	108	108	108	108	108

注：*指在 0.050 级别（双尾）相关性显著。

如表 4-55 所示，从海外生活经历与心理适应总分和各个维度的相关性来看，与心理适应总分的相关系数为 0.185，$p=0.055>0.050$；与心理适应维度 1 "兴趣习惯" 的相关系数为 0.096，$p=0.325>0.050$；与维度 2 "生理症状" 的相关系数为 0.145，$p=0.135>0.050$；与维度 3 "情感态度" 的相关系数为 0.229，$p=0.017<0.050$；与维度 4 "精神精力" 的相关系数为 −0.055，$p=0.573>0.050$。可见，不同跨文化经历变量与心理适应总分及维度 1、维度 2、维度 4 没有显著相关性，但是与维度 3 "情感态度" 有显著相关性。分析其中原因，可能是在其他文化环境生活工作过的商人在中国这一特殊的文化环境中再次经历跨文化适应时，会将其与此前的文化环境进行比较，这些不同之处或更加难以适应的方面可能会进一步带来焦虑、烦闷等情绪。

表 4-55　跨文化经历与心理适应相关性

变量	统计项	心理适应维度1	心理适应维度2	心理适应维度3	心理适应维度4	SDS 总分
海外生活经历	皮尔逊相关性	0.096	0.145	0.229*	−0.055	0.185
	Sig.（双尾）	0.325	0.135	0.017	0.573	0.055
	个案数	108	108	108	108	108

注：*指在 0.050 级（双尾）相关性显著。

如表 4-56 所示，从对中国了解情况与心理适应总分和各个维度的相关性来看，其与心理适应总分的相关系数为 −0.016，$p=0.867>0.050$；与心理适应维度 1 "兴趣习惯"的相关系数为 −0.014，$p=0.888>0.050$；与维度 2 "生理症状"的相关系数为 −0.004，$p=0.967>0.050$；与维度 3 "情感态度"的相关系数为 −0.038，$p=0.695>0.050$；与维度 4 "精神精力"的相关系数为 0.076，$p=0.436>0.050$。可见，对中国的了解程度变量与心理适应总分及各个维度没有显著相关性。

表 4-56　对中国了解情况与心理适应相关性

变量	统计项	心理适应维度1	心理适应维度2	心理适应维度3	心理适应维度4	SDS 总分
来华前对中国的了解情况	皮尔逊相关性	−0.014	−0.004	−0.038	0.076	−0.016
	Sig.（双尾）	0.888	0.967	0.695	0.436	0.867
	个案数	108	108	108	108	108

综合可得，共建"一带一路"国家在华商人的心理适应水平在一定程度上与人口学统计学变量中的性格、汉语水平和跨文化经历具有显著相关性，与调查对象的地区、性别、是否与家人一起来中国、年龄、在华时间、对中国了解情况无显著相关性。

二、心理适应与感知文化距离

根据前人的研究结果，跨文化中的心理适应情况与文化距离有关，一般文化距离越大，适应压力和困难越大（Searle & Ward，1990）。本研究针对共建"一带一路"国家在华商人的心理适应和感知文化距离及两者各个维度之间的相关性进行分析。

如表 4-57 所示，整体感知文化距离与心理适应总分之间的相关系数为 −0.005，$p=0.959>0.050$。从感知文化距离各个维度与心理适应总分的相关性来看，感知文化距离的维度 1 "文化观念"与心理适应总分的相关系数为 0.049，$p=0.611>0.050$；感知文化距离的维度 2 "基础服务"与心理适应总分

的相关系数为 –0.125，$p=0.196 > 0.050$；感知文化距离的维度 3"生活日常"与心理适应总分的相关系数为 0.074，$p=0.448 > 0.050$。感知文化距离及 3 个维度与心理适应总分均没有显著相关性。

表4-57 感知文化距离与心理适应总分相关性

心理适应	统计项	感知文化距离总分	感知文化距离维度1	感知文化距离维度2	感知文化距离维度3
SDS总分	皮尔逊相关性	–0.005	0.049	–0.125	0.074
	Sig.（双尾）	0.959	0.611	0.196	0.448
	个案数	108	108	108	108

从感知文化距离维度与心理适应维度之间的相关性来看，如表 4–58 所示，感知文化距离维度 1"文化观念"与心理适应维度 1"兴趣习惯"之间的相关系数为 –0.011，$p=0.908 > 0.050$；感知文化距离维度 1"文化观念"与心理适应维度 2"生理症状"之间的相关系数为 0.117，$p=0.228 > 0.050$；感知文化距离维度 1"文化观念"与心理适应维度 3"情感态度"之间的相关系数为 0.137，$p=0.157 > 0.050$；感知文化距离维度 1"文化观念"与心理适应维度 4"精神精力"之间的相关系数为 –0.011，$p=0.911 > 0.050$。可见，感知文化距离维度 1"文化观念"与心理适应各个维度均无显著相关性。

表4-58 感知文化距离维度1与心理适应维度相关性

感知文化距离维度	统计项	心理适应维度1	心理适应维度2	心理适应维度3	心理适应维度4
感知文化距离维度1	皮尔逊相关性	–0.011	0.117	0.137	–0.011
	Sig.（双尾）	0.908	0.228	0.157	0.911
	个案数	108	108	108	108

如表 4–59 所示，感知文化距离维度 2"基础服务"与心理适应维度 1"兴趣习惯"之间的相关系数为 –0.049，$p=0.618 > 0.050$；感知文化距离维度 2"基础服务"与心理适应维度 2"生理症状"之间的相关系数为 –0.160，$p=0.097 > 0.050$；感知文化距离维度 2"基础服务"与心理适应维度 3"情感态度"之间的相关系数为 –0.045，$p=0.646 > 0.050$；感知文化距离维度 2"基础服务"与心理适应维度 4"精神精力"之间的相关系数为 –0.035，$p=0.720 > 0.050$。可见，感知文化距离维度 2"基础服务"与心理适应各个维度均无显著相关性。

表4-59 感知文化距离维度2与心理适应维度相关性

感知文化距离维度	统计项	心理适应维度1	心理适应维度2	心理适应维度3	心理适应维度4
感知文化距离维度2	皮尔逊相关性	−0.049	−0.160	−0.045	−0.035
	Sig.（双尾）	0.618	0.097	0.646	0.720
	个案数	108	108	108	108

如表4-60所示，感知文化距离维度3"生活日常"与心理适应维度1"兴趣习惯"之间的相关系数为0.030，$p=0.760>0.050$；感知文化距离维度3"生活日常"与心理适应维度2"生理症状"之间的相关系数为0.081，$p=0.403>0.050$；感知文化距离维度3"生活日常"与心理适应维度3"情感态度"之间的相关系数为0.053，$p=0.584>0.050$；感知文化距离维度3"生活日常"与心理适应维度4"精神精力"之间的相关系数为0.196，$p=0.043<0.050$。分析结果为感知文化距离维度3"生活日常"与心理适应维度1、维度2、维度3均无显著相关性，但是与心理适应维度4"精神精力"具有显著相关性。可见，在华商人在感知日常生活习惯上的差异越大，越有可能会导致其产生精神状态越差、精力不足等症状和问题。

表4-60 感知文化距离维度3与心理适应维度相关性

感知文化距离维度	统计项	心理适应维度1	心理适应维度2	心理适应维度3	心理适应维度4
感知文化距离维度3	皮尔逊相关性	0.030	0.081	0.053	0.196*
	Sig.（双尾）	0.760	0.403	0.584	0.043
	个案数	108	108	108	108

注：*指在0.050级别（双尾）相关性显著。

第四节 本章小结

本章以Zung氏抑郁自评量表为心理适应量表，对共建"一带一路"国家在华商人进行调查，了解其在中国的心理适应情况，并对不同群体的总体心理适应和各个维度适应的差异情况进行分析，同时探索影响心理适应及各个维度的相关因素。

总体上，所调查的108位调查对象心理适应水平为轻度抑郁，有超过7成的外籍人士存在抑郁心理。从心理适应的单项情况来看，比较突出的心理适应困难主要表现在日常生活和工作的决断态度上，而在情绪情感管理及严重的消极精神表现上较为良好。从心理适应的4个维度平均值表现来看，外籍商人在生理症状和情感态度方面适应较好，出现问题的频率较低，但在兴趣态度和精神精力方面的平均值比较高，较易出现适应压力和困难。

在心理适应差异方面，不同群体的适应问题表现不同，适应水平也存在一定程度的差异。方差分析表明，人口统计学特征中不同年龄、不同性格、不同在华时间对心理适应产生显著影响，而不同地区、不同性别、不同跨文化经历、了解中国的不同程度、不同汉语水平、不同社会支持对心理适应没有显著影响。

从不同地区来看，整体上心理适应较好的为来自中亚的商人，适应情况不太理想的是来自北非的商人。从不同性别来看，男性比女性的整体心理适应水平略好些，整体上两者差别不大，但在4个维度中，维度1"兴趣习惯"和维度2"生理症状"，男性的适应情况略差，在维度3"情感态度"和维度4"精神精力"，男性的适应水平高于女性。

从不同年龄来看，整体上26—30岁年龄段适应水平最高，从心理适应各个维度来看，不同的年龄段呈现出不同的适应水平，另外18—25岁和26—30岁这两个年龄段在心理适应维度1"兴趣习惯"上存在显著差异，18—25岁年龄段的群体适应水平显著不同于26—30岁年龄段的群体。从不同性格来看，整体上和4个维度上均为性格越内向的群体的心理适应情况越差，且不同性格在多个维度上均在统计学上存在显著差异。

从不同汉语水平来看，在整体心理适应情况和各个维度中，来华前汉语水平为"非常低"的外籍商人的适应情况相对较差，而现在汉语水平越高的外籍商人在维度1"兴趣习惯"和维度4"精神精力"上的适应水平越低，现在汉语水平越低的外籍商人在维度2"生理症状"、维度3"情感态度"和整体心理适应上的适应水平越低。

就不同在华时间来看，在综合心理适应总分情况及各个维度中，在华时间越长的商人，其心理适应情况越好，抑郁总分越低，在华10年以上的商人群体不管是整体适应还是各个维度的适应均较好，而在华1—3个月的商人群体的适应表现欠佳，较易出现适应困难。另外，不同在华时间在维度2"生理症状"方面的适应情况存在显著差异。

从不同跨文化经历来看，整体上在海外生活时间越长的群体得分越高，其适应情况越差，而没有跨文化经历或者曾经在海外生活过较短时间的外籍商人在中国适应较好。

从对中国不同的了解程度来看，对中国非常了解的商人的心理适应情况比较理想，其他了解程度的相差不大，但适应情况相对较差。

从不同的社会支持情况来看，在心理适应总分上有家人陪伴的在华商人的整体心理适应水平略高，在4个维度上的适应略有差异。

在心理适应相关因素探索方面，从与人口统计学变量的相关性分析可得，心理适应在一定程度上和人口学统计学变量中的性格、汉语水平和跨文化经历具有显著相关性，与地区、性别、与家人是否一起在中国、年龄、在华时间、对中国了解程度没有显著相关性。

从与感知文化距离及其维度的相关性分析可得，感知文化距离及3个维度与心理适应总分均没有显著相关性，感知文化距离维度1"文化观念"与心理适应和维度2"基础服务"同心理适应各个维度均无显著相关性，感知文化距离维度3"生活日常"与心理适应维度1、维度2、维度3均无显著相关性，但与心理适应维度4"精神精力"具有显著相关性。

第五章 共建"一带一路"国家在华商人社会文化适应

社会文化适应与心理适应是跨文化适应的两个方面,社会文化适应主要关注跨文化个体在新文化环境中的交流交际能力与行为改变。这些适应性改变的发生存在个体差异,呈现不同的适应水平。本研究使用 Ward 和 Kennedy(1999)开发的社会文化适应量表对 108 位在华商人的社会文化适应现状进行调查,同时通过人口统计学变量、社会支持变量等因素对其在中国生活工作期间的社会文化适应情况进行深入考察和分析。

第一节 社会文化适应现状

一、社会文化适应整体描述性分析

本研究所使用的问卷为社会文化适应量表,该问卷采用李克特五度量表法测量,个体所选择项累计得分就是其社会文化适应的困难程度,满分为 90 分,得分越高说明个体的社会文化适应水平越困难。

由表 5-1 可得,在华商人的社会文化适应总分平均值为 40.046 分,总得分范围在 18 分至 54 分,总体适应难度系数为 0.445,说明总体上所调查的共建"一带一路"国家在华商人的社会文化适应水平为一般难度。

表 5-1 整体社会文化适应水平描述性统计

统计项	社会文化适应统计值
个案数	108
平均值	40.046
中位数	40.000

续表

统计项	社会文化适应统计值
标准偏差	11.335
最小值	54.000
最大值	18.000

另外，如图 5-1 所示，此次受访的在华商人的整体适应总分呈正态分布，说明表明本次调查的数据较为合理，且调查对象的社会文化适应水平不一，存在差异。

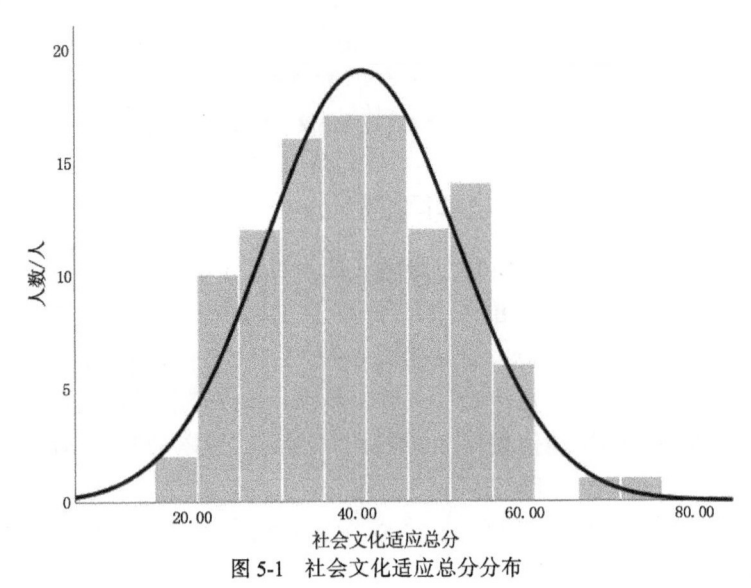

图 5-1 社会文化适应总分分布

在调查的 108 名在华商人中，社会文化适应总分众数为 45 分的商人有 7 人。另外，如图 5-2 所示，社会文化适应难度为"不难"的有 2 人，占总数的 1.9%；适应难度为"有点难"的有 41 人，占总数的 38.0%；适应难度为"一般难度"的有 56 人，占总数的 51.8%；适应难度为"很难"的有 9 人，占总数的 8.3%。可见，本研究的调查对象中有超过 98% 的商人存在适应困难，一定程度上体现出外籍商人在华生活和工作期间的社会文化适应存在着问题。

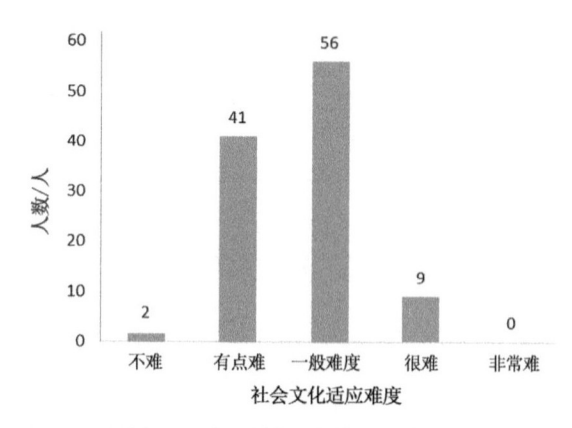

图 5-2 社会文化适应难度人数分布

二、社会文化适应单项描述性分析

从社会文化适应各个单项的平均值来看，如表 5-2 所示，18 个题项的平均值皆小于 3 分，其中题项"B3 坐车、开车""B4 购物"和"B5 买房、租房或住宾馆"的平均值小于 2 分，分别为 1.713 分、1.435 分和 1.870 分，适应困难程度介于"不难"和"一点点难"之间。题项"B8 适应中国的气候"和"B13 在政府部门办事"的平均值超过 2.500 分，分别为 2.537 分和 2.741 分，适应困难程度介于"一点点难"和"还好"之间。

其余 13 个题项的平均值介于 2.000 分和 2.500 分之间，"B1 交朋友"平均值 2.296 分，"B2 找到喜欢的饮食"平均值 2.213 分，"B6 看病、买药"平均值 2.491 分，"B7 与中国人交流"平均值 2.454 分，"B9 理解中国的文化"平均值 2.287 分，"B10 理解中国的法律制度"平均值 2.407 分，"B11 理解中国的价值观"平均值 2.343 分，"B12 参加社交活动、聚会"平均值 2.185 分，"B14 与不同族群相处"平均值 2.093 分，"B15 适应工作环境"平均值 2.176 分，"B16 与中国朋友相处"平均值 2.222 分，"B17 理解文化差异"平均值 2.167 分，"B18 从中国人的角度看问题"平均值 2.417 分。这 15 个题项中，相对平均值较高的为"B6 看病、买药"和"B7 与中国人交流"。

由此可见，在华商人在社会文化适应上的困难主要体现在气候适应和交流交际适应、以及到政府部门办事和寻求医疗服务等方面的社会支持适应。究其原因，本次调查的外籍商人主要来自中亚、西亚和北非，中亚地区的气候变化较中国更为剧烈，西亚也多是热带沙漠气候，与中国大多地区的季风气候差异较大，他们的政府及医院也同中国存在一定的差异。在日常生活方面，如出行、购物和租房等方面适应良好，这也体现出中国在交通和基础建设方面发展迅速，能给外籍在华人士提供较好的基础建设和设施。

表 5-2 社会文化适应单项描述性统计

题号	题项内容	个案数	平均值	标准偏差	最小值	最大值
B1	交朋友	108	2.296	1.016	1.000	5.000
B2	找到喜欢的饮食	108	2.213	1.253	1.000	5.000
B3	坐车、开车	108	1.713	0.986	1.000	5.000
B4	购物	108	1.435	0.823	1.000	5.000
B5	买房、租房或住宾馆	108	1.870	0.897	1.000	4.000
B6	看病、买药	108	2.491	1.148	1.000	5.000
B7	与中国人交流	108	2.454	1.054	1.000	5.000
B8	适应中国的气候	108	2.537	1.195	1.000	5.000
B9	理解中国的文化	108	2.287	1.051	1.000	5.000
B10	理解中国的法律制度	108	2.407	1.168	1.000	5.000
B11	理解中国的价值观	108	2.343	1.095	1.000	5.000
B12	参加社交活动、聚会	108	2.185	1.015	1.000	5.000
B13	在政府部门办事	108	2.741	1.088	1.000	5.000
B14	与不同族群相处	108	2.093	0.981	1.000	5.000
B15	适应工作环境	108	2.176	1.101	1.000	5.000
B16	与中国朋友相处	108	2.222	1.035	1.000	5.000
B17	理解文化差异	108	2.167	1.106	1.000	5.000
B18	从中国人的角度看问题	108	2.417	1.069	1.000	5.000

三、社会文化适应维度描述性分析

从社会文化适应各个维度的平均值来看，如表 5-3 所示，社会文化适应的 4 个维度中，平均值最高的为维度 4 "社会支持与服务适应"，为 2.519 分，该维度包含的题项内容为"交朋友"和"在政府部门办事"，平均值分别为 2.296 分和 2.741 分。这两项平均值都超过 2.000 分，对在华商人来说是较难适应的项目。其次为维度 3 "人际交往适应"，平均值为 2.296 分，该维度包含的题项内容为"找到喜欢的饮食""与中国人交流"和"与中国朋友相处"，平均值分别为 2.213 分、2.454 分、2.222 分，平均值皆超过 2.000 分，但均未超过 2.500 分。再者为维度 1 "文化认同与工作适应"，平均值为 2.279 分，该维度包含的题项内容为"适应中国的气候""理解中国的文化""与不同族群相处""适应工作环境""理解文化差异"和"从中国人的角度看问题"，平均值依次为 2.537 分、2.287 分、2.093 分、2.176 分、2.167 分、2.417 分，其中分值相对较高的题项为"适应中国的气候"和"从中国人的角度看问题"，分值较低的题项为"与不同族群相处"。均值最低的为维度 2 "日常生活适应"，分值为 1.673 分，该维度包含的题项内容为"坐车、开车""购物"和"买房、租房或住宾馆",平均值分别为 1.713 分、1.435 分和 1.870 分。

从社会文化适应的 4 个维度平均值结果来看,共建"一带一路"国家在华商人在维度 2"日常生活适应"的适应结果最好,但在维度 1"文化认同与工作适应"、维度 3"人际交往适应"和维度 4"社会支持与服务适应"的适应情况均不理想。

表 5-3 社会文化适应维度描述性统计

统计项	社会文化适应维度 1	社会文化适应维度 2	社会文化适应维度 3	社会文化适应维度 4
个案数	108	108	108	108
平均值	2.279	1.673	2.296	2.519
标准偏差	0.797	0.738	0.838	0.829

第二节 社会文化适应差异分析

为进一步探索共建"一带一路"国家在华商人的社会文化适应情况,本研究结合人口统计学因素及社会支持等变量,对个体的社会文化适应差异情况进行考察分析,主要采用的方法为描述性统计、方差齐性检验、独立样本 t 检验和单因素方差分析。

一、不同地区群体在社会文化适应上的差异分析

本研究对来自不同地区的在华商人在社会文化适应及各个维度上的差异情况进行分析,调查对象主要来自三个地区,分别为中亚、西亚和北非。首先从社会文化适应总分来看,如表 5-4 所示,来自北非地区的商人总分最高(43.900 分),其次为西亚商人(总分为 40.500 分),最低的为中亚商人(38.194 分)。

表 5-4 不同地区组社会文化适应总分差异描述性统计

地区	平均值	标准偏差	平均值的 95% 置信区间 下限	平均值的 95% 置信区间 上限	最小值	最大值
西亚	40.500	8.525	38.335	42.665	18.000	57.000
中亚	38.194	14.014	33.453	42.936	21.000	72.000
北非	43.900	15.474	32.831	54.969	18.000	58.000

从社会文化适应的 4 个维度的平均值来看,如表 5-5 所示,维度 1"文化

认同与工作适应"平均值最高的为来自西亚的商人，为 2.358 分，其次为来自北非的商人，为 2.300 分，平均值最低的为来自中亚的商人，为 2.139 分；维度 2 "日常生活适应"平均值最高的为来自中亚的商人，为 1.778 分，其次为来自北非的商人，为 1.733 分，平均值最低的为来自西亚的商人，为 1.602 分；维度 3 "人际交往适应"平均值最高的为来自北非的商人，为 2.700 分，其次为来自中亚商人，为 2.278 分，平均值最低的为来自西亚的商人，为 2.242 分；维度 4 "社会支持与服务适应"平均值最高的为来自北非的商人，为 2.750 分，其次为来自西亚的商人，为 2.573 分，平均值最低的为来自中亚的商人，为 2.361 分。

表 5-5　不同地区组社会文化适应维度描述性统计

社会文化适应维度	地区	平均值	标准偏差	平均值的 95% 置信区间 下限	平均值的 95% 置信区间 上限	最小值	最大值
社会文化适应维度 1	西亚	2.358	0.692	2.182	2.533	1.000	3.833
	中亚	2.139	0.953	1.816	2.461	1.000	4.500
	北非	2.300	0.808	1.722	2.878	1.000	3.500
社会文化适应维度 2	西亚	1.602	0.647	1.438	1.766	1.000	3.333
	中亚	1.778	0.884	1.479	2.077	1.000	4.000
	北非	1.733	0.717	1.221	2.246	1.000	3.000
社会文化适应维度 3	西亚	2.242	0.699	2.064	2.419	1.000	3.667
	中亚	2.278	0.907	1.971	2.585	1.000	4.667
	北非	2.700	1.281	1.784	3.616	1.000	4.333
社会文化适应维度 4	西亚	2.573	0.767	2.378	2.767	1.000	4.000
	中亚	2.361	0.891	2.060	2.663	1.000	4.000
	北非	2.750	0.950	2.070	3.430	1.000	4.000

综上，在社会文化适应总分以及维度 3 "人际交往适应"、维度 4 "社会支持与服务适应"上，来自北非的外籍商人适应情况较差。在社会文化适应总分以及维度 1 "文化认同与工作适应"、维度 4 "社会支持与服务适应"上，来自中亚的商人群体适应情况最好；在维度 2 "日常生活适应"、维度 3 "人际交往适应"上，来自西亚的商人群体适应情况最为理想。

二、不同性别群体在社会文化适应上的差异分析

本研究对不同性别的在华商人在社会文化适应及各个维度上的差异情况进行分析，首先从社会文化适应总分来看，如表 5-6 所示，男性总分平均值为 40.178 分，女性总分平均值为 38.143 分。如前文所述，男性的心理适应比女性好，但在整体社会文化适应上，女性比男性好。

表 5-6 不同性别组社会文化适应总分描述性统计

性别	平均值	标准偏差	标准误差平均值
男性	40.178	11.379	1.132
女性	38.143	11.335	4.284

从社会文化适应4个维度的平均值得分来看，如表5-7所示，在维度1"文化认同与工作适应"上，男性平均值为2.297分，女性为2.024分；在维度2"日常生活适应"方面，男性平均值为1.680分，女性为1.571分；在维度3"人际交往适应"方面，男性平均值为2.267分，女性为2.714分；而维度4"社会支持与服务适应"上，男性平均值为2.525分，女性为2.429分。

在4个维度中，在维度1"文化认同与工作适应"、维度2"日常生活适应"和维度4"社会支持与服务适应"上，男性的适应情况略差；但在维度3"人际交往适应"方面，女性的适应结果较差。这可能是由于这些国家的传统文化及习俗等因素导致女性在人际交往上趋于保守，不如男性开放与主动，但在其他生活日常和社会服务方面，女性比男性更具接受力。综合可见，在社会文化适应总分及4个维度上，男性和女性的社会文化适应存在一定程度的差异；在不同的维度方面，不同性别的适应表现不一。

表 5-7 不同性别组社会文化适应维度描述性统计

社会文化适应维度	性别	平均值	标准偏差	标准误差平均值
社会文化适应维度1	男性	2.297	0.799	0.080
	女性	2.024	0.778	0.294
社会文化适应维度2	男性	1.680	0.745	0.074
	女性	1.571	0.659	0.249
社会文化适应维度3	男性	2.267	0.823	0.082
	女性	2.714	1.008	0.381
社会文化适应维度4	男性	2.525	0.844	0.084
	女性	2.429	0.607	0.230

三、不同年龄群体在社会文化适应上的差异分析

本研究调查的共建"一带一路"国家在华商人分为18—25岁、26—30岁、31—40岁和41岁及以上4个年龄段。在社会文化适应总分上（详见表5-8），4个年龄段的社会文化适应总分平均值从高到低依次为31—40岁（41.000分）、41岁及以上（40.500分）、18—25岁（39.286分）和26—30岁（39.081分），可见社会文化适应情况最好的为26—30岁年龄段，其次为18—25岁和41岁及以上群体，社会文化适应情况最差的为31—40岁年龄段。社会文化适应结果同

心理适应结果一样，26—30岁都是适应水平最高的群体，这一群体的商人处于身心成熟，且心智、价值观较健全的阶段，在各个方面均有较理想的适应情况。

表5-8 不同年龄段组社会文化适应总分描述性统计

年龄	平均值	标准偏差	平均值的95%置信区间 下限	平均值的95%置信区间 上限	最小值	最大值
18—25岁	39.286	10.103	33.453	45.119	24.000	58.000
26—30岁	39.081	11.410	35.277	42.885	18.000	58.000
31—40岁	41.000	10.524	37.678	44.322	18.000	59.000
41岁及以上	40.500	14.652	32.693	48.307	22.000	72.000

从社会文化适应各个维度来看，如表5-9所示，不同的年龄段呈现不同的适应水平。在维度1"文化认同与工作适应"上，4个年龄段的适应平均值从高到低依次为31—40岁（2.354分），41岁及以上（2.271分），26—30岁（2.261分），18—25岁（2.119分）。在维度2"日常生活适应"上，4个年龄段的适应平均值从高到低依次为41岁及以上（1.771分），31—40岁（1.659分），26—30岁（1.658分），18—25岁（1.643分），各个年龄段在这一维度的差异较小。在维度3"人际交往适应"上，4个年龄段的适应平均值从高到低依次为18—25岁（2.500分），41岁及以上（2.375分），31—40岁（2.252分），26—30岁（2.234分）。在维度4"社会支持与服务适应"上，4个年龄段的适应平均值从高到低依次为31—40岁（2.756分），26—30岁（2.473分），18—25岁（2.357分），41岁及以上（2.156分）。

在维度1"文化认同与工作适应"和维度2"日常生活适应"上，较年轻的群体比较年长的群体适应情况更为理想，可能因为在接触新的文化、生活方式与习惯方面，年轻人的接受力和适应力更强；较年长的群体在文化价值方面，其原有文化更加稳固，日常生活习惯也更难改。但较年长群体在维度3"人际交往适应"和维度4"社会支持与服务适应"上，相对其他方面适应情况较好，可能较年长的群体在人际交往和社会服务支持方面应对各类交际类型和社会环境的问题时，他们更有经验。

表 5-9 不同年龄段组社会文化适应维度描述性统计

社会文化适应维度	年龄	平均值	标准偏差	平均值的95%置信区间 下限	平均值的95%置信区间 上限	最小值	最大值
社会文化适应维度1	18—25岁	2.119	0.758	1.681	2.557	1.000	3.333
社会文化适应维度1	26—30岁	2.261	0.844	1.980	2.543	1.000	4.000
社会文化适应维度1	31—40岁	2.354	0.692	2.135	2.572	1.000	3.833
社会文化适应维度1	41岁及以上	2.271	1.003	1.736	2.806	1.167	4.500
社会文化适应维度2	18—25岁	1.643	0.606	1.293	1.993	1.000	3.000
社会文化适应维度2	26—30岁	1.658	0.768	1.402	1.914	1.000	3.333
社会文化适应维度2	31—40岁	1.659	0.697	1.438	1.879	1.000	3.333
社会文化适应维度2	41岁及以上	1.771	0.917	1.282	2.259	1.000	4.000
社会文化适应维度3	18—25岁	2.500	0.782	2.049	2.951	1.333	4.333
社会文化适应维度3	26—30岁	2.234	0.874	1.943	2.526	1.000	4.667
社会文化适应维度3	31—40岁	2.252	0.816	1.995	2.510	1.000	4.333
社会文化适应维度3	41岁及以上	2.375	0.902	1.895	2.855	1.000	4.000
社会文化适应维度4	18—25岁	2.357	0.886	1.845	2.869	1.000	4.000
社会文化适应维度4	26—30岁	2.473	0.745	2.225	2.721	1.000	3.500
社会文化适应维度4	31—40岁	2.756	0.792	2.506	3.006	1.000	4.000
社会文化适应维度4	41岁及以上	2.156	0.944	1.653	2.659	1.000	4.000

四、不同性格群体在社会文化适应上的差异分析

本研究从四种不同性格出发，对共建"一带一路"国家在华商人社会文化适应及各个维度上的差异情况进行考察。在社会文化适应总分上，如表5-10所示，适应总分平均值由高到低分别为非常内向（45.636分）、比较内向（43.488分）、比较外向（37.682分）和非常外向（31.833分）。结果发现，性格越内向的群体的社会文化适应结果越差，反之则适应结果越好。可见，在华外籍商人的性格表现为越内向，其在不同社会文化环境中越容易出现适应压力与困难。分析其中原因，可能越是外向的个体，在跨文化环境中越善于交际和交流，在遇见社会文化方面的适应困难时，也更倾向于主动寻求外界的帮助和支持。

表 5-10 不同性格组社会文化适应总分描述性统计

性格	平均值	标准偏差	平均值的95%置信区间 下限	平均值的95%置信区间 上限	最小值	最大值
非常内向	45.636	8.958	39.618	51.655	36.000	58.000
比较内向	43.488	12.098	39.669	47.306	18.000	72.000
比较外向	37.682	9.410	34.821	40.543	21.000	58.000
非常外向	31.833	11.272	24.671	38.995	18.000	54.000

从社会文化适应各个维度来看，如表5-11所示，不同性格的在华商人呈现出不同的适应水平。在维度1"文化认同与工作适应"上，4组性格的适应平均值从高到低依次为非常内向、比较内向、比较外向、非常外向，平均值依次为2.530分、2.496分、2.136分、1.833分；在维度2"日常生活适应"上，4组性格的适应平均值从高到低也依次为非常内向、比较内向、比较外向、非常外向，平均值依次为1.909分、1.854分、1.530分、1.361分；在维度3"人际交往适应"上，4组性格的适应平均值从高到低也依次为非常内向、比较内向、比较外向、非常外向，平均值依次为2.818分、2.390分、2.197分、1.861分；就维度4"社会支持与服务适应"而言，4组性格的适应平均值从高到低依次为比较内向、非常内向、比较外向、非常外向，平均值依次为2.768分、2.682分、2.386分、2.000分。整体上，社会文化适应的4个维度基本遵循这一趋势：性格越内向的群体，其社会文化适应越困难。

表 5-11　不同性格组社会文化适应维度描述性统计

社会文化适应维度	性格	平均值	标准偏差	平均值的95%置信区间 下限	平均值的95%置信区间 上限	最小值	最大值
社会文化适应维度1	非常内向	2.530	0.623	2.112	2.949	1.833	3.833
	比较内向	2.496	0.867	2.222	2.770	1.000	4.500
	比较外向	2.136	0.706	1.922	2.351	1.167	4.000
	非常外向	1.833	0.782	1.337	2.330	1.000	3.500
社会文化适应维度2	非常内向	1.909	0.883	1.316	2.502	1.000	3.333
	比较内向	1.854	0.746	1.618	2.089	1.000	4.000
	比较外向	1.530	0.672	1.326	1.735	1.000	3.333
	非常外向	1.361	0.658	0.943	1.779	1.000	3.333
社会文化适应维度3	非常内向	2.818	0.673	2.366	3.270	1.667	4.333
	比较内向	2.390	0.830	2.128	2.652	1.000	4.333
	比较外向	2.197	0.830	1.945	2.449	1.000	4.667
	非常外向	1.861	0.822	1.339	2.383	1.000	3.667
社会文化适应维度4	非常内向	2.682	1.079	1.957	3.407	1.000	4.000
	比较内向	2.768	0.791	2.519	3.018	1.000	4.000
	比较外向	2.386	0.746	2.160	2.613	1.000	3.500
	非常外向	2.000	0.739	1.531	2.469	1.000	3.000

本研究以性格为自变量，以社会文化适应的总分及4个维度得分为因变量，进一步对在华商人由性格导致的社会文化适应差异进行单因素方差分析，结果如表5-12所示：在维度1"文化认同与工作适应"上$F=3.296$，$p=0.023<0.050$；维度2"日常生活适应"上$F=2.568$，$p=0.058>0.050$；在维度3"人际交往适

应"上 $F=3.042$，$p=0.032 < 0.050$；在维度 4"社会支持与服务适应"上 $F=3.563$，$p=0.017 < 0.050$；在社会文化适应总分上 $F=5.508$，$p=0.001 < 0.010$。

表 5-12　不同性格组社会文化适应单因素方差分析

社会文化适应维度	平方和	自由度	均方	F	显著性
社会文化适应维度 1	5.903	3	1.968	3.296*	0.023
社会文化适应维度 2	4.015	3	1.338	2.568	0.058
社会文化适应维度 3	6.065	3	2.022	3.042*	0.032
社会文化适应维度 4	6.846	3	2.282	3.563*	0.017
社会文化适应总分	1884.767	3	628.256	5.508**	0.001

注：①**指在 0.010 级别（双尾）相关性显著。
②*指在 0.050 级别（双尾）相关性显著。

综上，在不同性格组别上，社会文化适应总分和社会文化适应维度 1"文化认同与工作适应"、维度 3"人际交往适应"、维度 4"社会支持与服务适应"的 p 值均小于 0.050，说明在不同性格上，社会文化适应总分和社会文化适应维度 1、维度 3、维度 4 存在显著差异。

五、不同汉语水平群体在社会文化适应上的差异分析

在跨文化适应中，语言水平对心理适应和社会文化适应来说，都是重要的技能和因素，个体的语言水平差异可能会对其社会文化适应的不同方面产生一定影响。本研究对来华前后的汉语水平进行了调查，以此分析不同语言水平的来华商人的社会文化适应差异情况。

首先，在来华前汉语水平上，在华商人自评汉语水平分为 3 个类别，分别为"非常低""不高"和"还可以"。从社会文化适应总分来看，如表 5-13 所示，来华前汉语水平"不高"的群体的社会文化适应总分平均值最高，为 40.676 分；其次为汉语水平"非常低"的，为 40.414 分；汉语水平为"还可以"的社会文化适应总分最低，为 37.375 分。

表 5-13　来华前不同汉语水平组社会文化适应总分描述性统计

来华前汉语水平	平均值	标准偏差	平均值的 95% 置信区间 下限	平均值的 95% 置信区间 上限	最小值	最大值
非常低	40.414	10.580	37.632	43.196	18.000	68.000
不高	40.676	11.189	36.772	44.581	22.000	58.000
还可以	37.375	14.375	29.715	45.035	18.000	72.000

从社会文化适应的 4 个维度来看，如表 5-14 所示，在社会文化适应维度 1"文化认同与工作适应"上，平均值最高的为来华前汉语水平"非常低"

的群体，为2.342分；其次为来华前汉语水平"不高"的群体，为2.314分；平均值最低的为来华前汉语水平"还可以"的群体，为1.979分。在维度2"日常生活适应"上，平均值最高的为来华前汉语水平"还可以"的群体，为1.854分；其次为来华前汉语水平"不高"的群体，为1.657分；平均值最低的为来华前汉语水平"非常差"的，为1.632分。在维度3"人际交往适应"上，平均值最高的为来华前汉语水平"不高"的群体，为2.382分；其次为来华前汉语水平"非常低"的群体，为2.276分；平均值最低的为来华前汉语水平"还可以"的，为2.188分。在维度4"社会支持与服务适应"上，平均值最高的为来华前汉语水平"非常低"的群体，为2.552分；其次为来华前汉语水平"不高"的，为2.544分；平均值最低的为来华前汉语水平"还可以"的，为2.344分。

表5-14　来华前不同汉语水平组社会文化适应维度描述性统计

社会文化适应维度	来华前汉语水平	平均值	标准偏差	平均值的95%置信区间 下限	平均值的95%置信区间 上限	最小值	最大值
社会文化适应维度1	非常低	2.342	0.823	2.125	2.558	1.000	4.500
社会文化适应维度1	不高	2.314	0.755	2.050	2.577	1.167	3.833
社会文化适应维度1	还可以	1.979	0.767	1.570	2.388	1.000	4.000
社会文化适应维度2	非常低	1.632	0.680	1.453	1.811	1.000	3.333
社会文化适应维度2	不高	1.657	0.759	1.392	1.922	1.000	3.333
社会文化适应维度2	还可以	1.854	0.902	1.373	2.335	1.000	4.000
社会文化适应维度3	非常低	2.276	0.859	2.050	2.502	1.000	4.667
社会文化适应维度3	不高	2.382	0.762	2.117	2.648	1.000	4.333
社会文化适应维度3	还可以	2.188	0.950	1.681	2.694	1.000	4.000
社会文化适应维度4	非常低	2.552	0.799	2.342	2.762	1.000	4.000
社会文化适应维度4	不高	2.544	0.899	2.230	2.858	1.000	4.000
社会文化适应维度4	还可以	2.344	0.811	1.912	2.776	1.000	4.000

综上，从整体社会文化适应情况和维度1"文化认同与工作适应"、维度3"人际交往适应"及维度4"社会支持与服务适应"来看，来华前汉语水平越低的适应困难程度越高，但在维度2"日常生活适应"上，来华前语言能力越强的外籍商人，其适应水平越低。

另外，就现在的汉语水平而言，不同汉语水平的商人群体的社会文化适应情况也存在差异。本次调查将外籍商人群体自评现在汉语水平分为5个类别，分别为"非常低""不高""还可以""不错"和"很高"，由于"非常低"这一组别的人数过少，只有1人，予以剔除后再进行分析，即现在汉语水平分为4个组别。从社会文化适应总分来看，如表5-15所示，现在汉语水平"不高"的群体的社会文化适应总分平均值最高，为46.000分；其次为现在汉语水平"不错"和"还可以",分别为 40.773 分和 40.690 分;现在汉语水平为"很高"的社会文化适应总分平均值最低,为 33.533 分。

表 5-15 现在不同汉语水平组社会文化适应总分描述性统计

现在汉语水平	平均值	标准偏差	平均值的95%置信区间 下限	平均值的95%置信区间 上限	最小值	最大值
不高	46.000	14.913	30.350	61.650	26.000	68.000
还可以	40.690	9.105	37.853	43.528	23.000	58.000
不错	40.773	12.742	36.899	44.647	21.000	72.000
很高	33.533	9.841	28.084	38.983	18.000	47.000

从社会文化适应的 4 个维度来看,如表 5-16 所示,在社会文化适应维度 1 "文化认同与工作适应"上,平均值最高的为现在汉语水平不高的群体,为 3.000 分;其次为现在汉语水平不错和还可以的群体,分别为 2.333 分和 2.234 分;平均值最低的为现在汉语水平很高的,为 1.956 分。在维度 2 "日常生活适应"上,平均值最高的为现在汉语水平还可以的群体,为 1.833 分;其次为现在汉语水平不错和不高的,分别为 1.644 分和 1.611 分;平均值最低的为现在汉语水平很高的,只有 1.267 分。在维度 3 "人际交往适应"上,平均值最高的为现在汉语水平不高的群体,为 2.667 分;其次为现在汉语水平不错和还可以的,分别为 2.356 分和 2.349 分;平均值最低的为现在汉语水平很高的,为 1.756 分。在维度 4 "社会支持与服务适应"上,平均值最高的为现在汉语水平不错的群体,为 2.648 分;其次为现在汉语水平还可以和很高的,分别为 2.643 分和 2.100 分;平均值最低的为现在汉语水平不高的,为 1.917 分。

表 5-16 现在不同汉语水平组社会文化适应维度描述性统计

社会文化适应维度	现在汉语水平	平均值	标准偏差	平均值的95%置信区间 下限	平均值的95%置信区间 上限	最小值	最大值
社会文化适应维度 1	不高	3.000	1.049	1.899	4.101	1.500	4.500
社会文化适应维度 1	还可以	2.234	0.763	1.996	2.472	1.000	4.000
社会文化适应维度 1	不错	2.333	0.797	2.091	2.576	1.000	4.000
社会文化适应维度 1	很高	1.956	0.674	1.582	2.329	1.000	3.333
社会文化适应维度 2	不高	1.611	0.998	0.564	2.659	1.000	3.333
社会文化适应维度 2	还可以	1.833	0.787	1.588	2.079	1.000	3.333
社会文化适应维度 2	不错	1.644	0.702	1.430	1.857	1.000	4.000
社会文化适应维度 2	很高	1.267	0.382	1.055	1.478	1.000	2.000

续表

社会文化适应维度	现在汉语水平	平均值	标准偏差	平均值的95%置信区间 下限	平均值的95%置信区间 上限	最小值	最大值
社会文化适应维度3	不高	2.667	0.843	1.782	3.552	1.333	3.667
	还可以	2.349	0.729	2.122	2.576	1.333	4.667
	不错	2.356	0.908	2.080	2.632	1.000	4.333
	很高	1.756	0.750	1.340	2.171	1.000	3.333
社会文化适应维度4	不高	1.917	1.021	0.846	2.988	1.000	3.000
	还可以	2.643	0.577	2.463	2.823	1.500	3.500
	不错	2.648	0.956	2.357	2.938	1.000	4.000
	很高	2.100	0.761	1.679	2.521	1.000	3.000

综上，在整体社会文化适应情况和维度1"文化认同与工作适应"、维度2"日常生活适应"、维度3"人际交往适应"上，现在汉语水平越低的在华商人的适应情况越不理想。由此可见，汉语水平的差异对于外籍商人在日常的生活、工作和交际上的适应具有一定的影响，在面对这些方面的问题时，汉语水平越高的群体能更易解决和适应。但在维度4"社会支持与服务适应"上，汉语水平越高的群体适应越困难。

本研究进一步对不同汉语语言水平的在华商人的社会文化适应差异进行单因素方差分析，以不同汉语语言水平为自变量，以社会文化适应的总分及4个维度得分为因变量展开研究。研究结果如表5-17所示，在维度1文化认同与工作适应上$F=2.668$，$p=0.052 > 0.050$；维度2日常生活适应上$F=2.310$，$p=0.081 > 0.050$；在维度3人际交往适应上$F=2.738$，$p=0.047 < 0.050$；在维度4社会支持与服务适应上$F=3.201$，$p=0.026 < 0.050$；在社会文化适应总分上$F=2.377$，$p=0.074 > 0.050$。综上，在不同汉语语言水平上，社会文化适应总分和社会文化适应维度1文化认同与工作适应、维度2日常生活适应上差异不显著，但在维度3人际交往适应和维度4社会支持与服务适应上的p值小于0.050，说明在不同汉语语言水平的在华外籍商人的社会文化适应维度3人际交往适应和维度4社会支持与服务适应存在显著差异。

表5-17 现在不同汉语水平组社会文化适应单因素方差分析

社会文化适应维度	平方和	自由度	均方	F	显著性
社会文化适应维度1	4.903	3	1.634	2.668	0.052
社会文化适应维度2	3.607	3	1.202	2.310	0.081
社会文化适应维度3	5.474	3	1.825	2.738*	0.047
社会文化适应维度4	6.175	3	2.058	3.201*	0.026
社会文化适应总分	889.526	3	296.509	2.377	0.074

注：*指在0.050级别（双尾）相关性显著。

六、不同在华时间群体在社会文化适应上的差异分析

本次调查的 108 位商人在华的时间不同，其总体社会文化适应水平和社会文化适应各个维度的表现也存在一定的差异。首先，从社会文化适应总分来看，如图 5-3 所示，社会文化适应总分平均值从高到低分别为在华 1—3 个月的群体（53.000 分）、在华 3—6 个月的群体（43.500 分）、在华 5—10 年的群体（42.500 分）、在华 1—2 年的群体（41.156 分）、在华 1 个月以下的群体（38.714 分）、在华 2—5 年的群体（38.694 分）、在华 6—12 个月的群体（36.875 分）、在华 10 年以上的群体（27.000 分）。整体上，在华时间越长的商人，其社会文化适应情况越好，适应水平越高，在华 10 年以上的群体其总分平均值只有 27 分，而在华 1—3 个月的群体总分平均值高达 53.000 分，社会文化适应较为困难。

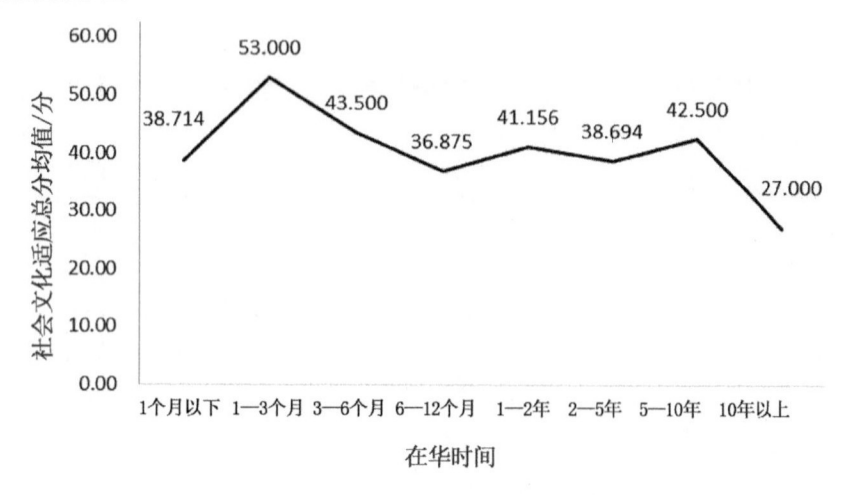

图 5-3 不同在华时间组社会文化适应总分平均值

从社会文化适应的各维度来看，如表 5-18 所示，在社会文化适应维度 1 "文化认同与工作适应"上，平均值最高的为在华 1—3 个月的商人群体（2.667 分），平均值最低的为在华 10 年以上的商人群体（1.500 分）；在维度 2 "日常生活适应"上，平均值最高的为在华 1—3 个月的商人群体（3.167 分），平均值最低的为在华 10 年以上的商人群体（1.333 分）；在维度 3 "人际交往适应"上，平均值最高的为在华 1—2 年的商人群体（2.510 分），平均值最低的为在华 10 年以上的商人群体（1.333 分）；在社会文化适应维度 4 "社会支持与服务适应"上，平均值最高的为在华 1—3 个月的商人群体（3.000 分），平均值最低的为在华 10 年以上的商人群体（1.500 分）。

表 5-18 不同在华时间组社会文化适应维度描述性统计

在华时间	统计项	社会文化适应维度1	社会文化适应维度2	社会文化适应维度3	社会文化适应维度4
1个月以下	平均值	2.071	2.190	2.238	2.214
	标准偏差	0.560	0.858	0.686	0.567
1—3个月	平均值	2.667	3.167	2.333	3.000
	标准偏差	0.236	0.236	0.471	0.000
3—6个月	平均值	2.500	2.056	2.389	2.542
	标准偏差	1.008	1.081	0.814	0.689
6—12个月	平均值	2.208	1.500	1.917	2.125
	标准偏差	0.786	0.471	0.556	0.835
1—2年	平均值	2.458	1.615	2.510	2.438
	标准偏差	0.812	0.758	0.743	0.990
2—5年	平均值	2.111	1.500	2.231	2.778
	标准偏差	0.712	0.543	0.946	0.670
5—10年	平均值	2.438	1.583	2.375	2.563
	标准偏差	0.980	0.388	1.090	0.980
10年以上	平均值	1.500	1.333	1.333	1.500
	标准偏差	0.441	0.333	0.333	0.500

综合以上结果，社会文化适应总分情况及各个维度来看，在华10年以上的商人群体不论是整体适应还是各个维度的适应均较好，而在华1—3个月的商人群体的适应表现欠佳，较易出现适应困难和问题。其可能原因是在华10年以上的商人，已经在中国生活较长时间，对中国的文化习俗、日常生活、工作和社会服务支持都已经比较熟悉和适应，故其适应结果较理想。而在华时间1—3个月的商人在到达中国后，可能会进入文化休克的挫折时期，对中国社会文化的多个方面开始逐步接触并碰到一些问题，此阶段极易出现适应困难。

本研究进一步对在华商人的不同在华时间进行社会文化适应差异分析，以在华时间为自变量，以社会文化适应的总分及4个维度得分为因变量，进行单因素方差分析。分析结果显示如下（详见表5-19），在维度1"文化认同与工作适应"上$F=1.206$，$p=0.306>0.050$；在维度2"日常生活适应"上$F=2.937$，$p=0.008<0.050$；在维度3"人际交往适应"上$F=1.179$，$p=0.322>0.050$；在维度4"社会支持与服务适应"上$F=1.774$，$p=0.101>0.050$；在社会文化适应总分上$F=1.411$，$p=0.209>0.050$。综上可得，在不同在华时间上，社会文化适应总分及其维度1"文化认同与工作适应"、维度3"人际交往适应"、维度4"社会支持与服务适应"在统计学意义上差异均不显著。但是，不同在华时间在维度2"日常生活适应"上的适应水平存在显著差异。

表 5-19　不同在华时间组社会文化适应单因素方差分析

社会文化适应维度	平方和	自由度	均方	F	显著性
社会文化适应维度 1	5.294	7	0.756	1.206	0.306
社会文化适应维度 2	9.929	7	1.418	2.937**	0.008
社会文化适应维度 3	5.732	7	0.819	1.179	0.322
社会文化适应维度 4	8.114	7	1.159	1.774	0.101
社会文化适应总分	1235.607	7	176.515	1.411	0.209

注：** 指在 0.010 级别（双尾）相关性显著。

七、不同跨文化经历群体在社会文化适应上的差异分析

有无其他跨文化经历及经历的时间不同，可能也会导致在华商人的社会文化适应水平不同。本研究对共建"一带一路"国家在华商人之前的跨文化经历进行了调查，调查对象分为没有海外生活经历、3 个月以下的海外经历、3—6 个月的海外经历、6 个月以上的海外经历这 4 组。

首先从社会文化适应总分来看，没有海外生活经历的群体得分为 38.848 分，3 个月以下的海外经历的群体得分为 41.769 分、3—6 个月的海外经历的群体得分为 37.667 分、6 个月以上的海外经历的群体得分为 42.500 分。其中社会文化适应总分最高的为在海外生活 6 个月以上的群体，得分最低的为在海外生活 3—6 个月的群体（详见表 5-20）。

表 5-20　不同跨文化经历组社会文化适应总分描述性统计

海外生活经历	平均值	标准偏差	平均值的 95% 置信区间 下限	平均值的 95% 置信区间 上限	最小值	最大值
没有	38.848	10.583	36.247	41.450	18.000	57.000
3 个月以下	41.769	11.606	34.756	48.782	29.000	72.000
3—6 个月	37.667	11.846	8.239	67.094	24.000	45.000
6 个月以上	42.500	13.058	37.226	47.774	18.000	68.000

从社会文化适应的 4 个维度的平均值来看，维度 1 "文化认同与工作适应"平均值最高的为 6 个月以上海外经历的群体，为 2.494 分，平均值最低的为 3—6 个月海外生活经历的群体，为 2.111 分；维度 2 "日常生活适应"平均值最高的为 3 个月以下海外经历的群体，为 1.974 分，平均值最低的为 3—6 个月海外经历的群体，为 1.222 分；维度 3 "人际交往适应"平均值最高的为 6 个月以上海外经历的群体，为 2.590 分，平均值最低的为没有海外生活经历的群体，为 2.162 分；维度 4 "社会支持与服务适应"平均值最高的为 3 个月以下海外经历的群体，为 3.000 分，平均值最低的为 6 个月以上海外经历的群体，为 2.404 分

(详见表5-21)。

表 5-21 不同跨文化经历组社会文化适应维度描述性统计

社会文化适应维度	海外生活经历	平均值	标准偏差	平均值的95%置信区间 下限	平均值的95%置信区间 上限	最小值	最大值
社会文化适应维度1	没有	2.227	0.782	2.035	2.419	1.000	3.833
	3个月以下	2.154	0.702	1.730	2.578	1.500	4.000
	3—6个月	2.111	1.018	−0.419	4.641	1.000	3.000
	6个月以上	2.494	0.863	2.145	2.842	1.000	4.500
社会文化适应维度2	没有	1.646	0.711	1.472	1.821	1.000	3.333
	3个月以下	1.974	0.967	1.390	2.559	1.000	4.000
	3—6个月	1.222	0.192	0.744	1.700	1.000	1.333
	6个月以上	1.641	0.699	1.359	1.923	1.000	3.333
社会文化适应维度3	没有	2.162	0.754	1.976	2.347	1.000	4.000
	3个月以下	2.333	0.805	1.847	2.820	1.000	4.000
	3—6个月	2.556	0.385	1.599	3.512	2.333	3.000
	6个月以上	2.590	1.030	2.174	3.006	1.000	4.667
社会文化适应维度4	没有	2.470	0.717	2.293	2.646	1.000	4.000
	3个月以下	3.000	0.456	2.724	3.276	2.000	4.000
	3—6个月	2.500	0.500	1.258	3.742	2.000	3.000
	6个月以上	2.404	1.158	1.936	2.871	1.000	4.000

总的来看，具有不同跨文化经历的在华商人在中国的社会文化及各个维度的适应结果存在一定差异。从社会文化适应总分和各个维度来看，整体上在海外生活时间越长的群体得分越高，其适应情况越差，而没有跨文化经历或者曾经在海外生活过较短时间的外籍商人在中国的社会文化各方面适应较好。

八、对中国不同了解程度的群体在社会文化适应上的差异分析

本研究对外籍商人在不同对华了解程度上的社会文化适应差异进行分析，调查的108名商人在来华前对中国从"一点也不了解"至"非常了解"共分为5组。这5组调查对象在社会文化适应总分平均值方面，如图5-4所示，社会文化适应总分平均值最高的为对中国"一点也不了解"的群体（42.355分），其次为"有些了解"的群体（40.848分），平均值最低的为"比较了解"的群体（30.750分）。可见，在整体社会文化适应水平方面，对中国相对比较了解的在华商人的适应情况反而不太理想，其可能原因是这些商人在社会文化方面深度接触后，才会对中国了解越多，其参与和接触的适应困难事项也相对比了解程度较少的商人要多。

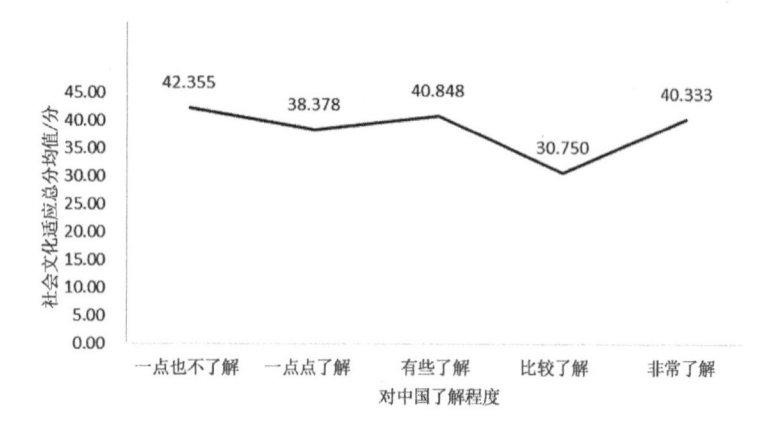

图 5-4　对中国不同了解程度组社会文化适应总分

从社会文化适应 4 个维度来看，如表 5-22 所示，在维度 1 "文化认同与工作适应"上，平均值最高的为对中国了解程度为"非常了解"的群体，分值为 2.667 分，平均值最低的为"比较了解"的群体，分值为 1.625 分；在维度 2 "日常生活适应"上，平均值最高的为"一点也不了解"的群体，分值为 1.839 分，平均值最低的为"非常了解"的群体，分值为 1.222 分；在维度 3 "人际交往适应"上，平均值最高的为"非常了解"的群体，分值为 2.667 分，平均值最低的为"一点点了解"的群体，分值为 2.045 分；在维度 4 "社会支持与服务适应"上，平均值最高的为"一点点了解"的群体，分值为 2.622 分，平均值最低的为"比较了解"的群体，分值为 2.125 分。

整体上，在不同的维度，对中国不同了解程度的在华商人的适应情况均有不同，在维度 1 "文化认同与工作适应"、维度 3 "人际交往适应"和维度 4 "社会支持与服务适应"上，对中国了解程度较少和对中国非常了解的在华商人相对适应较差，但在维度 2 "日常生活适应"上，对中国了解程度越高的在华商人的适应越好。

表 5-22　对中国不同了解程度组社会文化适应维度描述性统计

社会文化适应维度	对中国了解程度	平均值	标准偏差	平均值的 95% 置信区间 下限	平均值的 95% 置信区间 上限	最小值	最大值
社会文化适应维度 1	一点也不了解	2.349	0.738	2.079	2.620	1.000	3.500
	一点点了解	2.158	0.803	1.890	2.425	1.000	4.500
	有些了解	2.394	0.793	2.113	2.675	1.167	4.000
	比较了解	1.625	0.344	1.078	2.172	1.167	2.000
	非常了解	2.667	1.528	−1.128	6.461	1.000	4.000

续表

社会文化适应维度	对中国了解程度	平均值	标准偏差	平均值的95%置信区间 下限	平均值的95%置信区间 上限	最小值	最大值
社会文化适应维度2	一点也不了解	1.839	0.798	1.546	2.131	1.000	3.333
社会文化适应维度2	一点点了解	1.577	0.679	1.350	1.803	1.000	3.333
社会文化适应维度2	有些了解	1.717	0.773	1.443	1.991	1.000	4.000
社会文化适应维度2	比较了解	1.250	0.500	0.454	2.046	1.000	2.000
社会文化适应维度2	非常了解	1.222	0.192	0.744	1.700	1.000	1.333
社会文化适应维度3	一点也不了解	2.581	0.898	2.251	2.910	1.000	4.333
社会文化适应维度3	一点点了解	2.045	0.681	1.818	2.272	1.000	3.667
社会文化适应维度3	有些了解	2.303	0.788	2.024	2.582	1.000	4.000
社会文化适应维度3	比较了解	2.083	0.833	0.757	3.409	1.667	3.333
社会文化适应维度3	非常了解	2.667	1.856	−1.944	7.277	1.000	4.667
社会文化适应维度4	一点也不了解	2.613	0.981	2.253	2.973	1.000	4.000
社会文化适应维度4	一点点了解	2.622	0.639	2.409	2.835	1.000	3.500
社会文化适应维度4	有些了解	2.379	0.866	2.072	2.686	1.000	4.000
社会文化适应维度4	比较了解	2.125	0.629	1.124	3.126	1.500	3.000
社会文化适应维度4	非常了解	2.333	1.155	−0.535	5.202	1.000	3.000

九、不同社会支持群体在社会文化适应上的差异分析

本研究对是否有家人一起来华的外籍商人在社会文化适应及各个维度上的差异情况进行分析。首先，从社会文化适应总分来看，如表5-23所示，没有家人一起来中国的商人群体总分平均值为40.827分，有家人一起来中国的商人群体总分平均值为38.273分。由此可见，有家人陪伴的在华商人的整体社会文化适应水平略高。

表5-23 是否有家人陪伴组社会文化适应总分描述性统计

是否与家人一起来中国	平均值	标准偏差	标准误差平均值
否	40.827	11.002	1.270
是	38.273	12.042	2.096

从社会文化适应4个维度的平均值得分来看，如表5-24所示，在维度1"文化认同与工作适应"上，没有家人一起在中国的群体平均值为2.378分，有家人一起来华的平均值为2.056分；在维度2"日常生活适应"上，没有家人一起在中国的群体平均值为1.724分，有家人一起来华的平均值为1.556分；在维度3"人际交往适应"上，没有家人一起在中国的群体平均值为2.289分，有家人一起来华的平均值为2.313分；在维度4"社会支持与服务适应"上，没有家人一起在中国的群体平均值为2.507分，有家人一起来华的平均值为2.545分。

在4个维度中，在维度1"文化认同与工作适应"和维度2"日常生活适应"上，没有家人一起在中国的群体均值高于有家人一起的，即有家人一起在中国的在华商人适应水平较高，可能在日常生活和工作上，他们的家人能在这些方面给予帮助和支持，一同解决问题和困难，减少一定的适应压力。而在维度3"人际交往适应"和维度4"社会支持与服务适应"上，有家人一起在中国的商人均值高于没有家人一起的商人。

表5-24 是否有家人陪伴组社会文化适应维度描述性统计

社会文化适应维度	是否与家人一起来中国	平均值	标准偏差	标准误差平均值
社会文化适应维度1	否	2.378	0.769	0.089
	是	2.056	0.827	0.144
社会文化适应维度2	否	1.724	0.758	0.088
	是	1.556	0.685	0.119
社会文化适应维度3	否	2.289	0.823	0.095
	是	2.313	0.886	0.154
社会文化适应维度4	否	2.507	0.876	0.101
	是	2.545	0.722	0.126

第三节 社会文化适应相关因素分析

一、社会文化适应与人口学变量

跨文化适应具有个体差异性和复杂性的特点，其影响因素众多，不同的社会背景、文化知识、身份等都会影响文化适应水平（Berry & Annis, 1974; Berry, 2005）。上一节对共建"一带一路"国家在华商人的心理适应与人口统计学变量的相关性进行了探索，发现性格、汉语水平和跨文化经历与其心理适应水平具有显著相关性。本节将对人口学统计变量与社会文化适应的相关性进行分析，主要从调查对象的地区、性别、是否与家人一起来中国、性格、年龄、在华时间、汉语水平、海外生活经历、对中国了解情况分别进行探索。

从地区与社会文化适应总分和各个维度的相关性来看，如表5-25所示，与社会文化适应总分的相关系数为0.013，$p=0.894>0.050$；与社会文化适应维度1"文化认同与工作适应"的相关系数为-0.082，$p=0.398>0.050$；与维度2"日常生活适应"的相关系数为0.095，$p=0.326>0.050$；与维度3"人际交往适应"的相关系数为0.125，$p=0.199>0.050$；与维度4"社会支持与服务适应"

的相关系数为-0.018，p=0.856＞0.050。可见，地区变量与社会文化适应总分及各个维度没有显著相关性。

表5-25 地区变量与社会文化适应相关性

变量	统计项	社会文化适应维度1	社会文化适应维度2	社会文化适应维度3	社会文化适应维度4	社会文化适应总分
地区	皮尔逊相关性	-0.082	0.095	0.125	-0.018	0.013
	Sig.（双尾）	0.398	0.326	0.199	0.856	0.894
	个案数	108	108	108	108	108

从性别与社会文化适应总分和各个维度的相关性来看，如表5-26所示，与社会文化适应总分的相关系数为-0.044，p=0.648＞0.050；与社会文化适应维度1"文化认同与工作适应"的相关系数为-0.085，p=0.383＞0.050；与维度2"日常生活适应"的相关系数为-0.036，p=0.709＞0.050；与维度3"人际交往适应"的相关系数为0.132，p=0.174＞0.050；与维度4"社会支持与服务适应"的相关系数为-0.029，p=0.768＞0.050。可见，性别变量与社会文化适应总分及各个维度没有显著相关性。

表5-26 性别变量与社会文化适应相关性

变量	统计项	社会文化适应维度1	社会文化适应维度2	社会文化适应维度3	社会文化适应维度4	社会文化适应总分
性别	皮尔逊相关性	-0.085	-0.036	0.132	-0.029	-0.044
	Sig.（双尾）	0.383	0.709	0.174	0.768	0.648
	个案数	108	108	108	108	108

从是否与家人一起来中国与社会文化适应总分和各个维度的相关性来看，如表5-27所示，与社会文化适应总分的相关系数为-0.104，p=0.283＞0.050；与社会文化适应维度1"文化认同与工作适应"的相关系数为-0.187，p=0.053＞0.050；与维度2"日常生活适应"的相关系数为-0.106，p=0.275＞0.050；与维度3"人际交往适应"的相关系数为0.013，p=0.891＞0.050；与维度4"社会支持与服务适应"的相关系数为0.022，p=0.824＞0.050。可见，与家人是否一起来中国的因素与社会文化适应总分及各个维度没有显著相关性。

表5-27 是否与家人一起来中国与社会文化适应相关性

变量	统计项	社会文化适应维度1	社会文化适应维度2	社会文化适应维度3	社会文化适应维度4	社会文化适应总分
与家人一起来中国	皮尔逊相关性	-0.187	-0.106	0.013	0.022	-0.104
	Sig.（双尾）	0.053	0.275	0.891	0.824	0.283
	个案数	108	108	108	108	108

从性格与社会文化适应总分和各个维度的相关性来看，如表 5-28 所示，与社会文化适应总分的相关系数为 -0.362，$p=0.000<0.010$；与社会文化适应维度 1 "文化认同与工作适应" 的相关系数为 -0.281，$p=0.003<0.010$；与维度 2 "日常生活适应" 的相关系数为 -0.251，$p=0.009<0.010$；与维度 3 "人际交往适应" 的相关系数为 -0.278，$p=0.004<0.010$；与维度 4 "社会支持与服务适应" 的相关系数为 -0.274，$p=0.004<0.010$。可见，性格变量与社会文化适应总分及其 4 个维度均有显著相关性。

表 5-28 性格变量与社会文化适应相关性

变量	统计项	社会文化适应维度1	社会文化适应维度2	社会文化适应维度3	社会文化适应维度4	社会文化适应总分
性格	皮尔逊相关性	-0.281^{**}	-0.251^{**}	-0.278^{**}	-0.274^{**}	-0.362^{**}
	Sig.（双尾）	0.003	0.009	0.004	0.004	0.000
	个案数	108	108	108	108	108

注：** 指在 0.010 级别（双尾）相关性显著。

从年龄与社会文化适应总分和各个维度的相关性来看，如表 5-29 所示，与社会文化适应总分的相关系数为 0.059，$p=0.545>0.050$；与社会文化适应维度 1 "文化认同与工作适应" 的相关系数为 0.065，$p=0.502>0.050$；与维度 2 日常生活适应的相关系数为 0.042，$p=0.668>0.050$；与维度 3 "人际交往适应" 的相关系数为 -0.027，$p=0.785>0.050$；与维度 4 "社会支持与服务适应" 的相关系数为 0.005，$p=0.958>0.050$。可见，年龄变量与社会文化适应总分及各个维度没有显著相关性。

表 5-29 年龄变量与社会文化适应相关性

变量	统计项	社会文化适应维度1	社会文化适应维度2	社会文化适应维度3	社会文化适应维度4	社会文化适应总分
年龄	皮尔逊相关性	0.065	0.042	-0.027	0.005	0.059
	Sig.（双尾）	0.502	0.668	0.785	0.958	0.545
	个案数	108	108	108	108	108

从在华时间与社会文化适应总分和各个维度的相关性来看，如表 5-30 所示，与社会文化适应总分的相关系数为 -0.114，$p=0.238>0.050$；与社会文化适应维度 1 "文化认同与工作适应" 的相关系数为 -0.085，$p=0.381>0.050$；与维度 2 "日常生活适应" 的相关系数为 -0.328，$p=0.001<0.010$；与维度 3 "人际交往适应" 的相关系数为 -0.052，$p=0.595>0.050$；与维度 4 "社会支持与服务适应" 的相关系数为 0.063，$p=0.515>0.050$。可见，在华时间变量与

社会文化适应总分及维度1"文化认同与工作适应"、维度3"人际交往适应和维度"没有显著相关性,但是同维度2"日常生活适应"具有显著相关性。

表 5-30　在华时间与社会文化适应相关性

变量	统计项	社会文化适应维度1	社会文化适应维度2	社会文化适应维度3	社会文化适应维度4	社会文化适应总分
在华时间	皮尔逊相关性	－0.085	－0.328**	－0.052	0.063	－0.114
	Sig.（双尾）	0.381	0.001	0.595	0.515	0.238
	个案数	108	108	108	108	108

注：**指在0.010级别（双尾）相关性显著。

从现在汉语水平与社会文化适应总分和各个维度的相关性来看,如表5-31所示,与社会文化适应总分的相关系数为－0.204,$p=0.034<0.050$;与社会文化适应维度1"文化认同与工作适应"的相关系数为－0.166,$p=0.085>0.050$;与维度2日常生活适应的相关系数为－0.230,$p=0.017<0.050$;与维度3"人际交往适应"的相关系数为－0.240,$p=0.012<0.050$;与维度4"社会支持与服务适应"的相关系数为－0.017,$p=0.864>0.050$。可见,汉语水平因素与社会文化适应总分及维度2"日常生活适应、维度3"人际交往适应"有显著相关性,与维度1"文化认同与工作适应"和维度4"社会支持与服务适应"不具有显著相关性。

表 5-31　汉语水平与社会文化适应相关性

变量	统计项	社会文化适应维度1	社会文化适应维度2	社会文化适应维度3	社会文化适应维度4	社会文化适应总分
现在汉语水平	皮尔逊相关性	－0.166	－0.230*	－0.240*	－0.017	－0.204*
	Sig.（双尾）	0.085	0.017	0.012	0.864	0.034
	个案数	108	108	108	108	108

注：*指在0.050级别（双尾）相关性显著。

从海外生活经历与社会文化适应总分和各个维度的相关性来看,如表5-32所示,与社会文化适应总分的相关系数为0.130,$p=0.181>0.050$;与社会文化适应维度1"文化认同与工作适应"的相关系数为0.130,$p=0.179>0.050$;与维度2"日常生活适应"的相关系数为－0.013,$p=0.897>0.050$;与维度3"人际交往适应"的相关系数为0.219,$p=0.023<0.050$;与维度4"社会支持与服务适应"的相关系数为－0.025,$p=0.798>0.050$。可见,不同跨文化经历变量与社会文化适应总分及维度1"文化认同与工作适应"、维度2"日常生活适应"、维度4"社会支持与服务适应"没有显著相关性,但是与维度3"人际交往适应"具有显著相关性。分析其中原因，可能有过不同跨文化适应背景的在华商人在与中国人交往时，会与此前有其他海外文化背景的群体进行比较，进而采取不同的交际策略，与无海外生活经历的商人相比，可能会更具适应难度。

表 5-32 跨文化经历与社会文化适应相关性

变量	统计项	社会文化适应维度1	社会文化适应维度2	社会文化适应维度3	社会文化适应维度4	社会文化适应总分
海外生活经历	皮尔逊相关性	0.130	−0.013	0.219*	−0.025	0.130
	Sig.（双尾）	0.179	0.897	0.023	0.798	0.181
	个案数	108	108	108	108	108

注：*指在0.050级别（双尾）相关性显著。

从对中国了解情况与社会文化适应总分和各个维度的相关性来看，如表5-33所示，与社会文化适应总分的相关系数为−0.098，$p=0.313>0.050$；与社会文化适应维度1"文化认同与工作适应"的相关系数为−0.002，$p=0.986>0.050$；与维度2"日常生活适应"的相关系数为−0.143，$p=0.140>0.050$；与维度3"人际交往适应"的相关系数为−0.079，$p=0.417>0.050$；与维度4"社会支持与服务适应"的相关系数为−0.142，$p=0.144>0.050$。可见，对中国了解程度变量与社会文化适应总分及各个维度没有显著相关性。

表 5-33 对中国了解情况与社会文化适应相关性

变量	统计项	社会文化适应维度1	社会文化适应维度2	社会文化适应维度3	社会文化适应维度4	社会文化适应总分
来华前对中国的了解情况	皮尔逊相关性	−0.002	−0.143	−0.079	−0.142	−0.098
	Sig.（双尾）	0.986	0.140	0.417	0.144	0.313
	个案数	108	108	108	108	108

综合可得，共建"一带一路"国家在华商人的社会文化适应水平在一定程度上和人口学统计学变量中的性格、汉语水平、在华时间和跨文化经历具有显著相关性，但是与调查对象的地区、性别、是否与家人一起来中国、年龄、对中国了解情况无显著相关性。

二、社会文化适应与感知文化距离

感知文化距离是文化适应的一个重要影响因素，当前已有较多的研究对其进行探索和验证。而针对社会文化适应这一问题，有研究表明感知文化距离可作为社会文化适应的预测因素之一，一般感知文化差异越大越能预测较差的社会文化适应水平（Galchenko & van de Vijver，2007）。另外，在以往针对在华非洲商人感知文化距离与社会文化适应相关性的研究上，可发现整体社会文化适应与文化距离之间没有显著相关性，但是分析感知价值观念差异与社会文化适应的文化观念适应、生活环境适应之间存在显著相关性，感知基础建设差异和社会文化适应的人际交往适应存在显著的相关性（胡伟杰、印晓红，2023）。本研究在此基础上，对共建"一带一路"国家在华商人的感知文化距离与社会文化适应的相关性进行探索。

如表5-34所示，整体感知文化距离与社会文化适应总分之间的相关系数为0.172，$p=0.075 > 0.050$。从感知文化距离各个维度与社会文化适应总分的相关性来看，感知文化距离的维度1"文化观念"与社会文化适应总分的相关系数为0.289，$p=0.002 < 0.010$；感知文化距离的维度2"基础服务"与社会文化适应总分的相关系数为－0.029，$p=0.765 > 0.050$；感知文化距离的维度3"生活日常"与社会文化适应总分的相关系数为0.165，$p=0.088 > 0.050$。可见，感知文化距离及维度2"基础服务"、维度3"生活日常"与社会文化适应总分均没有显著相关性，但是感知文化距离维度1"文化观念"与社会文化适应水平具有显著相关性。因此可知，对不同文化价值观念方面的差异感知能在一定程度上预测在华商人的社会文化适应情况。

表5-34　感知文化距离与社会文化适应总分相关性

社会文化适应	统计项	感知文化距离总分	感知文化距离维度1	感知文化距离维度2	感知文化距离维度3
社会文化适应总分	皮尔逊相关性	0.172	0.289**	－0.029	0.165
	Sig.（双尾）	0.075	0.002	0.765	0.088
	个案数	108	108	108	108

注：**指在0.010级别（双尾）相关性显著。

从感知文化距离维度与社会文化适应维度之间的相关性来看，如表5－35所示，感知文化距离维度1"文化观念"与社会文化适应维度1"文化认同与工作适应"之间的相关系数为0.279，$p=0.003 < 0.010$；感知文化距离维度1"文化观念"与社会文化适应维度2"日常生活适应"之间的相关系数为0.025，$p=0.795 > 0.050$；感知文化距离维度1"文化观念"与社会文化适应维度3"人际交往适应"之间的相关系数为0.193，$p=0.045 < 0.050$；感知文化距离维度1"文化观念"与社会文化适应维度4"社会支持与服务适应"之间的相关系数为0.200，$p=0.038 < 0.050$。总结可得，感知文化距离维度1"文化观念"与社会文化适应维度2"日常生活适应"之间不存在相关性，但是与社会文化适应维

度 1"文化认同与工作适应"、维度 3"人际交往适应"和维度 4"社会支持与服务适应"上均具有显著相关性。分析其中原因，可能在中国日常生活的各个方面已趋于现代化与全球化，与文化价值观念方面的差异感知之间不存在相关性，但是文化价值观念的差异会表现在人们的日常交际和涉及不同观念的政府服务与社会支持上，各个国家和文化背景之间差异巨大，对商人们的文化适应会产生较大影响。

表 5-35　感知文化距离维度 1 与社会文化适应维度相关性

感知文化距离维度	统计项	社会文化适应维度 1	社会文化适应维度 2	社会文化适应维度 3	社会文化适应维度 4
感知文化距离维度 1 均值	皮尔逊相关性	0.279**	0.025	0.193*	0.200*
	Sig.（双尾）	0.003	0.795	0.045	0.038
	个案数	108	108	108	108

注：①**指在 0.010 级别（双尾）相关性显著。
②*指在 0.050 级别（双尾）相关性显著。

如表 5-36 所示，感知文化距离维度 2"基础服务"与社会文化适应维度 1"文化认同与工作适应"之间的相关系数为－0.004，$p=0.971 > 0.050$；感知文化距离维度 2"基础服务"与社会文化适应维度 2"日常生活适应"之间的相关系数为－0.103，$p=0.290 > 0.050$；感知文化距离维度 2"基础服务"与社会文化适应维度 3"人际交往适应"之间的相关系数为－0.128，$p=0.187 > 0.050$；感知文化距离维度 2"基础服务"与社会文化适应维度 4"社会支持与服务适应之"之间的相关系数为－0.080，$p=0.408 > 0.050$。可见，感知文化距离维度 2"基础服务"和社会文化适应各个维度之间均无显著相关性。

表 5-36　感知文化距离维度 2 与社会文化适应维度相关性

感知文化距离维度	统计项	社会文化适应维度 1	社会文化适应维度 2	社会文化适应维度 3	社会文化适应维度 4
感知文化距离维度 2 均值	皮尔逊相关性	－0.004	－0.103	－0.128	－0.080
	Sig.（双尾）	0.971	0.290	0.187	0.408
	个案数	108	108	108	108

如表 5-37 所示，感知文化距离维度 3"生活日常"与社会文化适应维度 1"文化认同与工作适应"之间的相关系数为 0.127，$p=0.191 > 0.050$；感知文化距离维度 3"生活日常"与社会文化适应维度 2"日常生活适应"之间的相关系数为－0.118，$p=0.223 > 0.050$；感知文化距离维度 3"生活日常"与社会文化适应维度 3"人际交往适应"之间的相关系数为 0.190，$p=0.049 < 0.050$；感知

文化距离维度3"生活日常"与社会文化适应维度4"社会支持与服务适应"之间的相关系数为0.202，p=0.036＜0.050。综合分析结果为感知文化距离维度3"生活日常"与社会文化适应维度1、维度2、维度4均无显著相关性，但是与维度3"人际交往适应"具有显著相关性。

表5-37 感知文化距离维度3与社会文化适应维度相关性

感知文化距离维度	统计项	社会文化适应维度1	社会文化适应维度2	社会文化适应维度3	社会文化适应维度4
感知文化距离维度3	皮尔逊相关性	0.127	－0.118	0.190*	0.202*
	Sig.（双尾）	0.191	0.223	0.049	0.036
	个案数	108	108	108	108

注：*指在0.050级别（双尾）相关性显著。

总结上述分析结果，可以发现感知文化距离总分及维度2"基础服务"、维度3"生活日常"与社会文化适应总分均没有显著相关性；感知文化距离维度1"文化观念"与社会文化适应总分及维度1"文化认同与工作适应"、维度3"人际交往适应"和维度4"社会支持"与服务适应均具有显著相关性；感知文化距离维度2"基础服务"和社会文化适应各个维度之间均无显著相关性；感知文化距离维度3"生活日常"与社会文化适应维度3"人际交往适应"具有显著相关性。

三、社会文化适应与心理适应

心理适应和社会文化适应是跨文化适应的两个方面，有学者在针对在华非洲商人的跨文化适应研究中发现，心理适应与社会适应之间存在显著相关性，并且各个维度之间也存在一定的相关性（胡伟杰、印晓红，2023）。本书针对共建"一带一路"国家在华商人的2个维度间的关系进行探讨，对社会文化适应和心理适应总分及各个维度之间的相关性进行分析。

从社会文化适应总分及各维度与心理适应总分的相关性来看（详见表5-38），社会文化适应与心理适应之间的相关系数为0.307，p=0.001＜0.010；社会文化适应维度1"文化认同与工作适应"和心理适应总分之间的相关系数为0.198，p=0.040＜0.050；社会文化适应维度2"日常生活适应"和心理适应总分之间的相关系数为0.239，p=0.013＜0.050；社会文化适应维度3"人际交往适应"和心理适应总分之间的相关系数为0.198，p=0.040＜0.050；社会文化适应维度4"社会支持与服务适应"和心理适应总分之间的相关系数为0.201，p=0.037＜0.050。可见，心理适应总分与社会文化适应总分及4个维度均显著相关。可见，心理适应水平与社会文化适应的各个方面关系密切，可能心理健康方面的问题会对社会文化适应及各个维度均产生影响，而在社会文化各个方面的适应压力亦可能带来心理问题。

表 5-38　社会文化适应与心理适应总分相关性

心理适应	统计项	社会文化适应维度1	社会文化适应维度2	社会文化适应维度3	社会文化适应维度4	社会文化适应总分
SDS总分	皮尔逊相关性	0.198*	0.239*	0.198*	0.201*	0.307**
	Sig.（双尾）	0.040	0.013	0.040	0.037	0.001
	个案数	108	108	108	108	108

注：①**指在0.010级别（双尾）相关性显著。
②*指在0.050级别（双尾）相关性显著。

从社会文化适应各维度与心理适应各维度之间的相关性来看，如表5-39所示，社会文化适应维度1"文化认同与工作适应"和心理适应维度1"兴趣习惯"之间的相关系数为0.018，$p=0.849>0.050$；和心理适应维度2"生理症状"之间的相关系数为0.382，$p=0.000<0.010$；和心理适应维度3"情感态度"之间的相关系数为0.122，$p=0.209>0.050$；和心理适应维度4"精神精力"之间的相关系数为-0.024，$p=0.807>0.050$。分析结果为，社会文化适应维度1"文化认同与工作适应"同心理适应维度1、维度3、维度4无显著相关性，但与维度2"生理症状"显著相关。

表 5-39　社会文化适应维度1与心理适应维度相关性

社会文化适应维度	统计项	心理适应维度1	心理适应维度2	心理适应维度3	心理适应维度4
社会文化适应维度1	皮尔逊相关性	0.018	0.382**	0.122	-0.024
	Sig.（双尾）	0.849	0.000	0.209	0.807
	个案数	108	108	108	108

注：**指在0.010级别（双尾）相关性显著。

如表5-40所示，社会文化适应维度2"日常生活适应"和心理适应维度1"兴趣习惯"之间的相关系数为0.159，$p=0.100>0.050$；和心理适应维度2"生理症状"之间的相关系数为0.297，$p=0.002<0.010$；和心理适应维度3"情感态度"之间的相关系数为0.126，$p=0.193>0.050$；和心理适应维度4"精神精力"之间的相关系数为0.001，$p=0.995>0.050$。分析结果为社会文化适应维度2"日常生活适应"同心理适应维度1、维度3、维度4无显著相关性，但与维度2"生理症状"显著相关。

表 5-40　社会文化适应维度 2 与心理适应维度相关性

社会文化适应维度	统计项	心理适应维度 1	心理适应维度 2	心理适应维度 3	心理适应维度 4
社会文化适应维度 2	皮尔逊相关性	0.159	0.297**	0.126	0.001
	Sig.（双尾）	0.100	0.002	0.193	0.995
	个案数	108	108	108	108

注：** 指在 0.010 级别（双尾）相关性显著。

如表 5-41 所示，社会文化适应维度 3 "人际交往适应" 和心理适应维度 1 "兴趣习惯" 之间的相关系数为 0.077，p=0.431＞0.050；和心理适应维度 2 "生理症状" 之间的相关系数为 0.350，p=0.000＜0.010；和心理适应维度 3 "情感态度" 之间的相关系数为 0.057，p=0.558＞0.050；和心理适应维度 4 "精神精力" 之间的相关系数为 0.009，p=0.930＞0.050。分析结果为，社会文化适应维度 3 "人际交往适应" 同心理适应维度 1、维度 3、维度 4 无显著相关性，但与心理适应维度 2 "生理症状" 显著相关。

表 5-41　社会文化适应维度 3 与心理适应维度相关性

社会文化适应维度	统计项	心理适应维度 1	心理适应维度 2	心理适应维度 3	心理适应维度 4
社会文化适应维度 3	皮尔逊相关性	0.077	0.350**	0.057	0.009
	Sig.（双尾）	0.431	0.000	0.558	0.930
	个案数	108	108	108	108

注：** 指在 0.010 级别（双尾）相关性显著。

如表 5-42 所示，社会文化适应维度 4 "社会支持与服务适应" 和心理适应维度 1 "兴趣习惯" 之间的相关系数为 0.194，p=0.044＜0.050；和心理适应维度 2 "生理症状" 之间的相关系数为 0.209，p=0.030＜0.050；和心理适应维度 3 "情感态度" 之间的相关系数为 0.119，p=0.219＞0.050；和心理适应维度 4 "精神精力" 之间的相关系数为 0.042，p=0.664＞0.050。分析结果为，社会文化适应维度 4 "社会支持与服务适应" 同心理适应维度 3 和维度 4 无显著相关性，但与心理适应维度 1 "兴趣习惯" 和维度 2 "生理症状" 显著相关。

表 5-42　社会文化适应维度 4 与心理适应维度相关性

社会文化适应维度	统计项	心理适应维度 1	心理适应维度 2	心理适应维度 3	心理适应维度 4
社会文化适应维度 4	皮尔逊相关性	0.194*	0.209*	0.119	0.042
	Sig.（双尾）	0.044	0.030	0.219	0.664
	个案数	108	108	108	108

注：* 指在 0.050 级别（双尾）相关性显著。

综合分析，在华商人的心理适应不仅与社会文化适应总分相关，还与社会文化适应的4个维度相关，心理适应维度和社会文化适应维度之间也存在一定的相关性。文化认同与工作适应、日常生活适应、社会支持与服务适应以及人际交往适应都和生理症状方面显著相关，说明在华商人在社会文化多个维度的适应都可能影响到心理适应，从而产生一些生理症状，并对睡眠、情绪、作息等方面产生影响。另外，社会支持与服务适应和心理适应方面的兴趣习惯显著相关，可能在中国生活有良好的社会支持和社会服务，会更能激起其参与社交和其他社会活动的兴趣。可见，外籍商人在中国的心理健康状况同他们在中国的生活工作适应以及文化习惯适应等多个方面密切相关。

第四节 本章小结

本章以社会文化适应量表为基础进行改编，对共建"一带一路"国家在华商人进行调查，了解其在中国的社会文化适应总分情况，并对不同群体的总体社会文化适应总分和各个维度适应的差异情况进行分析。

在总体社会文化适应总分上，所调查的108名在华商人的适应水平为一般难度，其中有超过98%的人存在适应困难，外籍商人在中国生活、工作期间对社会文化的适应存在压力与问题。从社会文化适应各个单项的平均值来看，发现在华商人在社会文化适应上的困难主要体现在气候适应、交流交际适应和相关政府服务、医疗服务方面等的社会支持适应。从社会文化适应各个维度的平均值来看，在华商人在维度2"日常生活适应"的适应结果最好，但是在维度1"文化认同与工作适应"、维度3"人际交往适应"和维度4"社会支持与服务适应"的适应结果均不理想。

在社会文化适应总分差异方面，不同群体的适应问题和表现均不同，适应水平也存在一定程度的差异，通过方差分析发现，性格、汉语水平和在华时间在一定程度上与社会文化适应存在显著相关性。从不同地区来看，社会文化适应总分以及维度3"人际交往适应"、维度4"社会支持与服务适应"上，来自北非的外籍商人适应情况较差。社会文化适应总分以及维度1"文化认同与工作适应"、维度4"社会支持与服务适应"上，来自中亚的商人群体适应情况最好，在维度2"日常生活适应"、维度3"人际交往适应"上，来自西亚的商人群体适应情况最为理想。

从不同性别来看，在整体社会文化适应上女性比男性的结果好，在维度1

"文化认同与工作适应"、维度2"日常生活适应"以及维度4"社会支持与服务适应"上，男性的适应情况略差，但在维度3"人际交往适应"上，女性适应结果较差。

从不同年龄来看，社会文化适应情况最好的为26—30岁年龄段，最差的为31—40岁年龄段。在维度1"文化认同与工作适应"和维度2"日常生活适应"上，较年轻的群体比较年长的群体适应情况更为理想，但较年长群体在维度3"人际交往适应"和维度4"社会支持与服务适应"上相对其他方面适应情况较好。

从不同性格来看，在社会文化适应总分及4个维度上，基本遵循性格越内向的群体适应越困难的趋势，且不同性格的在华商人在社会文化适应总分和社会文化适应维度1"文化认同与工作适应"、维度3"人际交往适应"、维度4"社会支持与服务适应"上存在显著差异。

在不同汉语水平上，对于来华前汉语水平，从整体社会文化适应情况和维度1"文化认同与工作适应"、维度3"人际交往适应"及维度4"社会支持与服务适应"，来华前汉语水平越低的适应困难程度越高，但是在维度2"日常生活适应"上，来华前语言能力越强的外籍商人适应水平越低。对于现在的汉语水平方面，在整体社会文化适应情况和维度1"文化认同与工作适应"、维度2"日常生活适应"、维度3"人际交往适应"上，现在汉语水平越低的在华外籍商人的适应情况越不理想，但是在维度4"社会支持与服务适应"上，汉语水平越高的群体在社会支持与服务适应上越困难，并且在不同汉语语言水平的在华外籍商人的社会文化适应维度3"人际交往适应"和维度4"社会支持与服务适应"上存在显著差异。

从不同在华时间来看，在华10年以上的商人群体不管是整体适应还是各个维度的适应均较好，而在华1—3个月的商人群体的适应表现欠佳，较易出现适应困难和问题，并且不同在华时间在维度2"日常生活适应"上的适应水平存在显著差异。

从不同跨文化经历来看，社会文化适应总分最高的为在海外生活"6个月以上"的群体，得分最低的为在海外生活"3—6个月"的群体，整体上在总体适应和4个维度上，海外生活时间越长的群体得分越高，其适应情况越差，而没有跨文化经历或者曾经在海外生活过较短时间的外籍商人在中国的社会文化各方面适应较好。

从对中国的不同了解程度来看，在整体社会文化适应水平方面，对中国相对比较了解的外籍商人的适应情况反而比较不理想。在不同的维度上，对中国不同了解程度的外籍商人的适应情况均有不同。在维度1"文化认同与工作适应"、维度3"人际交往适应"和维度4"社会支持与服务适应"上，对中国了解程度较少和对中国非常了解的外籍商人相对适应较差，但在维度2"日常生活适应"上，对中国了解程度越高的外籍商人适应越好。

　　从是否有家人一起来中国的情况来看，有家人陪伴的在华外籍商人整体社会文化适应水平略高。在维度1"文化认同与工作适应"和维度2"日常生活适应"上，有家人一起在中国的商人适应水平较高；而在维度3"人际交往适应"和维度4"社会支持与服务适应"上，没有家人一起在中国的商人适应情况较理想。

　　在社会文化适应相关因素探索方面，首先与人口统计学变量的相关性分析可得，社会文化适应在一定程度上和人口学统计学变量中的性格、汉语水平和跨文化经历具有显著相关性，与地区、性别、与家人是否一起在中国、年龄、在华时间、对中国了解程度没有显著相关性。

　　从与感知文化距离及其维度的相关性分析可得，感知文化距离总分及维度2基础"服务"、维度3"生活日常"与社会文化适应总分均没有显著相关性，但是感知文化距离维度1"文化观念"与社会文化适应总分以及社会文化适应维度1"文化认同与工作适应"、维度3"人际交往适应"和维度4"社会支持与服务适应"上均具有显著相关性，感知文化距离维度2"基础服务"和社会文化适应各个维度之间均无显著相关性，感知文化距离维度3"生活日常"与社会文化适应维度3"人际交往适应"具有显著相关性。

　　从心理适应的相关性分析可得，心理适应总分与社会文化适应总分及4个维度均显著相关；社会文化适应维度1"文化认同与工作适应"同心理适应维度1"兴趣习惯"、维度3"情感态度"、维度4"精神精力"无显著相关性，但与心理适应维度2"生理症状"显著相关；社会文化适应维度2"日常生活适应"同心理适应维度1"兴趣习惯"、维度3"情感态度"、维度4"精神精力"无显著相关性，但与心理适应维度2"生理症状"显著相关；社会文化适应维度3"人际交往适应"同心理适应维度1"兴趣习惯"、维度3"情感态度"、维度4"精神精力"无显著相关性，但与心理适应维度2"生理症状"显著相关；社会文化适应维度4"社会支持与服务适应"同心理适应维度3"情感态度"和维度4"精神精力"无显著相关性，但与心理适应维度1"兴趣习惯"和维度2"生理症状"显著相关。

第六章　结　语

陆上丝绸之路和海上丝绸之路是我国与中亚、西亚、东南亚、东非、欧洲等地区进行经贸和文化交流的大通道。2013年中国提出共建"一带一路"的倡议，契合了共建国家和地区的发展需要，顺应了区域经济合作的潮流，得到很多国家和地区的积极响应和热情参与，并获得国际社会的广泛认可。

在"一带一路"倡议下，许多国家与中国开展金融、贸易、投资等领域的广泛合作，经济联系更加紧密，人文交流更加广泛深入，促进了共建"一带一路"国家的发展，也增进了各国间的相互联系，各国人民相知相交、友好相处。当前，经济全球化遭遇逆流，世界经济复苏步履维艰。中国提出的"一带一路"倡议，凸显了共建国家开放合作的宏大经济愿景，对解决当今世界面临的风险挑战，增强各国的应对能力具有重要战略意义。

在"一带一路"倡议的影响力下，越来越多的外籍商人来到中国经商生活。仅以义乌为例，2022年该市对共建"一带一路"国家的进出口额总计1901.49亿元，同比增长14.52%；2022年，义乌城区的入境外商达28554人次（义乌市人民政府，2023）。这些商人来华投资做生意，且数量、规模和层次逐年提升，成为我国经济发展和城市建设的独特力量，但学界对外籍商人在华适应这一问题缺乏足够关注。本研究通过调查问卷的形式，对108位在华外籍商人的心理适应和社会文化适应展开研究。这108位商人主要分布在广州、义乌、泉州和上海等地，来自19个中亚、西亚、北非的共建"一带一路"国家。

一、主要研究发现

本研究的调查问卷主要采用Zung氏抑郁自测量表、改编过的Babiker、Cox和Miller（1980）的文化距离问卷以及Ward和Kennedy（1999）的社会文化适应量表，问卷结果通过信效度分析、描述性统计分析、因子分析、t检验、方差分析、相关分析及回归分析等方法，进行数据整理，主要的研究发现如下：

第一，语言能力上，来自中亚的商人来华前的汉语水平最高；但在中国生活工作一段时间后，来自北非的商人汉语水平增幅最大。另外，男性的汉语水平较女性更高，31—40岁群体的商人汉语水平较其他年龄段提升最快。与有家人一起来中国的外籍商人相比，没有家人一起来中国的商人汉语水平提升更快。

第二，心理适应上，这108位在华商人的平均心理适应水平为轻度抑郁，超过7成的商人存在抑郁心理。此外，不同群体的适应问题表现不同，适应水平也存在一定程度的差异，整体上心理适应较好的是来自中亚的商人，适应情况较为不理想的是来自北非的商人。从心理适应的单项情况来看，外籍商人比较突出的心理适应困难主要表现在日常生活工作的决断态度上；从心理适应的4个维度平均值表现来看，他们在兴趣态度和精神精力方面的平均值比较高，较易出现适应压力和困难。

第三，社会文化适应上，这108名在华商人的适应水平为一般难度，其中有超过98%的人存在适应困难。从社会文化适应单项的平均值来看，困难主要体现在气候适应、交流交际适应、政府服务和医疗服务等方面的社会支持适应。从社会文化适应各个维度的平均值来看，在华商人在维度2"日常生活适应"的适应结果最好，但在维度1"文化认同与工作适应"、维度3"人际交往适应"和维度4"社会支持与服务适应"的适应结果均不理想。

二、主要的研究启示

根据本研究的结果，可以发现来自中亚、西亚和北非三个地区的共建"一带一路"国家商人在中国碰到的跨文化适应问题亟待关注。政府或相关部门应引起重视，并采取措施，帮助这些国家的商人更好地适应在中国的工作和生活：

第一，加强语言培训，双向提高中外居民的语言能力。

外籍商人来华前，总体汉语水平较低，无法与中国商户顺利交流，日常生活受到较大影响。因此，有必要提高中外居民的语言能力，特别是经商群体的语言能力，营造自如沟通的交流环境，降低外籍商人与中国人的交流难度。

政府、相关部门或社区可以通过多种方式，免费提供语言培训课，提高相关人士的汉语、英语、阿拉伯语等语种的商务沟通能力。商贸城和一些公共场所也可以提供多语种的翻译服务，帮助有需要的外商进行沟通。同时，公共场所应提供多语种的语言标识，为在华商人的工作和生活提供便利，帮助他们了解中国、认识中国。

第二，创造中外交友平台，完善中外日常化交流机制。

外籍商人大多选择聚居在国际社区，如上海的金桥街道、花木街道和古北街道，义乌江东街道的鸡鸣山社区，广州的金湖花园和登峰街一带。出于文化差异、语言隔阂等原因，在华外籍商人的朋友往往是同样国籍和文化背景的人士，平时经常接触和深入交往的中国人并不多。

政府部门可以通过各种途径扩展外籍商人的交友渠道，构建彼此沟通的桥梁，也可以鼓励外籍人所在的国际社区与本地人社区开展多元化的社区活动，如中外邻居节、汉语角、汉语大赛、足球比赛、清明的包青团比赛、端午的包粽子比赛、剪纸活动、书法课等。这样不仅能传播中国文化，还能有效促进外籍商人与本地人的交流互动，赋予外籍商人更多的交往空间，使中外居民建立坚固稳定的感情联系，降低其心理抑郁的可能性和抑郁程度。同时，以中外居民需求为导向，可以组织外国居民参与社区治理，引导外籍商人更好地融入社区，增强其社区归属感，减少在华商人的心理适应压力。

第三，提高涉外服务质量，降低在华商人的融入难度。

大大提高涉外公共服务政府部门、涉外窗口工作人员的跨文化交际能力和外语水平，提升服务质量，尽可能为在华商人的生活和工作提供便利，帮助在华商人更好地获取政府职能、医疗服务等方面的社会支持。比如，在可能的范围内，简化外籍商人及其家人的签证手续，为外籍商人提供个性化的服务，有效解决外籍商人子女教育和医疗等问题，在精准精细服务中凝聚人心。同时，简化涉外审批等相关手续，提高服务效率，充分利用互联网技术，打破各部门的数据壁垒，尽可能为在华商人办理相关事务提供方便，营造高效便捷的营商环境。

三、本研究的不足和展望

本研究通过问卷调查的形式，对108位在华商人的跨文化适应深入研究，取得一定的研究成果，但还存在一些不足之处，希望在今后的研究中能加以改进：

第一，研究方法过于单一。因疫情影响，本研究主要通过线上调查问卷的形式展开，没有辅以线下的深入访谈等形式，对研究结果可能会产生一定的影响。

第二，研究的调查对象数量较少，范围也不够广，仅限于19个中亚、西亚和北非三个地区的共建"一带一路"国家。

受疫情的限制，来华和在华的外籍商人较往年有一定的减少，虽然本研究调查对象的数量已经满足定量研究的基本要求，但要深入掌握共建"一带一路"国家在华商人的跨文化适应情况，还应进一步扩大调查对象的范围，并涵盖更多的国家和地区。

第四，学界对外籍商人的跨文化适应研究较少，且由于资源和精力有限，本研究仅从政府和相关部门的角度出发，提出了一些较为宏观的对策和建议，更深层次的对策和建议有待今后继续补充。

参考文献

安然."文化休克"译释探源[J].学术研究,2010(3):50-54,159.

白寿彝.中国伊斯兰史存稿[M].银川:宁夏人民出版社,1983.

班固.汉书[M].北京:中华书局,1974.

陈海龙.清朝—哈萨克汗国贸易研究(1757—1822)[D].西安:陕西师范大学,2014.

陈慧.留学生中国社会文化适应性的社会心理研究[J].北京师范大学学报(社会科学版),2003(6):135-142.

陈慧,车宏生,朱敏.跨文化适应影响因素研究述评[J].心理科学进展,2003(6):704-710.

陈天社,李娜."一带一路"视域下的中埃关系[J].中东研究,2020(1):133-150,279.

陈向明.旅居者和"外国人"——留美中国学生跨文化人际交往研究[M].北京:教育科学出版社,2004.

陈卓,马志琼,刘广林,等.宗教与理性的跨文化心理学研究[J].世界宗教文化,2020(1):66-72.

程贵,丁志杰."丝绸之路经济带"背景下中国与中亚国家的经贸互利合作[J].苏州大学学报(哲学社会科学版),2015(1):119-125.

戴闻达.中国人对非洲的发现[M].胡国强,覃锦显,译.北京:商务印书馆,1983.

邓慧君.明初太祖成祖对西域和中亚丝绸之路的经营方略[J].甘肃社会科学,2015(4):160-164.

丁俊,陈瑾.改革开放以来中国与中东国家的人文交流述论[J].阿拉伯世界研究,2018(5):29-45,119.

董萃.跨文化适应:异域文化中的"二次成长"[J].社会科学辑刊,2005(3):191-193.

董莉莉. 丝绸之路与汉王朝的兴盛[D]. 济南：山东大学，2021.

杜红，王重鸣. 外资企业跨文化适应模式分析：结构方程建模[J]. 心理科学，2001（4）：415-417，509.

樊为之. 中国与西亚北非经贸——地区繁荣与发展的重要引擎[J]. 宁夏社会科学，2015（1）：60-68.

弗兰科潘. 丝绸之路：一部全新的世界史[M]. 邵旭东，孙芳，译. 杭州：浙江大学出版社，2016.

龚健. 20个西亚北非文化交流精品项目确定[N]. 中国文化报，2012-11-08（2）.

顾关福. 丝绸之路的复兴与中国同中亚的合作[J]. 现代国际关系，1993（11）：33-37.

郭利华，李佳珉，葛宇航，等. 中国—中亚—西亚经济走廊[M]. 北京：中国经济出版社，2018.

哈全安. 中东史[M]. 上海：上海社会科学院出版社，2019.

韩向东. 浅析宗教在跨文化传播中的意义[J]. 北华大学学报（社会科学版），2011（3）：82-86.

韩晓明. 中埃贸易增添新亮点[N]. 人民日报，2018-02-12（3）.

胡伟杰，印晓红. 新时代背景下在华非洲商人文化适应研究[M]. 杭州：浙江大学出版社，2023.

匡文波，武晓立. 跨文化视角下在华留学生微信使用行为分析——基于文化适应理论的实证研究[J]. 武汉大学学报（哲学社会科学版），2019（3）：115-126.

李方. 怛罗斯之战与唐朝西域政策[J]. 中国边疆史地研究，2006（1）：56-65，147.

李刚，崔峰. 丝绸之路与中西文化交流[M]. 西安：陕西人民出版社，2015.

李加莉，单波. 跨文化传播学中文化适应研究的路径与问题[J]. 南京社会科学，2012（9）：80-87.

李明伟. 丝绸之路贸易史[M]. 兰州：甘肃人民出版社，1997.

李萍. 留学生跨文化适应现状与管理对策研究[J]. 浙江社会科学，2009（5）：114-118，129.

李琪. "中亚"所指及其历史演变[J]. 新疆师范大学学报（哲学社会科学版），2015（3）：62-76.

李文钰. 一项优秀的跨文化质性研究——《旅居者和"外国人"：留美中国学生跨文化人际交往研究》评述[J]. 民族高等教育研究，2022（5）：48-53.

李晓英，牛海桢. 试论清王朝对西北"外藩"民族的羁縻笼络政策 [J]. 青海民族研究，2006（4）：110-114.

厉声. 新疆对苏（俄）贸易史 1600-1990[M]. 乌鲁木齐：新疆人民出版社，1993.

林天蔚. 宋代香药贸易史 [M]. 台北：中国文化大学出版部，1986.

林永匡，王熹. 清代西北民族贸易史 [M]. 北京：中央民族学院出版社，1991.

刘冬. 中国与北非经贸合作的转型升级 [J]. 中国金融，2018（17）：39-40.

刘后滨. 唐朝对外交往的世界格局 [J]. 人民论坛，2019（35）：142-144.

刘进宝. "丝绸之路"概念的形成及其在中国的传播 [J]. 中国社会科学，2018（11）：181-202，207.

刘俊振. 论外派人员跨文化适应的内在系统构成与机制 [J]. 广西民族大学学报（哲学社会科学版），2008（S1）：63-66.

刘明罡，李潇. 宋元时期"丝绸之路经济带"各国间的金银流通 [J]. 河北大学学报（哲学社会科学版），2018（6）：13-19.

刘清鉴. 机遇与挑战——论中国与中亚国家的经贸关系 [J]. 东欧中亚研究，1994（4）：31-39.

刘中民. 中国中东外交三十年（下）[J]. 宁夏社会科学，2009（1）：77-82.

卢秋怡. "一带一路"背景下中国与埃及关系研究 [D]. 上海：上海外国语大学，2018.

马文兵. 穆斯林商人与"一带一路"建设 [J]. 中国穆斯林，2016（4）：45-46.

马文宽. 辽墓辽塔出土的伊斯兰玻璃——兼谈辽与伊斯兰世界的关系 [J]. 考古，1994（8）：736-743.

马文宽，孟凡人. 中国古瓷在非洲的发现 [M]. 北京：紫禁城出版社，1987.

马鑫，金忠杰，王瑛. 中国—中亚—西亚经济走廊（西亚段）概略 [M]. 北京：社会科学文献出版社，2018.

马雨欣. "一带一路"视阈下中国与阿拉伯国家人文交流研究 [D]. 上海：上海外国语大学，2020.

马玉凤. 明代绿洲丝绸之路研究的回顾与展望 [J]. 中国边疆史地研究，2023（2）：193-203，217.

马智全. 汉朝与西域的贡赐贸易 [J]. 敦煌研究，2021（6）：136-143.

敏俊卿，马利强. 阿拉伯商人：新丝路的重要联结者 [J]. 中国穆斯林，2017（2）：55-56.

娜拉. 清末民国时期新疆游牧社会研究 [D]. 兰州：兰州大学，2006.

彭树智.中东国家和中东问题[M].开封：河南大学出版社，1991.

亓华，李秀妍.在京韩国留学生跨文化适应问题研究[J].青年研究，2009（2）：84-93，96.

潜旭明."一带一路"倡议的支点：中国与中东能源合作[J].阿拉伯世界研究，2014（3）：44-57.

全毅，汪洁，刘婉婷.21世纪海上丝绸之路的战略构想与建设方略[J].国际贸易，2014（8）：4-15.

人民日报.中国—中亚关系：三十而立，砥砺前行[EB/OL].（2021-12-30）[2023-07-31].http://kz.mofcom.gov.cn/article/jmxw/202112/20211203233089.shtml.

人民日报海外版.中国与中东国家心合意同[EB/OL].（2022-11-15）[2024-03-15].https://www.yidaiyilu.gov.cn/p/290344.html.

人民日报海外版.中文教育促进中国和阿拉伯国家民心相通.[EB/OL].（2023-01-06）[2024-08-14].http://paper.people.com.cn/rmrbhwb/html/2023-01/06/content_25958087.htm.

人民网.中国是中东国家长期可靠的战略伙伴——王毅国务委员兼外长在结束访问中东六国后接受媒体采访[EB/OL].（2021-03-31）[2023-07-31].http://world.people.com.cn/n1/2021/0331/c1002-32065495.html.

人民网.中国与阿联酋金融合作持续深化[EB/OL].（2022-12-14）[2023-07-31].http://cpc.people.com.cn/n1/2022/1214/c64387-32586707.html.

单遥.阿拉伯国家孔子学院的发展与现状[EB/OL].（2022-06-16）[2023-07-31].http://asc.zisu.edu.cn/info/1011/1656.htm.

沈福伟.中西文化交流史[M].上海：上海人民出版社，2006.

沈志华.新中国成立初期苏联对华经济援助的基本情况（上）——来自中国和俄国的档案材料[J].俄罗斯研究，2001（1）：53-66.

司马迁.史记[M].北京：中华书局，1982.

孙进.文化适应问题研究：西方的理论与模型[J].北京师范大学学报（社会科学版），2010（5）：45-52.

谭晶荣，王丝丝，陈生杰."一带一路"背景下中国与中亚五国主要农产品贸易潜力研究[J].商业经济与管理，2016（1）：90-96.

唐艳辉，陈海威.上海合作组织框架下中国与中亚国家经济合作[J].国际经贸探索，2004（6）：74-77.

王鉴，黄维海.少数民族双语教师跨文化适应问题研究[J].民族教育研究，

2008（5）：5-10.

王丽娟. 跨文化适应研究现状综述[J]. 山东社会科学，2011（4）：44-49.

王联. 中国与中东国家的经贸关系[J]. 国际问题研究，2008（4）：26-31.

王灵桂. 深化友谊　共促发展　推动中国与中东合作迈上更高水平[J]. 西亚非洲，2021（5）：3-9.

王小甫. 丝绸之路连接古代中国与中东[J]. 北大中东研究，2015（0）：227-239，266.

王治来. 中亚通史古代卷（下）[M]. 乌鲁木齐：新疆人民出版社，2004.

魏良弢. 西辽史纲[M]. 北京：人民出版社，1991.

文雯，刘金青，胡蝶，等. 来华留学生跨文化适应及其影响因素的实证研究[J]. 复旦教育论坛，2014（5）：50-57.

吴磊. 构建"新丝绸之路"：中国与中东关系发展的新内涵[J]. 西亚非洲，2014（3）：4-16.

吴思科. "一带一路"与中东地区治理[J]. 新丝路学刊，2017（1）：1-11.

西亚非洲司. 中国—埃及经贸合作简况（2022年）[EB/OL].（2023-11-10）[2024-02-20]. http://www.mofcom.gov.cn/article/tongjiziliao/sjtj/xyfztjsj/202311/20231103452894.shtml.

习近平. 永远做可靠朋友和真诚伙伴——在坦桑尼亚尼雷尔国际会议中心的演讲[EB/OL].（2013-03-26）[2023-07-31]. http://theory.people.com.cn/n/2013/0326/c136457-20914243.html.

习近平. 让中阿友谊如尼罗河水奔涌向前[N]. 金字塔报，2016-01-19（2）.

夏时华. 宋代香药业经济研究[D]. 西安：陕西师范大学，2012.

肖凯强. "丝绸之路经济带"背景下中国与中亚文化交流研究[D]. 成都：西南石油大学，2017.

肖天祎. 中埃文明互鉴推动合作共赢[N]. 光明日报，2018a-02-25（8）.

肖天祎. "中埃合作之城"——中埃·泰达苏伊士经贸合作区的腾飞与展望[N]. 光明日报，2018b-08-06（12）.

新华社. 习近平在沙特阿拉伯媒体发表署名文章[EB/OL].（2022-12-08）[2023-03-11]. https://www.yidaiyilu.gov.cn/p/295368.html.

新华网. 中吉乌运输走廊提升中国与中亚区域合作[EB/OL].（2019-11-06）[2023-07-31]. http://kz.mofcom.gov.cn/article/jmxw/201911/20191102910520.shtml.

新华网. 习近平会见埃及总统塞西[EB/OL].（2022a-02-05）[2023-07-31].

http://www.news.cn/politics/leaders/2022-02/05/c_1128333021.htm.

新华网. 欧盟欲停购俄罗斯石油　难指望中东补缺[EB/OL].（2022b-05-11）[2024-03-11].http://www.news.cn/world/2022/05/11/c_1211645944.htm.

新华网. 外交部发言人：中国和中亚国家人文交流硕果累累[EB/OL].（2023-05-17）[2023-07-31].http://world.people.com.cn/n1/2023/0517/c1002-32688751.html.

许菊. 文化适应模式理论述评[J]. 外语教学，2000（3）：9-13.

许涛."文明交流互鉴"对中外民间交往实践的指导意义——基于义乌民众与外籍商人社会交往的调查与思考[J]. 福建论坛（人文社会科学版），2019（10）：170-178.

闫存良. 唐三彩[M]. 西安：三秦出版社，2001.

阎琨. 中国留学生在美国状况探析：跨文化适应和挑战[J]. 清华大学教育研究，2011（2）：100-109.

央广网. 未来能源　绿色丝路——中国新疆与中亚国家新能源合作线上国际论坛成功举办[EB/OL].（2021-08-27）[2023-07-31]. http://kz.mofcom.gov.cn/article/jmxw/202108/20210803192582.shtml.

央视网. 人民币逐渐成为阿拉伯国家外汇储备多元化新选择[EB/OL].（2022-12-10）[2024-03-12].https://news.cctv.com/2022/12/10/ARTIua0V7TT3xCiYfEtPRulR221210.shtml.

杨军红. 来华留学生跨文化适应问题研究[D]. 上海：华东师范大学，2005.

杨言洪，田冉冉."一带一路"倡议背景下中国与阿拉伯国家经贸合作研究[J]. 国际商务（对外经济贸易大学学报），2018（3）：60-69.

杨宇，刘毅，金凤君. 能源地缘政治视角下中国与中亚—俄罗斯国际能源合作模式[J]. 地理研究，2015（2）：213-224.

叶敏，安然. 短期来华留学生跨文化敏感与效力分析研究[J]. 高教探索，2012（2）：102-106.

义乌市人民政府. 数字义乌——2022义乌国民经济和社会发展概况[EB/OL].（2023-05-11）[2023-07-31]. http://www.yw.gov.cn/art/2023/5/11/art_1229137466_59440093.html.

余建华. 中国与埃及关系六十年：回顾与前瞻[J]. 阿拉伯世界研究，2016（5）：3-16，118.

余伟，郑钢. 跨文化心理学中的文化适应研究[J]. 心理科学进展，2005（6）：836-846.

裕尔. 东域纪程录丛：古代中国闻见录 [M]. 张绪山，译. 北京：中华书局，2008.

袁胜育，汪伟民. 丝绸之路经济带与中国的中亚政策 [J]. 世界经济与政治，2015（5）：21-41，156-157.

苑勤. 中国与中东国家的经贸关系 [J]. 现代国际关系，1993（11）：48-50.

张凤，周方，坂田宪治. 中日学龄前儿童社会适应能力的跨文化研究 [J]. 中国心理卫生杂志，2002（11）：731-732.

张俊彦. 中古时期中国和阿拉伯的往来——兼论中国和阿曼的关系 [J]. 北京大学学报（哲学社会科学版），1981（3）：49-64.

张伟. 中国历史上的"非洲热" [M]// 石丁. 往事千年——来自历史深处的启示. 北京：京华出版社，2007：169-172.

张卫东，吴琪. 跨文化适应能力理论之构建 [J]. 河北学刊，2015（1）：218-221.

张文德. 明与帖木儿王朝关系史研究 [M]. 北京：中华书局，2006.

赵海霞. 清代新疆民族关系研究 [D]. 西安：西北大学，2011.

赵翔. 基于ABC模型的跨文化交际能力测评研究 [J]. 辽宁医学院学报（社会科学版），2015（2）：129-132.

赵晓佳. 中国与中亚的友好交流研究 [D]. 北京：中央民族大学，2011.

中国历史大辞典编纂委员会. 中国历史大辞典 [M]. 上海：上海辞书出版社，2010.

中国人民大学孔子学院工作办公室. 以色列特拉维夫大学孔子学院 [EB/OL].（2021-10-26）[2023-07-31]. http://ci.ruc.edu.cn/kzxy/411ca2c657a14a4f9be4eb86f7f75f4a.htm.

中国社会科学院考古研究所. 中国考古学（秦汉卷）[M]. 北京：中国社会科学出版社，2010.

中国新闻网. 王毅：疫情未使中国中亚国家共建"一带一路"按下暂停键 [EB/OL].（2021-07-26）[2023-07-31]. http://kz.mofcom.gov.cn/article/jmxw/202107/20210703180397.shtml.

中国一带一路网. 已同中国签订共建"一带一路"合作文件的国家一览 [EB/OL].（2023-06-23）[2023-07-31]. https://www.yidaiyilu.gov.cn/p/77298.html?eqid=effd19ed0006631d000000066458c967.

中华人民共和国海关总署. 建能源动脉 由绿色通道启程——阿拉山口海关高效验放中哈天然气管道南线工程项目首批钢管 [EB/OL].（2011-11-03）

[2023-07-31]. http://www.customs.gov.cn/customs/xwfb34/302425/362377/index.html.

中华人民共和国海关总署. 阿拉山口海关助推国产列车快速驶向中亚市场[EB/OL].（2012a-03-05）[2023-07-31]. http://www.customs.gov.cn/customs/xwfb34/302425/363624/index.html.

中华人民共和国海关总署. 苏州海关助力开通新"丝绸之路"[EB/OL].（2012b-11-02）[2023-07-31]. http://www.customs.gov.cn/customs/xwfb34/302425/362048/index.html.

中华人民共和国海关总署. 义乌小商品踏上新丝绸之路 15天后上架阿拉木图[EB/OL].（2013-10-25）[2023-07-31]. http://www.customs.gov.cn/customs/xwfb34/302425/364564/index.html.

中华人民共和国海关总署. 乌鲁木齐海关助力新疆大发展 建设"丝路经济带"上的黄金通道[EB/OL].（2014a-05-30）[2023-07-31]. http://www.customs.gov.cn/customs/xwfb34/302425/366734/index.html.

中华人民共和国海关总署. 中哈互认诚信企业[EB/OL].（2014b-12-17）[2023-07-31]. http://www.customs.gov.cn/customs/xwfb34/302425/365984/index.html.

中华人民共和国海关总署. "丝路"通关高速路 释放一体化改革红利[EB/OL].（2015-11-24）[2023-07-31]. http://www.customs.gov.cn/customs/xwfb34/302425/367769/index.html.

中华人民共和国海关总署. 京津冀首列中亚国际货运班列正式开通[EB/OL].（2016-07-13）[2023-07-31]. http://www.customs.gov.cn/customs/xwfb34/302425/635432/index.html.

中华人民共和国商务部. 中国—埃及经贸合作简况（2022年）[EB/OL].（2023-11-10）[2024-08-14]. http://m.mofcom.gov.cn/article/tongjiziliao/sjtj/xyfztjsj/202311/20231103452894.shtml.

中华人民共和国外交部. 孔子学院带动"中文热"在中亚渐成潮流.[EB/OL].（2023a-05-16）[2023-07-31]. https://www.fmprc.gov.cn/web/ziliao_674904/zt_674979/ywzt_675099/2023nzt/zgzyfh/bjzl/202305/t20230516_11078279.shtml.

中华人民共和国外交部. 中华人民共和国和阿拉伯叙利亚共和国关于建立战略伙伴关系的联合声明.[EB/OL].（2023b-09-22）[2024-03-14]. https://www.mfa.gov.cn/web/ziliao_674904/1179_674909/202309/t20230922_11148442.shtml.

周红. 新中国成立后苏联对华援助研究现状及思考[J]. 当代中国史研究，2018（2）：73-82，127.

朱国辉. 高校来华留学生跨文化适应问题研究 [D]. 上海：华东师范大学，2011.

朱显平，邹向阳. 中国—中亚新丝绸之路经济发展带构想 [J]. 东北亚论坛，2006（5）：3-6.

庄鸿铸，吴福环，厉声，等. 近现代新疆与中亚经济关系史 [M]. 乌鲁木齐：新疆大学出版社，2000.

邹磊. 中国与伊斯兰世界"新丝绸之路"的兴起 [D]. 上海：复旦大学，2013.

Babbie E. *Métodos de pesquisas de survey* [M]. Belo Horizonte: Ed. da UFMG, 1999.

Babiker I E, Cox J L, Miller P M. The measurement of cultural distance and its relationship to medical consultations, symptomatology and examination performance of overseas students at Edinburgh University[J]. *Social psychiatry*, 1980, 15(3): 109–116.

Bastien G, Seifen-Adkins T, Johnson L R. Striving for success: Academic adjustment of international students in the U.S.[J]. *Journal of international student*, 2018, 8(2): 1198–1219.

Berry J W, Annis R C. Acculturative stress: The role of ecology, culture and differentiation[J]. *Journal of cross-cultural psychology*, 1974, 5(4): 382–406.

Berry J W. Psychology of acculturation: Understanding individuals moving between cultures // Brislin RW. (ed.). *Applied cross-cultural psychology* [M]. California: Sage Publications In c., 1990: 232–253.

Berry J W. Acculturation: Living successfully in two cultures[J]. *International journal of intercultural relations*, 2005, 29(6): 697–712.

Galchenko I, van de Vijver F J R. The role of perceived cultural distance in the acculturation of exchange students in Russia[J]. *International journal of intercultural relations*, 2007, 31(2): 181–197.

Gullahorn J T, Gullahorn J E. An extension of the U-curve hypothesis [J]. *Journal of social issues*, 1963, 19(3): 33–47.

Haley W E et al. Psychological, social, and health consequences of caring for a relative with senile dementia[J]. *Journal of the American geriatrics society*, 1987, 35(5): 405–411.

Kaiser H F. A second generation little jiffy[J]. *Psychometrika*, 1970, 35(4): 401–415.

Lysgaard S. Adjustment in a foreign society: Norwegian Fulbright grantees visiting the United States[J]. *International social science bulletin*, 1955(7): 45–51.

Nishida H. A cognitive approach to intercultural communication based on Schema Theory[J]. *International journal of intercultural relations*, 1999, 23(5): 753–777.

Nunnally J C. An overview of psychological measurement[J]. *Clinical diagnosis of mental disorders: A handbook*, 1978: 97–146.

Oberg K. Cultural shock: Adjustment to new cultural environments[J]. *Practical anthropology*, 1960, 7(4): 177–182.

Park R E. Human migration and the marginal man[J]. *American journal of sociology*, 1928, 33(6): 881–893.

Pittaway T, Riggs E, Dantas J A R. Intergenerational conflict among resettled South Sudanese in Australia[J]. *Transcultural psychiatry*, 2022(2): 1–11.

Redfield R, Linton R, Herskovits M J. A memorandum for the study of acculturation[J]. *Man*, 1935, 35: 145–148.

Ruparel N, Choubisa R, Sharma K, et al. Assessing the psychometric properties of cultural intelligence scale among Indian employees[J]. *Current psychology*, 2022, 41: 2938–2949.

Searle W, Ward C. The prediction of psychological and sociocultural adjustment during cross-cultural transitions[J]. *International journal of intercultural relations*, 1990, 14(4): 449–464.

Stonequist E V. *The marginal man: A study in personality and culture conflict* [M]. New York: Russell & Russell Inc., 1961.

Ward C. The ABCs of acculturation // Matsumoto D. (ed.). *The handbook of culture and psychology*[M]. New York: Oxford University Press, 2001: 411–445.

Ward C, Bochner S, Furnham A. *The psychology of culture shock* [M]. London: Taylor and Francis, 2005.

Ward C, Kennedy A. The measurement of sociocultural adaptation[J]. *International journal of intercultural relations*, 1999, 23(4): 659–677.

Zung W W K. A self-rating depression scale[J]. *Archives of general psychiatry*, 1965, 12(1): 63–70.